ORSA: リスクとソルベンシーの自己評価

── 保険会社における ERM態勢整備

OWN RISK AND SOLVENCY ASSESSMENT

新日本有限責任監査法人 編著

一般社団法人 **金融財政事情研究会**

はしがき

　米国・欧州金融危機等を契機として、保険会社の経営の健全性を確保するためのソルベンシー規制の強化や統合的なリスク管理態勢の整備によるリスク管理の高度化を要求する国際的な動きがあるなかで、ERM（Enterprise Risk Management：統合リスク管理）やORSA（Own Risk and Solvency Assessment：リスクとソルベンシーの自己評価）に関する議論が高まってきている。

　海外では、2011年11月にIAIS（保険監督者国際機構）によりICP（保険コア・プリンシプル）が採択され、保険会社にERM態勢整備およびORSA導入が求められる流れになってきている。ICPは、保険セクターの財務健全性を促進し、保険契約者を適切に保護するために、監督制度としてあるべき重要な要素を定めたものであり、世界銀行とIMFが共同で実施する金融セクター評価プログラムにおいて、各国の監督制度を評価する際に利用されるフレームワークとされている。また、欧州においては、経済価値ベースのソルベンシー評価を前提としたソルベンシーⅡの導入が予定されており、EIOPA（欧州保険年金監督機構）によって2012年7月に公表された最終報告のなかで、ソルベンシーⅡ枠組指令におけるORSA実施に関する規定の解釈や実務的取扱いの統一を図るためのガイドラインが明確にされた。米国においては、NAIC（全米保険監督当局協会）により2012年9月に制定されたORSAモデル法やNAICのORSAガイダンス・マニュアルによりORSAが要求されており、ORSAをERMの一要素としなければならない点に触れられている。

　一方、わが国においても、経済価値ベースのソルベンシー規制の導入に向けた検討が進むなか、短期的な見直しとして2012年3月期よりソルベンシー・マージン比率の見直し（信頼水準の見直しや連結規制導入など）が行われた。また、中長期的な見直しに向けた金融庁によるフィールドテストが2010年に実施され、その結果が2011年5月に公表され、そのなかで「経済価値ベースの保険負債等の計算やリスク測定等における内部モデルの利用といった実務的な課題等について、日本アクチュアリー会や損害保険料率算出

機構等の専門組織と連携し、さらに検討を進めていく方針」が示されている。また、2009年6月の保険会社向けの総合的な監督指針の一部改定および2011年2月の保険検査マニュアルの一部改定により、保険会社に統合リスク管理態勢の整備を求めるとともに、金融庁によるERMヒアリングが実施され、その結果（現状認識と課題など）が上記フィールドテストの結果のなかと2012年9月のERMヒアリング結果のなかで公表されている。そして2013年においても引き続きERMヒアリングを実施する予定となっている。なお、わが国においては、現状、ORSAを求める詳細な法令・規制やORSAに関する具体的なガイドラインが示されていないが、金融庁によって公表されたERMヒアリング結果のなかで、今後のORSAの導入の検討について言及されている。

ERM態勢整備やORSA実施についての取組みは各社各様で実践されているようであるが、ERMについては金融庁によるERMヒアリングの結果のなかで、「保険会社を取り巻くリスクが多様化・複雑化しているなかで、保険会社が将来にわたり財務の健全性を確保していくには、規制上求められる自己資本等の維持や財務情報の適切な開示に加え、保険会社が自らの経営戦略と一体で、全てのリスクを統合的に管理し事業全体でコントロールする統合的なリスク管理態勢を整備することが重要である。」と記載している。

また、ORSAは、保険会社が自社のビジネスが中長期的にさらされるリスクを評価し、それに対応できる中長期的な自己資本の保有状況を確認するプロセスであり、その評価結果を自社の意思決定プロセスに組み込むためのものであるといえる。第5章で述べるように、ERMとORSAについては相互関連性が高く、その両者を切り離して別々に対応することは非現実的であり、一体として取り組む必要があるであろう。

ERMやORSAに対する取組みについては、上記のような規制が一つの契機となり、保険会社における取組みが徐々に広まっているとの印象がある。しかしながら、欧州等で先行してERMやORSAに対する取組みを積極的に進めている保険会社においては、「より高度なリスク管理が可能となる」「経営の重要な意思決定につなげることができる」「収益性の向上につながる」

「より高度なリスク管理に基づく商品設計が可能となる（料率の引き下げや新分野への商品提供など）」「グループ全体のリスク文化が醸成できる」「リスク管理に関する内部および外部説明が容易となる」「今後の内部モデル承認に向けた準備につながる」「ERM格付けの引き上げにつながる」といったメリットを感じているようである。

一方、ERMやORSAへの取組みの失敗事例として、「不十分な取り組みによるグローバル競争への対応の遅れ」「リスク管理態勢の不透明性からの契約獲得機会の逸失」「格付けの引き上げが困難なことに伴う資金調達プレミアムの発生」「監督当局対応負荷の増大」といったようなデメリットがあると感じているようである。

このように、ERMやORSAへの対応を、一種の規制対応として行うだけでなく、自社のリスク管理態勢を見直すよい機会として積極的に取り組むことによって、リスク管理を高度化し、それを経営に反映させることによって、収益性の向上につながっていくものであると考える。

本書の作成にあたり、執筆は新日本有限責任監査法人・金融事業部保険セクターチームメンバーをはじめ、アーンスト・アンド・ヤング・グローバル保険セクターチーム等、多くの方々に貴重なアドバイスを頂いた。また、金融財政事情研究会の伊藤雄介氏にも多大なご協力を頂いたことを、心より感謝申し上げたい。

なお、本書は2013年4月までの公開情報等に基づいて記載しており、今後もERMおよびORSAに係る諸規制が変更される可能性がある点にご留意頂ければ幸いである。

2013年6月

　　　　　　　　　　　新日本有限責任監査法人
　　　　　　　　　　金融事業部　保険セクターチーム一同

目　次

第1章　保険会社ERMと保険IFRSに関する規制動向

1.1　ERMに関する近年の国内の保険監督規制の潮流 …………………… 2
- 1.1.1　「ソルベンシー・マージン比率の算出基準等について」報告書 ……… 2
- 1.1.2　平成20事務年度　保険会社等向け監督方針 ……………………… 7
- 1.1.3　「保険検査マニュアルの一部改定」（2009年） …………………… 8
- 1.1.4　平成21事務年度　保険会社等向け監督方針 ……………………… 9
- 1.1.5　ソルベンシー・マージン比率の見直し ……………………………… 11
- 1.1.6　経済価値ベースのソルベンシー規制の導入に係るフィールドテスト …… 12
- 1.1.7　保険検査マニュアルの一部改定（2011年） ……………………… 16
- 1.1.8　保険会社に対するERMヒアリングの結果について ……………… 19
  - (1)　前提と目的 ………………………………………………………… 20
  - (2)　主な実施内容 ……………………………………………………… 20
  - (3)　ヒアリング結果の概要 …………………………………………… 21
  - (4)　まとめ ……………………………………………………………… 24

1.2　保険IFRSの動向 ………………………………………………………… 26
- 1.2.1　保険契約に関するIFRSの現状と今後のスケジュール …………… 26
- 1.2.2　経済価値ベースのソルベンシー規制とIFRS第4号フェーズⅡ …… 30

第2章　リスクとソルベンシーの自己評価（ORSA）のフレームワーク

2.1　ORSAに関する規制の概要 …………………………………………… 36
- 2.1.1　保険会社にとってのORSA ………………………………………… 36
- 2.1.2　IAISが定めるORSAに関する規制 ………………………………… 38
  - (1)　IAISの概要 ………………………………………………………… 38
  - (2)　ICPの概要 ………………………………………………………… 39
  - (3)　ICPにおけるERM ………………………………………………… 41

- (4) ICP 16で規定されているORSA ·· 44
- 2.1.3 欧州におけるORSAに関する規制の概要および動向 ················ 49
  - (1) 欧州規制（ガイドライン）におけるORSA ································ 49
  - (2) EIOPAによるORSA最終報告（2012年7月） ···························· 51
  - (3) ORSAで求められる文書化 ··· 55
  - (4) EIOPAによるORSA最終報告をふまえたORSAプロセス例 ·········· 56
  - (5) ORSA態勢整備に際しての検討事項 ·· 57
  - (6) EIOPAによる最終報告後の規制動向 ······································· 59
  - (7) 欧州保険会社のORSA対応上の課題―データ品質とガバナンス ··············· 60
- 2.1.4 米国におけるORSAに関する規制の概要および動向 ················ 62
  - (1) 米国における保険会社に対する規制の概要 ······························ 62
  - (2) 保険持株会社に関する規制の概要 ·· 63
  - (3) ORSAモデル法の概要 ··· 65
  - (4) ORSAガイダンス・マニュアルの概要 ······································ 67
  - (5) ORSAパイロット・プロジェクトの概要 ··································· 71

2.2 リスク評価と内部モデル ·· 74
- 2.2.1 リスク評価に関する論点 ·· 74
  - (1) リスク・アペタイトについて ·· 74
  - (2) リスク・アペタイト等の具体的な事例 ····································· 77
  - (3) ORSAで求められるリスクおよびソルベンシーの評価についての規制上の要件 ··· 81
  - (4) 欧州の保険会社等のリスク評価・資本管理の状況 ···················· 85
- 2.2.2 内部モデルに関する論点 ·· 87
  - (1) ORSAで求められる内部モデルについての規制上の要件 ············ 87
  - (2) 計算時間の問題と対応 ·· 90
  - (3) モデル検証（バック・テスト）への取組みと課題 ······················ 94
  - (4) 外部モデル・データについての論点 ·· 97

2.3 将来予測をふまえたソルベンシー評価（継続性分析） ············ 98
  - (1) ORSAに関する各規制における、継続性分析の要件 ·················· 98
  - (2) 将来予測をふまえたソルベンシー評価に関する技術的な論点 ··············· 102

第3章 ORSAに関する取組みおよび動向

- 3.1 国際的なORSAの取組状況 ··· 106
  - 3.1.1 欧州におけるソルベンシーⅡ対応としてのORSAへの取組み ········· 107
  - 3.1.2 ロイズの取組状況 ·· 109
  - 3.1.3 各国の規制の動向 ·· 112
    - (1) オーストラリア ·· 112
    - (2) カナダ ·· 113
    - (3) シンガポール ·· 114
    - (4) バミューダ ·· 115
- 3.2 わが国のORSA取組状況 ··· 116

第4章 ORSA報告書の検討と取組状況

- 4.1 ORSA報告書の基本構成 ··· 120
  - 4.1.1 ORSA報告書に含める項目について ································· 121
    - (1) オランダ保険協会のビジョン ·· 121
    - (2) カナダ監督当局のORSAドラフト・ガイドライン ···················· 124
    - (3) シンガポール監督当局のコンサルテーション・ペーパー ··············· 127
    - (4) 結果とプロセスに関するレポート ···································· 129
  - 4.1.2 ORSA報告書の作成頻度 ··· 130
  - 4.1.3 ORSA報告書の報告先 ··· 131
  - 4.1.4 ORSA報告書の提出期限 ··· 131
  - 4.1.5 臨時ORSA報告書 ··· 132
- 4.2 先行保険会社グループにおける取組状況 ···································· 135
  - 4.2.1 先行保険会社のORSA報告書の構成例 ······························ 135
  - 4.2.2 ORSA報告書のボリューム ··· 136
  - 4.2.3 各構成項目についての記載内容 ······································ 137
    - (1) エグゼクティブ・サマリー ·· 137
    - (2) 期末日のリスクおよび資本の評価 ···································· 138

(3)	将来予測	148
(4)	リスク管理フレームワークおよびORSAプロセス	155
(5)	独立したレビュー	157
(6)	付属資料および参照資料など	159
4.2.4	グループORSA報告書	160
4.2.5	臨時ORSA報告書	161
4.2.6	ORSAポリシー	162
4.2.7	ORSAにおける役割および責任	166
4.2.8	記載内容についての考察	168

第5章 ORSA導入における今後の課題

5.1	ERM態勢整備への影響と今後の課題	172
5.1.1	保険ERM態勢整備へのアプローチ	172
(1)	経営者の視点	172
(2)	管理者の視点	175
5.1.2	ORSAを活用したERM態勢整備	178
(1)	保険会社ERMとORSAの関連性	178
(2)	グローバル保険会社におけるERMフレームワーク	179
5.2	保険会社経営への影響と今後の課題	182
5.2.1	規制および会計の動向	183
5.2.2	金融危機の教訓・反省	185
5.2.3	ERMフレームワーク	185
5.2.4	企業文化（リスク・カルチャー）	187
5.2.5	意思決定への活用	190
(1)	ビジネス・モデル・業績管理指標との親和性	190
(2)	監督指標との整合性	191
(3)	定量化モデル（その限界を含む）の理解の困難性	191
(4)	経営者の直観に反する結果	192
(5)	業務関連所管とリスク管理部門との連携不足	192

第6章 参考資料

6.1 EIOPAのORSA最終報告とNAICのガイダンス・マニュアルの参考訳····196
6.2 EIOPAのORSA最終報告··197
　1 リスクとソルベンシーの自己評価（ORSA）に関するガイドライン·······197
　2 説明文書··205
6.3 NAIC　ORSAガイダンス・マニュアル··237
　Ⅰ．はじめに··237
　Ⅱ．セクション1－保険会社の統合リスク管理フレームワークの記述··········243
　Ⅲ．セクション2－保険会社によるリスク・エクスポージャーの評価··········245
　Ⅳ．セクション3－グループのリスク資本と将来に向けたソルベンシーの
　　　評価··247

索　引··252
編著者紹介··254

第1章

保険会社ERMと
保険IFRSに関する規制動向

本章では、ここ数年の保険会社におけるERM（統合リスク管理）に関するわが国の規制動向およびIFRS（国際財務報告基準）に関する規制動向について、これまでの流れおよび規制検討に関する概要および主なポイント等について説明を行う。

1.1 ERMに関する近年の国内の保険監督規制の潮流

2007年以降、わが国における保険監督規制の大きな流れにおいて、ERMに関連する議論が深まってきている。その流れを集約すると、①「経済価値ベース」によるリスク管理を求める方向性にある点、②「統合リスク管理」の本格的な監督規制の導入がなされている点が特長としてあげられる。

主な検討状況や規制内容の動向について、図表1－1の8項目別に時系列で簡単な整理を行った。

図表1－1　金融庁における保険規制検討動向

公表時期	項　目
2007年4月	「ソルベンシー・マージン比率の算出基準等について」報告書
2008年9月	平成20事務年度保険会社等向け監督方針
2009年6月	保険会社向けの総合的な監督指針の一部改定(統合リスク管理態勢、ストレス・テストの実施等)
2009年8月	平成21事務年度保険会社等向け監督方針
2010年4月	ソルベンシー・マージン比率の見直し
2010年6月	経済価値ベースのソルベンシー規制の導入に係るフィールドテスト
2011年2月	保険検査マニュアルの一部改定(統合リスク管理態勢：ERM態勢等)
2012年9月	保険会社に対するERMヒアリングの結果について

(出典)　金融庁公表資料をもとに作成

1.1.1 「ソルベンシー・マージン比率の算出基準等について」報告書

2007年4月3日付で、金融庁「ソルベンシー・マージン比率の算出基準等に関する検討チーム」より、「ソルベンシー・マージン比率の算出基準等について」と題する報告書が公表された(図表1－2参照)。

図表1-2 「ソルベンシー・マージン比率の算出基準等について」報告書の概要

項　目	概　要
(1) ソルベンシー・マージン比率の意義	『報告書』の「1．見直しの趣旨」における記述 ① ソルベンシー・マージン比率は、保険会社が、通常の予測を超えて発生するリスクに対し、どの程度の支払余力を有しているかを示す指標 ② 当該指標は、1996年保険業法改正の際に導入 ③ 1999年保険業法改正以降、当該比率は、早期是正措置のトリガーとしての役割
(2) ソルベンシー・マージン比率の見直しの必要性	『報告書』の「1．見直しの趣旨」における記述 ① これまでも同比率の算出方法に必要な見直しを実施 ② 現行の算出方法が現在の金融市場実勢と乖離したものとなっていないか、保険会社のリスク管理の高度化や財務体質の強化を図る観点からさらに改善を行う必要はないか等の見地からさらに精査する必要性を認識 ③ ソルベンシー・マージン比率の見直しは、金融庁が2004年12月に策定・公表した「金融改革プログラム」の検討課題の一つ ④ 近年のリスク管理手法の高度化、保険商品の多様化などによる保険会社実務の変化の実態をふまえる必要性 ⑤ IAIS（保険監督者国際機構）等の国際的枠組みにおいて議論されている保険負債の経済価値ベースでの評価をめぐる動向を見極める必要性
(3) 検討経過	『報告書』の「はじめに 2．検討の経緯」における当該検討チームでの議論項目 ① 2006年11月に第1回会合を開催、2007年3月末までに計11回の会合を開催 ② 1996年にソルベンシー・マージン比率を導入して以降、同比率に関する総括的議論を行う初めての機会 ③ 当該検討チームで、ソルベンシー・マージン比率の算出方法のみならず、「ソルベンシー評価のあり方」「保険会社のリスク管理の高度化」「消費者に対する周知のあり方」等包括的、網羅的議論を実施
(4) ソルベンシー・マ	『報告書』の「Ⅰ　基本的考え方　1．ソルベンシー・マー

	ージン比率の位置付けと目的	ジン比率の位置付けと目的」における記述 ① 保険監督上の評価におけるソルベンシー評価の位置付け ・ソルベンシー評価は保険監督上の評価項目、三つの柱（(a)経営管理（ガバナンス）、(b)財務の健全性、(c)業務の適切性）のうち、(b)財務の健全性の評価における重要な着眼点 ・保険会社は財務体質の強化のため、ソルベンシーの充実が必須 ・ソルベンシー・マージン比率という一つの指標のみによって、保険会社の財務健全性すべての側面を評価することの限界 ・必要に応じて収益性など他の財務指標もあわせ用い、保険会社経営の健全性を評価する必要性 ・通常の保険監督の枠組みにとどまらず、保険会社の破綻処理制度も含めた保険に関する制度およびシステム全体のなかで広く、保険会社の健全性維持の仕組みを構築 ② ソルベンシー・マージン比率の目的 ・保険業法に基づく監督当局が保険会社経営の健全性を判断するために用いる指標 ・通常の予測を超えて発生するさまざまなリスクに対する支払余力（マージン）の比率により、保険会社のソルベンシー充実状況の十分性を示す指標 ・早期是正措置は、監督当局が客観的数値であるソルベンシー・マージン比率の水準を用い、比率が200％を下回った際にその水準に応じ、保険会社に対して必要な是正措置命令等を段階的に適時・適切に発動し、経営改善取組みを促すための制度 ・ソルベンシー・マージン比率は保険会社の事業継続を前提とし、あらかじめ設定した合理的な期間（現行規制では、1年間となっている）のなかで、保険会社が事業活動の継続性を確認するための指標
(5)	ソルベンシー・マージン比率の信頼性の向上	『報告書』の「Ⅰ 基本的考え方 3．ソルベンシー・マージン比率の信頼性の向上」における記述 ・ソルベンシー・マージン比率の水準に関し、消費者・

		・マスコミ・市場関係者から早期是正措置のトリガーである200％の水準が保険会社の健全性を示すに十分な水準では必ずしもないのではないか、といった不安感が指摘 ・過去の事例につき、破綻直前の公表比率が200％を超えていたにもかかわらず破綻した保険会社があったことの信頼性への疑問 ・その後の算出方法見直しや資産査定厳格化などにより、ソルベンシー・マージン比率の信頼性向上の取組み ・一定の改善効果はあったもののさらなる見直しにより、金融市場実勢の反映や信頼水準向上を図り、早期是正措置のトリガーとしての200％が真に有効な水準であると消費者等に周知 ・監督当局は、消費者等が見直し後の新たな数値についての意味を十分理解できるよう、見直し内容の公表に際し、慎重かつ、きめ細かな配慮を実施 ・経営管理（ガバナンス）などのあり方への影響 ・ソルベンシー・マージン比率の有効性・信頼性を向上させていくため、算出方法の見直しだけでなく、保険会社自らが、社内の財務管理態勢を整備し、リスク管理の高度化や財務体質の強化を図ることが重要
(6) 経済価値ベースのソルベンシー評価		『報告書』の「Ⅰ　基本的考え方　4．経済価値ベースのソルベンシー評価」における記述 ① ソルベンシー評価の方向性 ・現行制度（当時）の責任準備金の積立はロック・イン方式を採用 ・ソルベンシー・マージン比率を求める際のリスク測定は、リスク・ファクター方式を採用（資産が時価評価により変動しても、負債は固定されたままであり、またリスク係数も変動しないため、現行ソルベンシー評価方式では、たとえば、ALMによるリスク管理を行っていても、それがリスク量や、マージンの十分な評価に必ずしもつながらないこととなりうる）

	・負債にあわせて長期の債券を有しているような場合にあっては、時価評価による評価損により、マージンが毀損するおそれあり ・企業価値を向上させることが、企業のステーク・ホルダーにとって大きな目標の一つであることを考慮すべき ・保険会社のソルベンシー評価を行う際には、企業価値を示す指標が重視されているとの観点から、経済価値ベースでの資産価値と負債価値の差額（純資産）自体の変動をリスク量として認識し、その変動を適切に管理する「経済価値ベース」でのソルベンシー評価を行うことが計測手法として整合的 ・保険会社各社の経営陣自らが、経済価値ベースでのソルベンシー評価の重要性を認識し、自社のリスク管理高度化を目指すことが重要 ② 国際的動向との整合性 ・IAISは、資産、負債およびリスク・エクスポージャーを、現時点における経済価値によって評価することこそが保険会社の財務状況を適正かつ信頼可能な情報により提供できる唯一の手法と提唱 ・IAISが示す経済価値ベースの評価とは、市場価格が利用可能な場合には、その時点での市場価格によって導かれ、市場価格が利用可能でない場合には、市場整合的な手法等を用いた資産・負債のキャッシュ・フローの評価手法 ・特に欧州において、市場価値と整合的な経済価値ベースで保険会社のソルベンシーを評価する方向で規制の見直しが進展（欧州にとどまらず、台湾、シンガポール、オーストラリアなども経済価値ベースでのソルベンシー評価に向けて動き出している模様） ・わが国のソルベンシー評価の見直しにおいても、そうした国際的動向をふまえる必要性（わが国のソルベンシー評価の見直しに向けた取組みには、十分なスピード感が必要であるとの意見）

（出典）　金融庁公表資料をもとに作成

1.1.2 平成20事務年度 保険会社等向け監督方針

2008年9月5日、保険会社等がその機能を十分に発揮し、契約者等に対する責任を的確に果たすためには、財務上の健全性を維持していることが重要であり、各社が質の高いリスク管理を行い、さらにそれを向上させていくこと（リスク管理の高度化の促進）が必要であるとし、『保険会社等向け監督方針』が公表された（図表1－3参照）。

図表1－3　平成20事務年度保険会社等向け監督方針の概要

項　目	概　要
(1) ソルベンシー評価の見直し	主要検討アプローチは、以下の2点 ① ソルベンシー・マージン比率について、短期的には現行制度の枠組みのもとでリスク評価を精緻化する等の改善を実施。中期的には経済価値ベースのソルベンシー評価を導入するため、引き続き日本アクチュアリー会等関係者と連携しつつ見直しを検討 ② 経済価値ベースのソルベンシー評価の導入の検討にあたり、保険会社に対し経済価値ベースでの資産価値と負債価値の差額（純資産）の変動をリスク量として認識し、その変動を適切に管理する態勢整備に向けた取組みを促進
(2) 統合リスク管理の推進	主要検討アプローチは、以下のとおり ① 金融市場の変動にかんがみ、財務の健全性確保の観点から、保険会社においてはその規模やリスク特性等に応じ、保険引受リスク・市場リスク・流動性リスクといった種々のリスクを統合して管理することがいっそう重要 ② 当局としては、保険会社において、経営陣の主体的かつ不断の取組みにより、明確な方針に基づいた統合的なリスク管理態勢が整備されるよう促進

（出典）　金融庁公表資料をもとに作成

1.1.3 「保険検査マニュアルの一部改定」(2009年)

2009年6月に改正された保険会社向けの総合的な監督指針において、統合リスク管理やストレス・テスト等についての着眼点が追加されたことに伴い、2009年7月7日付で保険検査マニュアルが改定された(図表1－4参照)。

図表1－4　保険検査マニュアルの一部改定(2009年)の概要

項　目	概　要
(1) 統合リスク管理態勢	「Ⅰ．資産運用リスク管理態勢」のなかに「4．リスクの包括的な評価・管理」の1項目として記述追加 ① 取締役会は、資産運用リスク、保険引受リスクおよびオペレーショナル・リスク等の各リスクを統合してとらえて管理することの重要性を十分に認識し、統合リスク管理の方針の策定や統合リスク管理に関する部門の設置など、統合リスク管理態勢の整備・確立に向け取り組んでいるか。 ② 統合リスク管理に関する部門は方針に従って統合リスク管理態勢の整備・確立に向けた具体的な方策を立案・実施するとともに、その取組み状況を定期的にまたは必要に応じて随時、取締役会等に対し報告しているか。
(2) ストレス・テストの実施	「Ⅰ．資産運用リスク管理態勢」のなかに「4．リスクの包括的な評価・管理」の1項目として記述追加 ① 外部環境(経済、市場等)の大幅な変化や業務の規模・特性およびリスク・プロファイルの状況をふまえた適切なストレス・シナリオを想定し、ストレス・テストを実施しているか。その際、当該保険会社に重要な影響を及ぼしうる事象を包括的にとらえたストレス・シナリオ等を用いて、リスクを統合して評価・計測しているか。また、過去に発生したストレス・シナリオ(ヒストリカル・シナリオ)のみならず、蓋然性のあるストレス・シナリオ(仮想のストレス・シナリオ)を用いているか。 ② ストレス・テストの結果をリスク管理に関する具体的な判断に活用する態勢が整備されているか。

(出典)　金融庁公表資料をもとに作成

1.1.4　平成21事務年度 保険会社等向け監督方針

　2009年8月18日付で金融庁が公表した当監督方針は、「今後の金融監督の基本的考え方」に則し、①リスク管理の高度化の促進、②顧客保護と利用者利便の向上、③保険会社等の属性に応じた監督対応の3点を重点分野ととらえ、保険会社等との率直かつ深度ある対話に努めつつ、保険会社等の監督にあたることを示したものである。

　「今後の金融監督の基本的考え方」を示した動機になったのは、2008年度に発生したサブプライムローン問題に端を発する国際的な金融市場の混乱により、米国大手金融機関の破綻を契機として危機的様相を呈するに至り、その影響は金融市場にとどまらずわが国の実体経済を含めた世界経済全体に及んだ事案をふまえたものである。

　わが国保険業界においても、大和生命が有価証券損失の拡大等により2008年9月末時点で債務超過の見込みとなり、翌10月10日付で更生手続開始の申立てが行われ、海外でも、国際的な保険グループの経営が悪化し、公的救済を受けるといった事例もみられた。

　これらの事例や株式市場の低迷等を受け、当局は各保険会社に対し、適切なストレス・テストの実施などリスク管理の強化を促すとともに、海外当局と連携した情報収集や影響分析などに取り組んできた。こうした状況のなか、金融危機への対応が進められ、あらためてベター・レギュレーションの重要性が再認識されたのであった。その後、2009年度の保険監督行政においても、その運営にあたってはベター・レギュレーション（金融機関との率直かつ深度ある対話、対外的な情報発信、内外の経済金融情勢に関する情報の共有・連携、行政対応の透明性・予測可能性の向上等）を基本にとらえ、そのいっそうの定着・進化を図ることとなったのである。

　なお、今次改定は、金融安定化フォーラム（FSF）の報告書やG20の行動計画等をふまえ、保険会社等向けの監督指針のリスク管理に係る着眼点も、重視された結果としての改正であった（図表1－5参照）。

図表1-5　平成21事務年度 保険会社等向け監督方針の概要

項　目	概　要
(1) リスク管理の高度化の促進	主要改定項目は、以下の2点 ① 金融危機をふまえたリスク管理の高度化の促進 ・保険会社においては、証券化商品・CDS取引等のクレジット関連投資や金融保証保険の引受けなど、その取り扱うリスクが多様化・複雑化していることをふまえ、各保険会社のリスク特性に応じた適切なリスク管理態勢が構築されているかについて検証 ・保険会社においては、多様化・複雑化した種々のリスクを個々に管理するだけでなく、リスク全体を統合して管理する態勢を整備することがいっそう重要 ・各保険会社において、経営陣による主導性と強いコミットメントのもとで、会社の規模やリスクの特性等に応じた適切な統合リスク管理態勢が整備されているかを検証 ・ソルベンシー・マージン比率を含めた重要な財務情報の四半期開示や国際的なベスト・プラクティスをふまえた保有金融商品等に関するリスク情報の開示の充実等、市場からの信認を確保するための取組みを促進 ② ソルベンシー評価の見直し等 ・現行制度の枠組みのもとで、最近の金融市場の変動等もふまえ、リスク評価の精緻化等の改善取組み ・IAISにおいて経済価値ベースのソルベンシー評価を内容とする規制枠組みが検討されていることや、EUでのソルベンシーⅡ導入予定をふまえ、保険会社の実態把握を十分に行いつつ、経済価値ベースのソルベンシー評価の導入について検討実施 ・経済価値ベースのソルベンシー評価の導入の検討にあたって、各保険会社に対し、その導入の前提となる、経済価値評価に基づくリスク管理態勢の整備に向けた取組みを促進 ・IASB（国際会計基準審議会）における保険契約に係る国際会計基準の見直し作業をふまえ、わが国においても中期的な保険監督会計のあり方について検討取組み。最終基準化の前にあっても、現行の国際会計基準

		との間の必要なコンバージェンスに向けて検討取組み
(2)	具体的な改正内容	主要改定項目は、以下のとおり ① 統合リスク管理 ・保険会社は一般に複雑かつ大規模なリスクを抱えていることから、各種リスクを統合して管理する態勢の整備を要求 ② ストレス・テスト ・市場が大きく変動している状況下においても、リスク管理に関する具体的判断に活用されるようストレス・シナリオの設定等に関する留意点を追加 ③ 証券化商品等のクレジット投資のリスク管理 ・証券化商品等のクレジット投資に係るリスク管理に関し、監督上の着眼点を追加 ④ 金融保証保険・CDS取引に係るリスク管理 ・金融保証保険・CDS取引に係るリスク管理に関し、監督上の着眼点を追加 ⑤ 保険契約を再保険に付した場合の責任準備金の取扱い ・保険契約を再保険に付した場合に、当該再保険を付した部分に相当する責任準備金を積み立てないことができるとされているが、この取扱いの可否に関する着眼点を明確化

(出典) 金融庁公表資料をもとに作成

1.1.5 ソルベンシー・マージン比率の見直し

金融庁では、ソルベンシー・マージン比率の算出基準に関する保険業法施行規則等改正案(図表1－6参照)について2009年12月28日から2010年2月26日にかけて公表、パブリックコメントを募集したうえで、2010年4月9日付で改正保険業法施行規則等を公表し、当該改正保険業法施行規則等は、2012年3月31日から適用されている。

図表1−6　ソルベンシー・マージン比率の見直しの概要

項　目	概　要
(1) 改正の背景	2008年10月の大和生命の破綻や2008年秋以降の金融危機の教訓等をふまえ、ソルベンシー・マージン比率の信頼性に係るいっそうの向上の観点から見直し作業を行うに至ったもの リスク計測の厳格化等（具体的には、リスク計測の信頼水準を90〜95％に引き上げること等）
(2) 改正の内容等	① マージン（資本）算入の厳格化 ② リスク計測の厳格化 ③ ソルベンシー・マージン比率の適正性確保
(3) ERMとの関係	当該改正では、リスク係数の変更、マージンに算入できる範囲の制限等が行われるにとどまっていたため、たとえば、経済価値ベースでのALM管理等との不整合が依然残っているとの指摘あり

(出典)　金融庁公表資料をもとに作成

1.1.6　経済価値ベースのソルベンシー規制の導入に係るフィールドテスト

　2010年6月16日付で、金融庁は「経済価値ベースのソルベンシー規制の導入に係るフィールドテスト」の実施を公表し、試行作業について保険会社に宛て依頼を行った（図表1−7参照）。経済価値ベースのソルベンシー規制は、資産負債の一体的な時価評価を通じ、保険会社の財務状況の的確な把握や保険会社のリスク管理の高度化に資するものとして、IAIS（保険監督者国際機構）等において、その導入に向けた検討が行われている。

　また、わが国においても、2009年度保険会社等向け監督方針において、「保険会社の実態把握を十分に行いつつ、導入について検討を行っていく」としていたため、金融庁は各保険会社において、試行的に経済価値ベースの保険負債等を計算するフィールドテストを実施することにより、各保険会社の対応状況を把握するとともに、その過程で抽出された実務上の問題点等を今後の導入に向けた検討に活かしていくこととした。本試行の対象とした全保険会社（生保47社、損保50社）から2010年12月までに回答を集約し、その

図表1-7　経済価値ベースのソルベンシー規制のフィールドテストの概要

項　目	概　要
(1) フィールドテストの実施内容	①　概　要 　保険会社に対し、経済価値ベースの保険負債や資産負債の一体的な金利リスクの計算等を、試行的に実施することを要請。その計算の過程における実務上の問題点等についてアンケート方式により回答集約（実施期間：2010年6月〜12月） ②　対象保険会社 　わが国のすべての生命保険会社（47社）および損害保険会社（50社）を対象。すべての保険会社からの回答集約 ③　フィールドテストにおける保険負債等の計算方法 　経済価値ベースの保険負債等の計算方法については、暫定的に以下の前提による。割引率やリスク量計算における前提条件の変化幅等については、当局から全社一律のものを指定 ○計算基準日 　2010年3月31日（追加的に一部、2011年3月31日を基準日とした数値算出の要請あり） ○経済価値ベースの保険負債の構成 　計算基準日における全保有契約に関する「キャッシュ・フローの現在価値」に「支払備金」および「リスク・マージン」を加えたものとするよう要請 ○キャッシュ・フローの現在価値の計算方法 　原則として、1契約ごとに計算基準日において保有している全保険契約について、将来のキャッシュ・フローを推計しこれを割引率（リスク・フリーレートに基づくイールド）で割り引くことにより計算することを要請 ○リスク・マージンの計算方法 　リスク・マージンについては、確立された計算手法とまではいえないが、一般的な計算手法の一つである「資本コスト法」によることとすることが要請された。 ○金利リスクの計測方法 　金利リスクについては、純資産額（資産−負債）ベースで計測することとし、以下の3通りの方法で計算することを要請

	〔方法1〕 　金利が将来の全期間にわたって変化した場合のキャッシュ・フローの現在価値への影響として計算する方法 〔方法2〕 　グリッド・ポイント間の相関を勘案する方法 〔方法3〕 　モンテカルロ・シミュレーションに基づく方法 ④　リスク管理についてのアンケート 　フィールドテストでは、上記の計算試行の過程における、実務上の問題点等についてのアンケートのほかに、リスクの種類ごとに各保険会社におけるリスク管理方法の概要および内部モデル（自主的にリスク計測に用いている場合のみ）についても、アンケート方式による定性的な調査を実施
(2) フィールドテストを通じて認識された主な課題	①　経済価値ベースの保険負債評価（割引率、保証とオプションのコスト、リスク・マージン等） ②　保険負債計算における将来キャッシュ・フローの推計 ③　リスク管理における内部モデル ④　経営への反映 ⑤　体制整備（人材確保・育成、システム・データ整備等） ⑥　IFRSへの対応 ⑦　その他（金利リスク、自然災害リスク等）

（出典）　金融庁公表資料をもとに作成

集計等をまとめ2011年5月24日付でその結果概要を公表した（図表1－8、1－9、1－10参照）。
　フィールドテストの実施の具体的な内容は、図表1－7のとおりである。

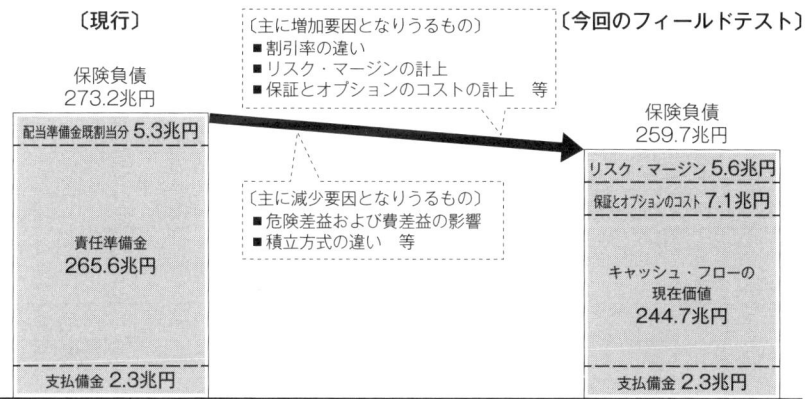

図表1-8　フィールドテストにおける保険負債の変化（生命保険会社計）

（注1）　保証とオプションのコストについては、計算を行った社の分のみである。
（注2）　現行の責任準備金は危険準備金および前納未経過保険料を含まない。
（注3）　増加要因となりうるものおよび減少要因となりうるものについては、各社ごとの保険契約ごとの特性によっては、逆の効果となる場合もありうる。
（出典）　金融庁公表資料をもとに作成

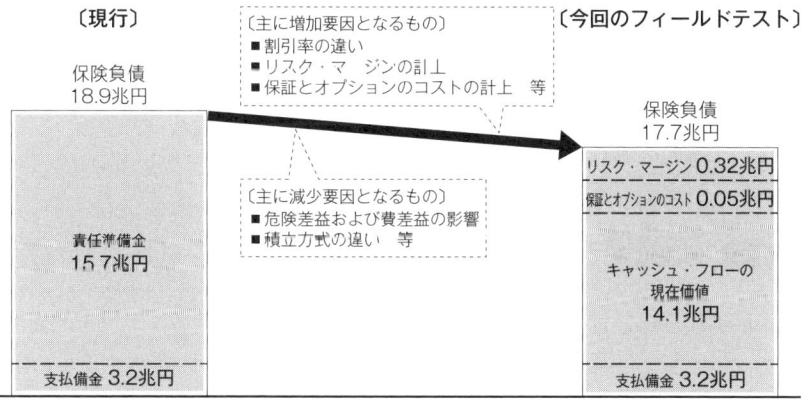

図表1-9　フィールドテストにおける保険負債の変化（損害保険会社計）

（注1）　保証とオプションのコストについては、計算を行った社の分のみである。
（注2）　現行の責任準備金は異常危険準備金等を含まない。
（注3）　増加要因となりうるものおよび減少要因となりうるものについては、各社ごとの保険契約ごとの特性によっては、逆の効果となる場合もありうる。
（出典）　金融庁公表資料をもとに作成

図表1－10　フィールドテストにおけるリスク区分別の保険会社の
　　　　　内部モデルの使用割合

(単位：％)

	生　保		損　保	
	割　合	(加重平均)	割　合	(加重平均)
解約・失効リスク	25.5	(42.7)		
死亡・生存リスク	44.7	(51.5)		
死亡・生存以外の保険リスク			22.0	(75.8)
第三分野リスク	36.2	(48.6)	8.0	(11.1)
更新リスク	8.5	(28.1)		
変額最低保証リスク	40.4	(52.8)		
自然災害リスク	12.8	(2.7)	30.0	(78.7)
事業費リスク	27.7	(42.9)		
金利リスク	68.1	(92.3)	32.0	(96.3)
うち純資産ベースで計測	44.7	(85.7)	16.0	(74.7)
うち資産サイドのみで計測	23.4	(6.6)	16.0	(21.6)
株式リスク	55.3	(91.3)	22.0	(77.4)
為替リスク	42.6	(90.3)	22.0	(77.4)
不動産等リスク	36.2	(87.3)	14.0	(67.8)
デリバティブリスク	34.0	(73.0)	10.0	(50.1)
信用リスク	59.6	(92.6)	20.0	(74.9)
オペレーションリスク	31.9	(30.7)	12.0	(24.8)

(注)　加重平均割合は、現行のリスク総額で加重平均した割合である。
(出典)　金融庁公表資料をもとに作成

1.1.7　保険検査マニュアルの一部改定（2011年）

　2011年12月15日付で金融庁から公表された「保険検査マニュアル改定案」が2012年2月に一部字句修正等を経て、2012年4月1日以降検査から適用・実施されている。改定の背景は、以下の三つの要素に基づいている。

❶　2009年8月に公表した「平成21検査事務年度検査基本方針」の「Ⅲ．各種検査の基本的枠組み」のなかで、「保険検査マニュアルの全面改定に向けた作業を開始する。」と記載されていたこと

引き続き、資産運用リスク、保険引受リスクや責任準備金の管理態勢が整備されているか等について重点的に検証するとともに、保険会社における統合リスク管理態勢の整備・確立に向けた取組みが行われているか、ストレス・テストを実施・活用しているか、等についても検証する、としていた。

❷ 2011年8月に公表した「平成22検査事務年度検査基本方針」の「Ⅲ．各種検査の基本的枠組み」のなかで、「早期に保険検査マニュアルの全面改定を行う。」と記載されていたこと

資産運用リスク、保険引受リスクや責任準備金の管理態勢が整備されているか等について、重点的に検証する。あわせて、保険会社における統合リスク管理態勢の整備・確立に向けた取組みが行われているか、ストレス・テストを実施し、経営判断に活用しているか、等についても検証する、としていた。

❸ リーマン・ショック以降の保険会社を取り巻く環境の変化のなかで、保険会社における統合リスク管理の重要性が繰り返し記載されるとともに、経営陣の統合リスク管理態勢の整備・確立への関与についても重要であるとの認識が示されてきたこと

検査基本方針に示されてきたが、保険検査マニュアルにおいて経営陣による態勢整備の役割を明確にすることが、より透明な保険検査の運営を図る観点から必要性が高まっている、としていた。

このような背景をふまえ、2010年12月に金融庁が「保険検査マニュアル改定（案）の概要について」を公表し、保険検査マニュアルの改定の必要性について、主として以下の論点2点が示された（図表1－11参照）。

図表1-11　保険検査マニュアル改定の主要論点（2010年）

論　点	詳　細
(1) 個別の問題点に関する検証項目と態勢に関する検証項目が混在していたので整理を行う必要があった点	保険検査マニュアルの構成が「Ⅰ．経営陣による態勢整備」「Ⅱ．管理者による態勢整備」「Ⅲ．個別の問題点」に3層構造化。「PDCAサイクルが有効に機能しているか」がその過程別に記載され、だれのどの役割と責任に問題があるのかが明確に示されたことが重要なポイント 　3層構造化により、個々の問題点が認められた場合、どの部門どの管理責任者の役割が果たされなかったのか、さらに経営陣の役割が適切に果たされているのかといった点で、川下から川上に上る検証プロセスを明確化し、保険会社の自主的な改善機能の検証が容易にされることを促す観点からマニュアル構成を見直し
(2) ガバナンス機能そのものを検証するカテゴリーやリスクを統合的に管理する態勢（いわゆる「ERM態勢」）を検証する項目が設けられていなかったため、保険会社を取り巻くリスクが多様化・複雑化しているなかで、保険会社が将来にわたり財務の健全性を確保していくためには、規制上求められる自己資本の維持や財務情報の適切な開示に加え、保険会社が自ら経営戦略との一体で、すべてのリスクを統合的に管理し、事業全体でコントロールする統合的なリスク管理態勢（ERM態勢）を整備することが近々の解題とすべきことを明確化する必要があった点	「内部管理態勢」という用語を「経営管理態勢」に変更し、全体として有効に機能しているかを検証するための項目として加筆・整理を実施 　2009年6月の監督指針改正を反映させ「統合リスク管理態勢」（ERM態勢）を新設し、この観点から保険検査マニュアルの「カテゴリーの再整理」がなされ、従前の保険検査マニュアルの「財務の健全性・保険計理管理態勢」カテゴリー、「商品開発管理態勢」カテゴリーが、「統合リスク管理態勢」カテゴリーに統一化を実施

（出典）　金融庁公表資料をもとに作成

1.1.8 保険会社に対するERMヒアリングの結果について

　金融庁は、保険会社のERMの整備・高度化を促すため、リスク管理の現状についてヒアリングを実施し、その結果を取りまとめ、2012年9月6日付で「保険会社に対するERMヒアリングの結果について」を公表した。ERMヒアリング実施に関する主要項目は図表1-12のとおりである。

図表1-12　保険会社に対するERMヒアリングの結果についての構成

項　目	概　　要
1．目　的	①　保険会社を取り巻くリスクが多様化・複雑化しているなかで、保険会社が将来にわたり財務の健全性を確保していくには、……（中略）、保険会社が自らの経営戦略と一体で、すべてのリスクを統合的に管理し、事業全体でコントロールする統合的なリスク管理態勢を整備することが重要
2．主な実施内容	①　リスク・ガバナンスの現状と課題 ②　リスク選好の現状と課題 ③　リスクと自己資本等の管理状況
3．ERMヒアリング結果の概要	①　リスク・ガバナンスの現状と課題 ・リスク管理方針と内部規程の整備状況 ・経営陣の役割 ・担当取締役等の役割 ・内部監査部門の役割 ・リスク報告 ②　リスク選好の現状と課題 ・リスク・プロファイルの把握状況 ・リスク選好 ③　リスクと自己資本等の管理状況 ・管理プロセスの現状と課題 ・統合リスク管理ツール（内部モデルなど） ・ストレス・テスト ・負債特性をふまえたALMの実施状況 ・中期的な経営計画をふまえた将来のリスクと資本の十分性

4．まとめ	・ERMの構築は、本来、保険会社が自己管理の一環として行うべきもの ・今後のORSAの導入を検討していくにあたっても、保険会社のリスク管理態勢の現状と課題を定期的に確認し、必要に応じ、高度なリスク管理態勢の構築を促すことは有効

(出典)　金融庁公表資料をもとに作成

(1) **前提と目的**

図表1－13　ERMヒアリングの前提と目的

目　的
① 　保険会社を取り巻くリスクが多様化・複雑化しているなかで、保険会社が将来にわたり財務の健全性を確保していくには、規制上求められる自己資本等の維持や財務情報の適切な開示に加え、保険会社が自らの経営戦略と一体で、すべてのリスクを統合的に管理し、事業全体でコントロールする統合的なリスク管理態勢を整備することが重要
② 　IAIS（保険監督者国際機構）は、平成23年10月に採択した「保険コア・プリンシプル（ICP）」において、ORSA（リスクとソルベンシーの自己評価）の実施を盛り込んでいる
③ 　金融庁では、保険会社等の向けの監督方針において「リスク管理の高度化の促進」を掲げ、その一環としてERMヒアリングを実施
④ 　保険会社のERMについては標準的な枠組みが確立されている状況にはないが、各保険会社における態勢整備に向けた取組みの参考に供すること等を目的として、ヒアリングの結果を公表

(出典)　金融庁公表資料をもとに作成

(2) **主な実施内容**

　2012年度のヒアリングでは、会社の規模や事業・リスク特性をふまえて抽出した保険会社・保険持株会社23社を対象にあらかじめ提示したヒアリング項目に沿って、対象各社に対する質疑応答を実施している。
　主なヒアリング項目は、「リスク・ガバナンスの現状と課題」「リスク選好

の現状と課題」「リスクと自己資本等の管理状況」と公表されている(図表1-14参照)。

図表1-14 ERMヒアリングの主な実施内容

主な実施内容
① リスク・ガバナンスの現状と課題
・リスク管理方針と内部規程の整備状況
・経営陣の役割、担当取締役等、リスク管理委員会等および内部監査部門の役割
・リスク報告の状況
② リスク選好の現状と課題
・リスク・プロファイルの把握
・リスク選好の枠組み
③ リスクと自己資本等の管理状況
・管理プロセスの現状と課題
・統合リスク管理ツールの活用状況
・ストレス・テストの実施状況
・負債特性をふまえたALMの実施状況
・中期的な経営計画をふまえた将来のリスクと資本の十分性

(出典) 金融庁公表資料をもとに作成

(3) ヒアリング結果の概要

　ERMヒアリングにおける結果の概要については、図表1-15のとおりである。それぞれ、「リスク・ガバナンスの現状と課題」「リスク選好の現状と課題」「リスクと自己資本等の管理状況」について、取りまとめたうえで公表されている。

図表1−15　ERMヒアリング結果の概要

項　目	概　要
① リスク・ガバナンスの現状と課題	
リスク管理方針と内部規程の整備状況	・多くの社がリスク管理の目的や基本的な考え方を明記 ・方針にリスク管理の目的を明示しておらず、経営方針に沿った戦略目標をふまえたものになっているか確認できなかった社も存在 ・リスク選好についての記載は、リスク選好の枠組みが総じて未整備なため、方針や内部規程に盛り込まれているケースは少なかった
経営陣の役割	・リスク文化を浸透させるためにも、経営陣による主導性と強いコミットメントが必要 ・スタッフ任せで受身の姿勢が強いとうかがえた社や、中期経営計画の策定プロセスにリスク管理部門がかかわっていなかった社、経営資源の投入が限られていた社などもみられた
担当取締役等の役割	・「人事ローテーションの一環」「リスク管理以外の部門も兼務」「専門性を重視した人事ではない」といったコメントあり ・スタッフに支えられていたりする姿が浮き彫りになった ・外資系の場合には、CRO（チーフ・リスク・オフィサー）を置いているケースが多かった
リスク管理委員会等の役割	・リスク管理委員会の大半は、決議機関ではなく、「経営の諮問機関」「リスクに関する議論の場」という位置付けであったが、今回ヒアリングでは、経営トップや社外取締役も参加し、さまざまな角度から活発に議論をしていることがうかがえた社などがみられた ・一方で、委員会が十分に機能していないとうかがえる社などもみられた
内部監査部門の役割	・一部には、内部監査の充実に向けた動きがみられたが、現状では、保険会社のERMやリスク管理における内部監査部門の存在感は総じて小さく、内部監査部門の専門的能力の向上などが課題となっている
リスク報告	・報告内容はさまざまで、図表の活用など工夫をしてい

		る事例やすでにORSAレポートの作成にも着手している事例があった
② リスク選好の現状と課題		
	リスク・プロファイルの把握	・自らのリスク・プロファイルに関しては、統合リスク量の計測やストレス・テストの実施により、重要リスクを定量的に把握している社が多かったものの、定量的につかみにくいリスクの把握については検討を開始したばかりの社が多かった ・「主要リスクの洗い出しリストの作成」「CSAを拡張し、リスクの種類ごとに各リスク管理部門にて洗い出しと評価」「各リスク部会でリスクの洗い出しを実施し、リスク管理部門が重要度に応じて整理・モニタリングを決定」といった取組みもみられた ・外資系ではグループのツールを活用しているケースが目立った（「CSAの実施」「リスク管理上の重要指標を設定してモニタリングを実施」といった複数のツールを活用している社も多かった）
	リスク選好の枠組み	・社としてあるべき手法の確立に向けて模索中という状況がみられた ・リスク選好として、「高格付の維持」「一定の信頼水準（99.9% VaRなど）により計測された所要資本の確保」「規制資本の維持」を掲げる社が多かった ・しかし、財務健全性の確保という観点だけからの目標設定となっており、中期経営計画の策定や日々の経営判断、各部門の日常的な業務運営とは必ずしも結びついていないことが多かった ・一歩進んだ取組みとしては、「自らのリスク選好に基づいてリスク許容度を設定し、その範囲に収めるためにリミット管理を実施」「中期経営計画のなかでリスク・テイク方針（定量的・定性的方針）を明確にし、モニタリングを実施」といった事例があった ・また、大手を中心にリスク管理部門と経営企画部門の連携を強める傾向がみられた
③ リスクと自己資本等の管理状況		
	管理プロセスの現状と課題	・「検査マニュアル改定をふまえ、サイクルを明確化」「リーマン・ショックでの損失発生を受けて、モニタ

	リングや危機対応を整備」「統合リスク量による管理を補完する枠組み（新興リスクや集積リスク対応等）を構築中」など、改善に向けた継続的な取組みもみられた ・ただし、外資系の場合には、ローカルとしてのリスク管理態勢の構築が遅れがちと思われる社もあった
統合リスク管理ツールの活用状況	・大半の社で内部モデルにより統合リスク量を計測し、自己資本等と対比する管理を行っていた ・中堅会社のなかには、「現在は資産運用リスク、保険引受リスクそれぞれで管理」「統合ベースは規制資本（ソルベンシー・マージン比率）のモニタリングのみ」という社や、「計測しているだけでリスク管理ツールとしては機能していない」社もあった
ストレス・テストの実施状況	・「テストとしては十分だが、どう活用するのかが課題」「結果に基づくリスク選好を明示し、経営判断につなげていく取組みが課題」など、経営への活用には課題があるといった声が多かった
負債特性をふまえたALMの実施状況	・ばらつきが非常に多かった ・結果として、超長期部分の金利リスクを管理していない事例もあった
中期的な経営計画をふまえた将来のリスクと資本の十分性	・いくつかの社において、最近開始した取組みとして、「中期経営計画の策定・管理の一環として、将来のリスクと資本の十分性を検証」「中期経営計画に包含されるアクションを織り込んだリスクと資本の試算を行い、将来の資本十分性を検証」「当面の対応として、計理人意見書の3号収支分析を活用した継続性評価を定例実施」といった事例がみられた

（出典）　金融庁公表資料をもとに作成

(4) まとめ

金融庁はERMヒアリングの取りまとめとして以下の総括を行っている。

❶　全回に引き続きヒアリングの対象とした社では、以下の点で前向きに評価できる動きがあった
　・リスク管理に対する経営陣の意識が総じて高まりつつある

・リスク管理部門と経営企画部門の連携を強める傾向がみられる
　　・管理プロセスの改善に向けた継続的な見直しに取り組んでいる会社等が目立った
❷　一方、以下の諸点等、「ERM態勢の高度化」を図っていく必要があることがうかがえた
　　・リスク管理部門の担当役員の専門性
　　・内部監査部門の役割
　　・リスク・プロファイルの把握と活用
　　・リスク選好の考え方や枠組み
　　・海外保険事業の管理体制の構築
　　・内部モデル見直しにおける妥当性等の検証態勢　など
❸　ERMの構築は、本来、保険会社が自己管理の一環として行うべきものである
❹　今後のORSAの導入を検討していくにあたっても、保険会社のリスク管理態勢の現状と課題を定期的に確認し、必要に応じ、高度なリスク管理態勢の構築を促すことは有効

　このように保険検査マニュアルにおいて「統合リスク管理態勢」に関するカテゴリーが明確化され、保険検査評定制度においても各種内部管理態勢が検査の過程で検証されることになった。加えて、先般金融庁が公表した「ERMヒアリングの結果について」の内容を勘案すると、保険会社が自社に応じた「統合リスク管理態勢」(ERM態勢)の構築・高度化に向けた取組みを早期に行うよう、規制当局が期待していると考えられる。
　また、「ERMヒアリングの結果について」のなかに、「ORSA」(Own Risk and Solvency Assessment：リスクとソルベンシーの自己評価) に関連した記述もあり、「リスク管理」「資本管理（ソルベンシー管理）」「収益管理」を一体的に管理する枠組みとしての「ERM態勢（統合リスク管理態勢）」について、実効的な実施ロードマップを経営者自らが策定し、示していくことが喫緊の課題であると考える。

1.2 保険IFRSの動向

前節においてERMやソルベンシー規制を中心に解説してきたが、資産・負債の価値測定については経済価値ベースの考え方が前提にあった。すなわち、IAISの保険基本原則（ICP）や定量的影響度調査（QIS 5）を前提としたソルベンシーⅡにおいては、経済価値ベースや市場整合的な評価で価値測定を行うことが規定されている。

IFRSにおいても、資産・負債を公正価値により測定する流れにあり、ERMやソルベンシー規制における資産・負債の価値測定との整合性が増しているといえる。実際に、IFRSの基準の多くは資産、負債を公正価値で測定すること、またはそれらを開示することを要求（または容認）している。また、資産・負債の公正価値の変動は、企業の業績上の利得および損失につながる結果を生むものと考えている。本節では、こうした点をふまえ、保険契約に関するIFRS基準の動向について解説したいと思う。

1.2.1 保険契約に関するIFRSの現状と今後のスケジュール

保険契約に関するIFRS基準としては、国際会計基準審議会（IASB）が2004年に公表したIFRS第4号「保険契約」が存在している（フェーズIと呼ばれる）。当該IFRS第4号では、各国で使用されている保険契約に関する多くの既存の会計処理の継続適用を容認する内容となっている。その後、IASBは、保険契約に関する国際的に一貫した単一の認識および測定基準を策定することを意図して新たな基準の開発を進めてきた（フェーズⅡと呼ばれる）。そして2010年7月30日、公開草案「保険契約」を公表した。当公開草案は、最終基準化された場合は現行のIFRS第4号と置き換わることになる。IASBは履行キャッシュ・フローの現在価値に基づいて保険負債を測定するというアプローチを提案している。このアプローチは、保険契約の報告日現在の価値を表す方法にて保険負債を測定するという考え方に基づいているため、報告日ごとに保険負債が測定されることになる。

2013年2月、IASBは再公開草案を最終化するために必要な技術的な論点に関する議論を終了し、再公開草案の公表に向けた投票プロセスを開始することを承認した。IASBは2013年第2四半期に保険契約に関する再公開草案を公表する予定である。コメント期間中にIASBがフィールド・ワークを含むアウト・リーチ活動を行うことを意図しているため、再公開草案に対するコメント期間を120日とした。再公開草案では、限定された以下の範囲の質問に対するフィードバックを求める予定である。

(a) 有配当契約の取扱い

　　有配当契約の測定において、保険契約負債に対応する資産との間の会計上のミスマッチの影響を低減するために、ミラーリング・アプローチ（保険者が保有する特定の原資産に関連する保険契約負債の一部は、当該原資産と同じ基準で測定および表示するアプローチ）の適用を決定した。

(b) 包括利益計算書における保険料の表示

　　2010年公開草案では、要約マージンによる表示が提案されていたが、既経過保険料アプローチに基づき保険料は期間配分される。また、保険料のうち投資要素に関連する部分は保険料から除外される。

(c) 保険契約における残余マージンの取扱い

　　2010年公開草案では、残余マージンは契約開始時にロック・インすることになっていたが、将来キャッシュ・フローの見積りの変動相当額を残余マージンで相殺する（残余マージンのアンロック）。

(d) 保険契約負債の測定に用いる割引率の変動の影響をその他の包括利益（OCI）で表示すること

　　2010年公開草案では、保険契約負債の変動額は当期の純損益で認識することとされていたが、割引率の変動に伴う保険契約負債の変動をOCIで認識することを要求する。

(e) 経過措置のアプローチ

　　2010年公開草案では、既契約について移行時においてもその後においても、測定は残余マージンを含まないとする提案をしていたが、新たな会計方針を遡及適用してマージンを測定する（遡及適用が現実的ではない

ポートフォリオに対して簡便法も容認)。

　最終基準書の公表は早くても2014年下半期以降になるものと予想される。また、その適用日については2018年以降になるものと予想される。

　新基準が適用されると保険契約に関する表示と測定は大きく変わることになる。さらに、ビジネス・プロセスやシステムへの影響も大きいと予想される。具体的には、保険商品の設計やプライシング、資本管理などに影響をもたらす。保険契約の測定、利益分析、収益予測および財務報告に使用されるシステムやデータへの対応が必要となる。また、業務プロセスおよび内部統制のアップデートも必要となる。

　欧州の保険会社では、新たな規制の枠組みであるソルベンシーⅡの導入が2015年または2016年頃になると予想されている。したがって、欧州では、現在、ソルベンシーⅡの導入に向けた準備を進めており、ビジネス・プロセスおよびシステムの高度化に多くの投資が行われているなかで、IFRS第4号公開草案を理解しそれに対処することが課題となっている。IFRS第4号公開草案とソルベンシーⅡの間の類似点・相違点に着目し、ソルベンシーⅡプロジェクトの延長線上で、IFRS第4号適用時に変更・修正が必要になるのはどのような場合かなどを分析し検討を行っているところだ。

　日本におけるIFRSの強制適用については、2009年6月に公表された「我が国における国際会計基準の取扱について(中間報告)」で、2012年ごろにその是非を判断し、十分な準備期間を設け、早ければ2015年または2016年となる案を金融庁が示していた。しかし、2011年6月に金融担当大臣より再検討の提案があり、IFRSへの対応のあり方について議論が再開されていた。2012年7月に議論の内容が整理され「中間的論点整理」が公表されたが、最終的な結論が出ているわけではなく、今後も審議が継続される。日本における経済価値ベースのソルベンシー新規制の導入については、金融庁がすでにフィールドテストを実施し、その結果の分析や実務上の課題を認識したところであり、今後も関係者との継続的な協議やIAISや欧州のソルベンシーⅡ規制の動向を見据えながら、新しい規制の枠組みづくりに取り組む方向である。日本における経済価値ベースを前提にしたソルベンシー規制やIFRSの

導入は、引き続き議論の動向に注目していく必要がある。また、実際の対応状況について、先行する欧州の保険会社がどのようなアプローチを選択し、ソリューションを開発しているのかを参考にすることも検討に値するだろう。

図表1-16は、経済価値ベースの保険契約の測定が現行実務に及ぼす影響をイメージにしたものである。

図表1-16　経済価値ベースの保険契約の測定が現行実務に及ぼす影響のイメージ図

区　分	現行会計での取扱い
残余マージン	■明示的に算出されていない
リスク調整	■明示的に見積もられていない（基礎率に織り込まれている）
貨幣の時間価値	■契約時でロック・イン ■算出方法書等に明記（標準利率を含む） ■期間にかかわらず一律としている（カーブとして算出していない）
キャッシュ・フロー	■保険事故発生率等はロック・イン。解約は織り込んでいない ■通常、算出方法書等に明記 ■対象契約および契約の範囲が変化する可能性

⬇

　見積要素の増加　　　計算の複雑化

⬇

処理の正確性だけでなく、評価の妥当性に関する確認が必要。
● 見積りは利用可能な関連情報と整合的か（保険料設定、リスク管理、過去の実績、EV、公表情報等）。
● 見積りは適切なガバナンスのもと行われているか。

また、図表1-17は、経済価値ベースを前提にしたソルベンシー規制やIFRSの導入が保険会社の業務プロセス全般に及ぼす影響をイメージにしたものである。

図表1-17　制度変更が保険会社の業務プロセス全般に与える影響のイメージ図

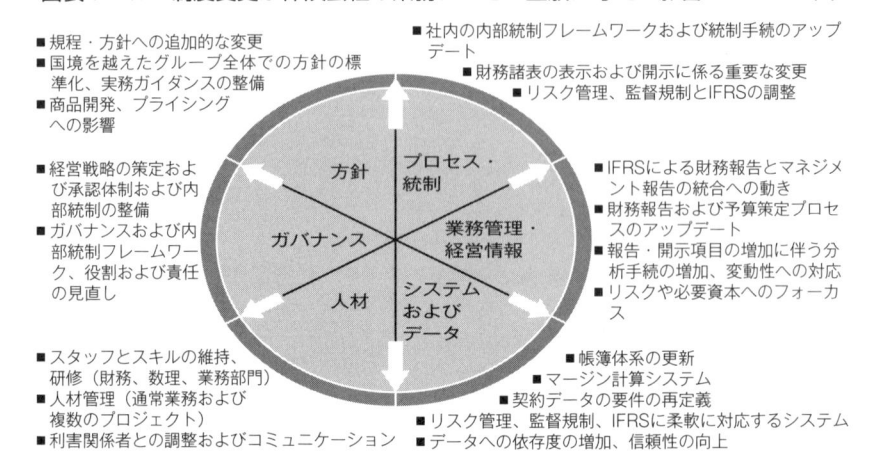

- ■規程・方針への追加的な変更
- ■国境を越えたグループ全体での方針の標準化、実務ガイダンスの整備
- ■商品開発、プライシングへの影響

- ■経営戦略の策定および承認体制および内部統制の整備
- ■ガバナンスおよび内部統制フレームワーク、役割および責任の見直し

- ■スタッフとスキルの維持、研修（財務、数理、業務部門）
- ■人材管理（通常業務および複数のプロジェクト）
- ■利害関係者との調整およびコミュニケーション

- ■社内の内部統制フレームワークおよび統制手続のアップデート
- ■財務諸表の表示および開示に係る重要な変更
- ■リスク管理、監督規制とIFRSの調整

- ■IFRSによる財務報告とマネジメント報告の統合への動き
- ■財務報告および予算策定プロセスのアップデート
- ■報告・開示項目の増加に伴う分析手続の増加、変動性への対応
- ■リスクや必要資本へのフォーカス

- ■帳簿体系の更新
- ■マージン計算システム
- ■契約データの要件の再定義
- ■リスク管理、監督規制、IFRSに柔軟に対応するシステム
- ■データへの依存度の増加、信頼性の向上

（円内：方針／プロセス・統制／業務管理・経営情報／システムおよびデータ／人材／ガバナンス）

1.2.2　経済価値ベースのソルベンシー規制とIFRS第4号フェーズⅡ

　保険会社における経済価値ベースのソルベンシー規制への対応およびIFRS第4号フェーズⅡの導入によりもたらされる変化の複雑性と導入におけるクリティカル・パスを理解し、両者を有効かつ効率的に導入するためには、計画段階で、両者の相違点と類似点を認識し、早い段階から相応の対応を図ることが重要である。

　図表1-18は、ソルベンシーⅡとIFRS第4号フェーズⅡとの関係をイメージにしたものである。表からイメージできるように、Pillar 1およびPillar 3において重複部分が大きいが、Pillar 2との関連も留意が必要である。

　フェーズⅡの保険契約負債とソルベンシーⅡの技術的準備金の間には多くの類似点がみられ、適用上も相応の相乗効果が期待される。しかし、詳細なレベルでは多くの相違点が存在している。したがって、ソルベンシーⅡにおける技術的準備金とフェーズⅡで議論されている保険契約負債の測定方法との相違点を把握することは有用である。そこで、①目的、②リスク・マージン、③費用および新契約費、④残余マージン、⑤短期契約等、⑥保険リスクのアンバンドリングと範囲に焦点を絞ってその相違点をみていくこととす

る。なお、図表1-19は、両者に基づく貸借対照表の負債および資本のイメージを表したものであり、大小関係は実際とは異なるものである。

図表1-18 ソルベンシーⅡとフェーズⅡとの関係イメージ図

〈Solvency Ⅱ〉　　　　　　　　　　　　　〈IFRS 4 Phase Ⅱ〉

Pillar 1 必要資本
Pillar 2 ガバナンス リスク・マネジメント
損益分析 プロセス・内部統制
Pillar 3 ORSA開示

負債の最前の見積り 市場整合的（公正価値）
リスク・マージン（リスク調整）
リスクの開示

残余マージン 短期契約
取得原価・償却原価

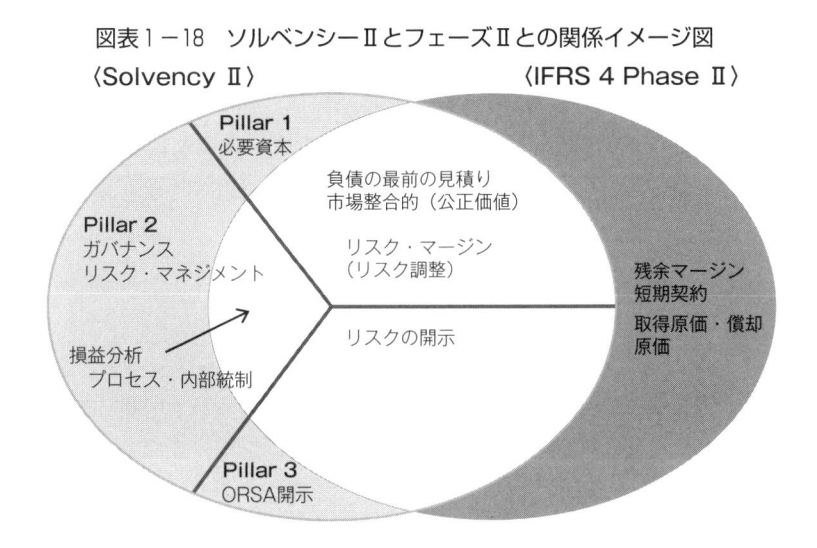

図表1-19 ソルベンシーⅡとフェーズⅡに基づく貸借対照表のイメージ図

ソルベンシーⅡに基づく貸借対照表
- 自由資産
- ソルベンシー資本（SCR）
- リスク・マージン ┐
- 最良推定による負債 ┘ 技術的準備金

フェーズⅡに基づく貸借対照表
- 資本
- 残余マージン ┐
- リスク調整   │ 保険契約負債
- 最善の見積りによる負債 ┘

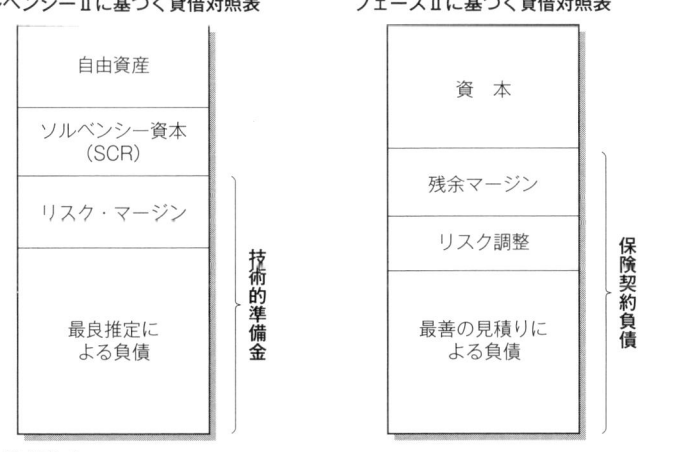

（出典） 筆者作成

❶ 目　的

IFRSの目的は、分野、地域または商品にかかわりなく、保険会社の財務諸表の透明性と比較可能性を高め、高品質で、理解可能かつ実行可能性があり、かつグローバルに受け入れられる会計原則を設定することにある。一方、経済価値ベースのソルベンシー規制の目的は、保険契約を引き受ける保険会社が、適切な自己資本とリスク管理基準を維持するための規制上のフレームワークを設定することにある。したがって、IFRSと経済価値ベースのソルベンシー規制の目的は、外部の利害関係者に対して、規制および会計の観点からの比較可能性と透明性を高めることにあると考えられる。

❷　リスク・マージン

フェーズⅡではリスク調整の計算方法を限定していないが、ソルベンシーⅡでは原則として資本コスト・アプローチのみが認められている。ソルベンシーⅡの対象となる保険会社はフェーズⅡとソルベンシーⅡでリスク調整方法を統一するために資本コスト・アプローチを採用する可能性が高いと考えられる。これにより両者の一貫性は確保されるであろうが、リスク分散効果が認められるレベルが異なる可能性がある。このレベルの違いは、保険数理モデルに異なる測定値を同時に算定するための柔軟性を要求することになるであろう。

❸　費用および新契約費

負債測定に際して含められる費用に関するキャッシュ・フローの範囲に両者で相違がある。すなわち、ソルベンシーⅡでは保険契約に関連して保険会社が負担すると予想されるすべての費用が負債の測定に反映されるのに対して、フェーズⅡでは保険契約または保険契約活動に直接的に関連して負担する費用のみが負債の測定に反映される。つまり、直接的に保険契約に関連しない一般間接費はソルベンシーⅡの負債測定に反映されるが、フェーズⅡの負債測定には反映されない。一方、直接的に保険契約に関連する契約管理費用は両者に反映される。

また、フェーズⅡでは一定の要件を満たした新契約費が負債測定におけるキャッシュ・フローに含められる。一方、ソルベンシーⅡには、このような

概念は存在しない。

したがって、保険契約に直接的に関連する費用と一般管理費との識別および上記の新契約費の識別のために、総勘定元帳システムの勘定体系の変更および保険数理システムでの識別管理といった対応が必要となるであろう。

❹　残余マージン

残余マージンは、契約開始時の利益（簡単にいうと、「保険料等の将来キャッシュ・インフローの期待現在価値—支払保険金等の将来キャッシュ・アウトフローの期待現在価値—リスク調整」）を保障（補償）期間にわたり繰り延べるためにIASBがフェーズⅡで導入を予定するものである。一方、ソルベンシーⅡでは、契約開始時の利益の認識を制限する考え方はとられていない。

すなわち、残余マージンはフェーズⅡ特有のものであり、契約開始時の測定値とその後の変動の追跡値を契約群のレベルで記録する必要がある。結果として、残余マージンを契約群に配分する方針が必要となり、さらに残余マージンを管理し償却するための新たなシステムを開発する必要が生じるだろう。

❺　短期契約等

フェーズⅡは一定の要件を満たした契約（たとえば、保険期間が1年以内である契約）に関して、保険料配分アプローチの採用が認められる。保険料配分アプローチとは、簡単に述べると、保険料を保険期間にわたって時間の経過を基礎として配分する方法であり、損害保険負債に関し現在利用されている未経過保険料方式に類似していたものである（厳密には同一ではない）。一方、ソルベンシーⅡでは当該方法は規定されていないため、保険料配分アプローチを採用する場合にはソルベンシーⅡのために開発されたシステムとは別個のシステムでの対応が必要となるであろう。

❻　保険リスクのアンバンドリングと範囲

ソルベンシーⅡが法人の特性を測定の基礎としている、つまり保険会社に対して適用されるのに対して、IFRSは契約の特性を測定の基礎としている。保険リスクを移転することのない契約は、IFRSに従って金融商品またはサービス契約として測定される。また、保険事故の発生とかかわりなく支払義務

が生じる要素は保険要素とは区別し、異なる会計モデル（金融商品や収益認識の基準）で測定されることとなる。したがって、ソルベンシーⅡとフェーズⅡの貸借対照表で相違する構成要素を記録、測定およびマッピングためのプロセスおよびシステムを構築する必要があるかもしれない。

第2章

リスクとソルベンシーの自己評価（ORSA）のフレームワーク

本章では、ORSAに関する国際保険規制等を中心に、IAIS、EIOPA（CEIOPS）、NAIC等におけるORSA規制に関するこれまでの議論の流れおよび主要論点等について説明を行う。

2.1 ORSAに関する規制の概要

2.1.1 保険会社にとってのORSA

　保険会社のORSA、すなわち、Own Risk and Solvency Assessmentは、保険会社のERMプロセス全体の根幹を占める機能であり、「第3章　ORSAに関する取組みおよび動向」で言及されているとおり、現在、世界の各地域の規制当局によりその導入が検討されている。保険会社に対する新たなソルベンシー規制の導入の検討と関連させて、ERMを主軸としたORSAの実施を義務付ける流れが形成されている。主だったところをあげれば、欧州で導入が予定されているソルベンシーⅡ規制の根拠法であるソルベンシーⅡ枠組指令（Solvency Ⅱ Directive 2009/138/EC）、世界各国の保険監督当局等から構成される国際保険監督者機構（IAIS）が公表する保険コア・プリンシプル（ICP）、また、米国の全米保険監督当局協会（NAIC）によるORSAモデル法（Risk Management and Own Risk and Solvency Assessment（ORSA）Model Act（Model＃505）: RMORSA Model Act）において、保険会社にORSAの実施および監督当局への報告が義務付けられており、保険会社は近い将来において、ORSAを実施しその結果を規制当局へ報告することが要求されることになるだろう。

　ORSAに関係する当事者としては、ORSAとはどのようなものなのかを理解しておく必要がでてくるが、ORSAは保険会社のリスクおよび資本管理の広範なプロセスに及ぶものであるため、ORSAについて具体的なイメージを把握することは容易なことではない。このため、上記のそれぞれの基準・法令においても、ORSAに対して直接的な定義を与えるのではなく、ORSAの目的、実施要件等を定めることにより、ORSAがどのようなものなのかを明らかにするというアプローチをとっている。

　ソルベンシーⅡに関していえば、欧州保険職域年金監督者委員会（CEIOPS）のORSA課題文書（"Issues Paper, Own Risk and Solvency Assessment

(ORSA)", CEIOPS-IGSRR-09/08, 27May 2008) では、当初、図表2-1のように言及されていた。

図表2-1　CEIOPSの課題文書でのORSAの定義

> ORSAは、（再）保険会社が直面している、もしくは直面するかもしれない短期的および長期的リスクについて、認識、評価、モニター、管理および報告するために採用され、さらに規制および内部管理上の資本必要額を常時満たすために必要となる自己資本を判定するために採用される、プロセスおよび手続の総体として定義することができる。

（出典）"Issues Paper, Own Risk and Solvency Assessment (ORSA)", CEIOPS-IGSRR-09/08, 27May 2008をもとに作成

しかし、この定義については、ORSAの全体像をとらえきれていないこともあり、その後における欧州保険年金監督機構（EIOPA）によるORSAガイドライン（Guidelines On Own Risk and Solvency Assessment）においてそのまま引き継がれることはなく、図表2-2のように、ORSAの目的から説明するアプローチに変更されている。

図表2-2　EIOPAのORSAガイドラインでのORSAの目的

> ORSAの主たる目的は、保険会社による、事業に付随するすべてのリスクの評価、リスクに対応する必要資本の決定を確保することにある。この目的を達成するため、保険会社は、リスクおよびソルベンシー必要額の評価、モニタリング、計測について、十分かつ堅固なプロセスを確立しなければならず、これにより、当該評価の結果が、保険会社の意思決定プロセスに組み込まれることとなる。包括的なソルベンシー必要額の評価の実施は、保険会社全体を通じた、情報の適切なインプットを必要とする。ORSAに関する要件は、単に報告書を作成すること、またはテンプレートを埋めることで満たせるものではない。

（出典）EIOPA Final Report on Public Consultation No. 11/008 On the Proposal for Guidelines On Own Risk and Solvency Assessment をもとに作成

図表2-2のとおり、ORSAは広範囲のプロセスを指すもので、一言で簡単に定義付けられるようなものではないことはおわかりいただけたかと思う。これに対して、ORSAに含まれるべき根本要素や特徴については、さま

ざまな所で言及されている。たとえば、EIOPAのチェアマンは、ORSAの主たる特徴として図表2-3のような項目を列挙しており、ORSAの全体像の理解の参考となる。

図表2-3　ORSAの主たる特徴

- 保険会社の経営者、監査役等の監督機関により認識されたリスクについての、全体的・包括的な理解のためのプロセスである
- 保険会社が抱えるリスクの全体像を提供するものである
- 監督当局が、経営者および監査役等の監督機関によるリスクの理解のレベルを把握するのに資する情報を提供するものである
- リスクの全体像と、リスク管理態勢および内部統制システムをつなぐものである
- 定量的測定が可能となるかなり前の段階で、リスクを把握するためのプロセスである
- 定量化できないリスクについての認識も含んだプロセスである
- ルール・ベースの新しいソルベンシー計測手法ではない
- 画一的なプロセスではなく、保険会社が効果的な評価プロセスを構築する必要がある
- プロセスにおける主たる機能をアウトソースできるような種類のプロセスではない
- 単一の結果だけが出力されるようなプロセスではない

(出典)　ORSA-The heart of Solvency II, Group Consultatif Summer School, Gabriel Bernardino, EIOPA, Lisbon, 25 May 2011をもとに作成

2.1.2　IAISが定めるORSAに関する規制

(1)　IAISの概要

保険監督者国際機構（IAIS）は、1994年にスイスのバーゼルに設立され、現在は、約140カ国の190を超える管轄区域（jurisdiction）の保険監督機関および監督者等をメンバーとして構成される団体である。さらに、1999年からは、保険の専門家がオブザーバーとして迎えられ、現在は130を超える業界、専門家集団を代表するオブザーバーも参加する団体となっている。IAISの主な目的は、①効果的かつ国際的に整合的な保険監督の促進、②世界の金融

安定への貢献、③国際保険監督基準の策定およびその実施の促進、④保険監督者間の協調の促進、⑤他の金融分野の監督機関との連携等にあり、これまでに、国際的な保険監督に係る原則、基準、ガイダンスを発行し、保険監督に関連する問題への対応を図ってきた。このうち、ORSAについて取り扱ったものとして、保険コア・プリンシプル（ICP）があり、以下においてその内容を概観する。

(2) ICPの概要

　IAISは、2003年に、保険の監督規制に係る28の原則を、ICPとして定めた。このICPの制定後、いわゆる金融危機が発生し、従来からの伝統的なリスク管理手法における欠陥、企業ガバナンスの不十分さ、さらに保険会社のグループを単位とした監督体制の欠如という問題点が露呈した。このような状況を受け、相当な期間の検討を経た後、IAISは2011年に従来のICPを全面的に改訂した（なお、ICPの原則に含まれる、ICP 9 監督レビューおよび報告については、2012年10月にさらに改訂されている）。

　この改訂により、従来は28の原則であったものが、26の原則にまとめられ（図表2－4参照）、さらにこれらの原則を補足するための、基準（スタンダード）および指針（ガイダンス）が追加された。

　ICPの序文の記述によれば、原則は、最も高い階層レベルに存在し、保険セクターの財務健全性を促進し、保険契約者に対する適切なレベルの保護を提供するために、監督制度が整備すべき重要な要素を定めたものとされている。また、基準（スタンダード）は、原則の次の階層レベルに存在し、それぞれの原則の実施に不可欠な要件を示すものとされている。つまり、原則の適用に必要な実務基準という位置付けである。指針（ガイダンス）は、原則よりも低い階層レベルに存在し、原則および基準の意味するところや、原則および基準の実施方法を明らかにするなど、原則および基準を補完するものという位置付けである。

　ICPは、ICP 1「監督者の目的、権限および責任」に始まり、最後のICP 26「危機管理におけるクロス・ボーダーでの協力および協調」に至り、保険会

社の監督に係るプロセス全般について規定している。

図表2-4の各ICPはその内容から、大きく三つの部分にまとめることができる。

❶ 第一の部分

ICP1「監督者の目的、権限および責任」からICP4「認可」の部分については、保険監督の目的、権限、責任、監督者の要件および保険事業の認可要件などを扱っており、保険監督の基礎となる部分について定めている。

❷ 第二の部分

ICP5「個人の適格性」からICP22「マネー・ロンダリングおよびテロ資金供与対策」の部分については、さらに三つのカテゴリーに分けることがで

図表2-4　ICPの26原則

ICP 1	監督者の目的、権限および責任	ICP 14	評価
ICP 2	監督者	ICP 15	投資
ICP 3	情報交換および機密保持に関する要件	ICP 16	ソルベンシー目的の統合リスク管理（ERM）
ICP 4	認可	ICP 17	資本十分性
ICP 5	個人の適格性	ICP 18	仲介人
ICP 6	支配権の変更およびポートフォリオの移転	ICP 19	事業行為
ICP 7	企業統治	ICP 20	情報開示
ICP 8	リスク管理および内部統制	ICP 21	保険詐欺への対策
ICP 9	監督上のレビューおよび報告	ICP 22	マネー・ロンダリングおよびテロ資金供与対策
ICP 10	事前予防および是正措置	ICP 23	グループ監督
ICP 11	執行	ICP 24	マクロ・プルデンシャル監視および保険監督
ICP 12	清算および市場からの撤退	ICP 25	監督協力および協調
ICP 13	再保険および他の形態のリスク移転	ICP 26	危機管理におけるクロス・ボーダー協力および協調

（出典）　Insurance Core Principles, Standards, Guidance And Assessment Methodology 1 October 2011 as amended 12 October 2012（with new ICP 9）をもとに作成

きる。一つ目のカテゴリーである、ICP 5「個人の適格性」からICP 8「リスク管理および内部統制」の部分では、企業の構成員の適格性、買収・契約の移転、コーポレート・ガバナンス、さらにリスク管理・内部統制等について規定しており、企業統治のあり方についての原則が提供されている。二つ目のカテゴリーである、ICP 9「監督上のレビューおよび報告」からICP 17「資本十分性」の部分では、保険会社の財務健全性についての規制が取り扱われている。三つ目のカテゴリーである、ICP 18「仲介人」からICP 22「マネー・ロンダリングおよびテロ資金供与対策」の部分は、顧客である保険契約者の保護、保険詐欺、マネー・ロンダリング等を扱っており、広い意味での保険契約者保護に関する原則が提供されている。

❸　第三の部分

ICP 23「グループ監督」からICP 26「危機管理におけるクロス・ボーダー協力および協調」の部分については、グループ監督、監督協力等、保険会社の監督の実施方法について定めている。

(3) ICPにおけるERM

ICPの26原則のうち、ORSAについての規定が含まれるのはICP 16「ソルベンシー目的の統合リスク管理」である。ICP 16では、すべての重要なリスクをカバーした、ソルベンシー目的のためのERM態勢の構築を、保険監督者が保険会社に対して求めるべきことを規定している。さらに、ICP 16に含まれる基準、ガイドラインのなかで、ERMの一貫としてORSAを実施する態勢が構築されることを要求し、ORSAの実施に関する要件についても言及している。

ここでのメインテーマはORSAではあるが、ORSAはERMプロセスの全般について検証するプロセスという側面もあり、ERMの全体像を把握しておくことは不可欠である。そこで、ICP 16に含まれる基準の記述を概観することにより、ICP 16が想定しているERMの全体像について簡単に把握しておきたいと思う。

❶ ERMフレームワーク

ERMのフレームワークに関して、リスクの特性、リスクおよび資本管理の目的、ソルベンシー確保の目的に適合した技法を用いることで、リスクの特定とリスクの定量化を可能とするものであるべきことが規定されている（ICP 16.1）。リスクの特定および定量化の際には、リスクの特性、目的ごとに適合した技法を用いて多角的な分析を実施するため、ERMフレームワークからはさまざまな種類のアウトプットが提供されることが想定されている。

ERMのフレームワークは一度定めれば変化しない固定的なものではなく、保険会社のリスク・プロファイルの変化に応じて変更すべきもの（感応的）であることが要求されている（ICP 16.9）。このため、ERMフレームワークには、正確な情報、マネジメント・プロセス、および客観的な評価に基づいたフィードバック・ループを組み込むことが要求されている（ICP 16.10）。このフィードバック・ループにより、保険会社はリスク・プロファイルの変

図表2－5　IAISによる標準ERMフレームワーク

```
┌─────────────────────────────────────────────┐
│   ガバナンスおよび統合リスク・マネジメントのフレームワーク   │
└─────────────────────────────────────────────┘
  ┌──────────┐              ┌──────────┐
  │  リスク    │ ───────→    │ リスク許容度 │
  │ 管理方針   │              │ステートメント│
  └──────────┘              └──────────┘
       ↑    ┌─────────────┐      ↓
       │    │ フィードバック・ループ │      │
       │    └─────────────┘      │
       │   ┌──────────────────┐   │
       │   │ リスクおよびソルベンシーの自己評価 │   │
       │   │      （ORSA）       │   │
       │   └──────────────────┘   │
       │    ┌─────────────┐      │
       │    │ フィードバック・ループ │      │
       │    └─────────────┘      ↓
  ┌──────────┐              ┌──────────┐
  │ 継続性分析  │ ←───────    │ 経済資本および│
  │           │              │  規制資本   │
  └──────────┘              └──────────┘
┌─────────────────────────────────────────────┐
│                監督の役割                     │
└─────────────────────────────────────────────┘
```

（出典）　Insurance Core Principles, Standards, Guidance And Assessment Methodology 1 October 2011 as amended 12 October 2012（with new ICP 9）をもとに作成

化に応じて適時・適切な対応が可能となり、ERMフレームワークは感応的なものとなる。

このようなERMフレームワークの特徴を視覚的に表すために、ICP 16には図表2－5のような図表が挿入されている。

❷　ERMの文書化

文書化に関して、ERMフレームワークで取り扱うリスク、使用されている測定アプローチおよび主要な前提条件について、詳細な文書化を要求している（ICP 16.2）。これは、ERMの実施による結果のみではなく、広くプロセス全体の文書化を想定していると思われる。

また、この文書化に該当するものとして、リスク管理方針の策定を要求しており（ICP 16.3）、リスク管理方針のなかには、図表2－6に列挙されているさまざまな要素について、文書化されることが求められている。

図表2－6　リスク管理方針に含まれる文書化要件

①　保険会社の事業戦略および通常業務における、重要なリスク・カテゴリーの管理方針・方法等（ICP 16.3）
②　保険会社のリスク許容限度、規制上の資本要件、経済資本と、リスクの監視プロセスと方法の関係等（ICP 16.4）
③　資産・負債管理（ALM）活動の内容、範囲、商品開発、プライシング機能、運用管理とALMの関係等（ICP 16.5）
④　保険会社の投資活動の内容、策定する規制上の投資要件の遵守方針、ガバナンス・規制の緩い市場で発行された運用商品で複雑かつ透明性に欠けるものに関するリスク管理手続（ICP 16.6）
⑤　引受リスクに関連する明確な方針（ICP 16.5）

（出典）　Insurance Core Principles, Standards, Guidance And Assessment Methodology 1 October 2011 as amended 12 October 2012（with new ICP 9）をもとに作成

❸　リスク許容度ステートメント

ERM態勢の一環として、保険会社は、リスク許容度ステートメントの作成が求められる（ICP 16.8）。リスク許容度ステートメントでは、全般的な定量的・定性的なリスク許容度のレベルを設定し、リスク許容限度を規定する必要がある。さらに、事業戦略において、リスク許容度のレベルを活用（考

慮）すること、リスク許容限度のモニタリングについて、日常業務に組み込むことが求められている。なお、リスク許容度およびリスク選好については、「2.2.1　リスク評価に関する論点」をご参照願いたい。

❹　ORSA

ICP 16.11からICP 16.15の基準が、ORSAに関する規定である。基準の個数も複数にわたり、付随するガイドラインはかなりのボリュームとなっており、ORSAについてより詳細な規定が置かれている。この内容については、次のセクションにおいて、取り上げる。

❺　監督者の役割

ICP 16の最後の基準において、監督の役割について規定している（ICP 16.16）。監督者は、単にソルベンシー・ポジションの結果のみを確認するのではなく、ORSAを含んだ保険会社のリスク管理プロセスをもレビューし、必要に応じて、保険会社のリスク管理、ソルベンシー評価および資本管理プロセスの強化を要求する。

以上、長くなったが、ICP 16の各基準の概要について触れた。ICP 16が想定するERMのイメージ、ORSAがそのERMのなかでも重要な位置を占めている点をご理解いただけたであろう。

⑷　**ICP 16で規定されているORSA**

ここから本題のORSAについて触れたい。前述のとおり、ICP 16ではORSAに関する詳細な基準、ガイドラインが規定されている。それらのうち主要なものを取り上げ、紹介する。

ICP 16のORSAに関連する規定は、図表2－7のとおり、大きく、三つのパートに区分されている。

また、各パートのなかで、保険グループを対象とした追加のガイドラインが置かれており、保険グループを前提とした場合に考慮が必要な事項についても言及されている。保険グループを対象としたガイダンスの内容についても、必要に応じて触れたい。

図表2－7　ICP 16のORSAに関する規定の構造

	ORSA関連部分のカテゴリー	基　準	指　針
1	自社リスクおよびソルベンシー評価（ORSA）：総論	16.11	16.11.1
		16.12	16.12.1
		16.13	16.13.1－16.13.6
2	自社リスクおよびソルベンシー評価（ORSA）：経済資本および規制上の資本	16.14	16.14.1－16.14.19
3	自社リスクおよびソルベンシー評価（ORSA）：継続性分析	16.15	16.15.1－16.15.13

（出典）　Insurance Core Principles, Standards, Guidance And Assessment Methodology 1 October 2011 as amended 12 October 2012（with new ICP 9）をもとに作成

❶　自社リスクおよびソルベンシー評価（ORSA）：総論

　この総論パートの冒頭で、保険会社は、ORSAの定期的実施が求められることが明記されており（ICP 16.11）、その目的として、リスク管理態勢の適切性および現時点、将来のソルベンシー・ポジションの妥当性の評価があげられている。その評価の方法等のあり方は、各社の状況に応じたものでなければならない（ICP 16.11.1）。

　ORSAの実施に関する責任について、保険会社の取締役会および上級管理職が負うことが明記されており（ICP 16.12）、その前提として経営管理者のコミットメントが必要となる。

　ORSAで取り扱うリスクについて、合理的に予見可能で関連性のあるすべての重要なリスクを対象とすることが要求されている（ICP 16.13）。当然、リスクは各社のビジネスに応じてさまざまであり、各社のリスク・プロファイルを反映したユニークなかたちとなるはずである。また、リスク・プロファイルに重要な変化があった場合に、都度、ORSAを実施すべきであるとされている（ICP 16.13.1）。

　なお、保険グループを前提として、保険会社単体でのORSAに加え、保険グループ・ワイド・ベースでの評価が行われるべきことを規定している（ICP 16.13.2）。グループ・ワイドでORSAを実施する場合には、資本のダブ

ル・カウントや資本の移転可能性および代替可能性を考慮すること（ICP 16.13.3）、グループ内におけるリスクの波及効果についても考慮すべきこと（ICP 16.13.6）等についても言及されている。

❷　自社リスクおよびソルベンシー評価（ORSA）：経済資本および規制上の資本

このパートの冒頭の基準により、ORSAのなかで、以下の3点に対応することが求められており（ICP 16.14）、ORSAのプロセスのなかで行うべき本質的要素といえるものである。

・リスク許容度と事業計画のもとで、事業を管理するために必要となる財務リソースを確定し、監督要件を満たしていることを明らかにする
・ORSAを含めた、経済資本、規制資本および資本財源の考慮に基づいて、リスク管理を行う
・規制上の資本要件およびその他すべての資本要求を満たすために、資本リソースの質と十分性を評価する

1点目の財務リソース、つまり必要となる資本の分析に関して、現在の資本ニーズだけではなく、長期事業戦略等を考慮し、将来予測される財務ポジションについても評価することを求めている（ICP 16.14.2）。

また、2点目では、保険会社が、リスク管理と資本管理の相互関係性を十分に認識していることの重要性が強調され、経済資本を算定することが、資本の最適化、リスクの保有・移転、プライシングに関する意思決定において有益である点にも言及している（ICP 16.14.3）。

3点目については、経済資本と規制上の資本要件の額、およびその額を算定するために使用される手法の相違について、分析および説明できるようにしておかなければならないとしている（ICP 16.14.4）。自社の経済資本管理と規制資本の要件の充足の評価について、それぞれの相互関連も把握したうえでの評価を求めている。資本リソースの質と十分性の評価についても、規制上の資本要件が満たされていることを示すのみならず、経済資本の観点からの評価も行うことを求めている（ICP 16.14.5）。経済資本を算定するにあたっては、保険会社が策定している長期事業戦略および新規事業計画を考慮

したものとしなければならない。

　さらに3点目に関して、資本の質の評価において、継続企業（ゴーイング・コンサーン）を前提とし、資本の損失吸収能力、保険会社の資本構造等が将来の資本再調達を困難とする程度等についても考慮しなければならないとしている（ICP 16.14.6）。将来の資本再調達が困難となる例として、再保険等の仕組みにより、将来利益を即座に現金化するような契約を締結した場合があげられている。

　なお、保険グループのORSAについて、グループのリスク許容度と事業計画のもとでグループの事業を管理するために必要なすべての財源を確定し、監督要件が満たされていることを示さなければならないとしており（ICP 16.14.9）、単体の場合同様のORSAの実施を求めている。

　さらに、当該パートでは、内部モデルの利用という項目名により、いくつかのガイドラインが記載されており、内部モデルを利用する保険グループを前提としたガイドラインが置かれている。内部モデルの利用については、「2.2.2　内部モデルに関する論点」で取り上げているのでそちらを参照願いたい。

❸　リスクとソルベンシーの自己評価（ORSA）─継続性分析

　このパートに含まれる基準では、ORSAにおける継続性分析について、下記の2点に言及している（ICP 16.15）。

- ・規制上の資本要件算定のための期間よりも長い期間を前提とした、事業継続能力と、事業継続のための、リスク管理および財源を分析する
- ・継続性分析では、中長期的な事業戦略に含まれる定量的および定性的要素の組合せを考慮し、保険会社の将来の財務ポジションの予測と将来の規制上の資本要件の充足能力の分析を含む

　1点目については、継続性分析について、効果的な事業計画のために必要な期間（たとえば、3年から5年）を前提とすべきとしている（ICP 16.15.6）。特に、新しい事業計画、商品設計や保険料設定については、規制上の資本要件で考慮される水準よりも、より深く考慮されるべきであると言及している。さらに、政治的、経済的状況の変化を含む、将来起こりうる外部要因の

変化についても考慮すべきと言及している。

　2点目に関連して、将来の規制上の資本要件の充足能力の分析を含む将来の財務ポジションのモデリングを実行できることが望ましい旨、言及している（ICP 16.15.2）。明示はされていないが、内部モデルの整備を期待しているのだろう。また、将来の財務ポジションの予測と将来の規制上の資本要件の充足能力の分析の一環として、いわゆるシナリオ分析およびリバース・ストレス・テストも活用しなければならないとしている（ICP 16.15.3）。

　継続性分析の結果を受けて、ゴーイング・コンサーンおよびゴーイング・コンサーンにおける対処計画を策定するよう求めている（ICP 16.15.4）。この、緊急時の対処計画は、将来にストレス・イベントが発生した後に、保険会社が現実的に採用しうる対策である必要がある。

　また、ここでも内部モデルについての言及があり、内部モデルの効用として、リスク・プロファイルに関する戦略的経営判断が資本に及ぼす影響を評価することが可能となる点をあげている（ICP 16.15.8）。内部モデルによる評価結果は、経営判断に利用することが可能となり、内部モデルは戦略的リスク管理および資本管理の二つのプロセスをリンクさせるものと位置付けている（ICP 16.15.9）。

　保険グループについて、他のセクションと同様に追加のガイダンスを置いている。基本的には、保険会社単体の場合と異なるところはないが、保険グループとして注意しなければならない点について触れておきたい。

　保険グループの継続性分析にあたっては、保険グループが利用可能なキャッシュ・フローを有しているかどうか、グループ企業間でキャッシュ・フローが移転可能かどうかという点に特に注意を払うべきであるとされている（ICP 16.15.11）。継続性の評価にあたっては、グループとしての単純合算ベースで自己資本がリスク資本を上回っていたとしても、各グループ内保険会社の間での、リスクと資本のポジションおよび資本の移転可能性について十分に考慮する必要があるとされている。

　また、ストレス環境下でのキャッシュ・フローへの影響を管理するため、ストレス状況が実際に発生してしまった場合を想定した、グループとしての

行動計画（新規事業の削減、配当金のカットなど）の概要を定めなければならないとしている（ICP 16.15.11）。さらに、ストレス・イベント発生後の保険グループ内での資本配分、および保険グループ内の子会社で必要となる資本調達の可能性についても考慮しなければならないとされている（ICP 16.15.12）。ポイントは、グループ全体という単位だけで分析評価するのではなく、各保険会社によるグループの構成状況についても十分な考慮を図らなければならないという点にある。なお、この後の「2.3　将来予測をふまえたソルベンシー評価（継続性分析）」では、継続性分析についての技術的論点について取り扱っている。

2.1.3　欧州におけるORSAに関する規制の概要および動向

(1)　欧州規制（ガイドライン）におけるORSA

ORSAは、保険会社が、自社のリスク管理方針および自ら設定したリスク許容度に基づいて、リスク管理や資本管理の一環として実施されるべきものであるが、欧州では、2009年11月に採択されたソルベンシー枠組指令の45条（図表2－8参照）および246条等において規定されており、すべての保険会社に実施が求められていることから、欧州保険会社においては、ソルベンシーⅡへの対応の一環としてもORSA態勢整備の動きがみられるところである。

図表2－8　ORSAを規定するソルベンシーⅡ枠組指令

ソルベンシーⅡ枠組指令45条
すべての保険会社および再保険会社は、リスク管理態勢の一環として、少なくとも以下の内容を含むORSAを実施しなければならない。
(a)　保険会社のリスクの特性やリスク許容限度および事業戦略を踏まえて必要とされる支払余力の状況
(b)　資本・技術的準備金に関する規制要件への継続的な準拠の状況
(c)　保険会社のリスクの特性に関する、SCR算定の基礎とした前提条件との乖離

（出典）　ソルベンシーⅡ枠組指令より該当箇所を引用

そのような状況をふまえ、本節では、ソルベンシーⅡにおけるORSAの位

置付け(図表2-9参照)および2012年7月にEIOPAにより公表されたORSA最終報告の内容について概観するとともに、欧州保険会社のORSA態勢整備でみられる検討課題について触れたい。

ソルベンシーⅡは、欧州において導入が予定されている新しいソルベンシー規制の枠組みであり、以下の三つの柱(Pillar)により構成されている。

- 第一の柱(PillarⅠ):保険会社におけるリスク量および資本要件に関する定量的要件
- 第二の柱(PillarⅡ):リスク・資本管理およびガバナンス態勢を含む定性的要件
- 第三の柱(PillarⅢ):当局・一般への情報開示

このうち、ORSAは、図表2-9のとおり、PillarⅡ(定性的要件)において求められるガバナンス態勢の一要素を構成するものであるが、一方で、リ

図表2-9 ソルベンシーⅡにおけるORSAの位置付け

PillarⅡに関連する枠組指令の条文

ガバナンス関連		
	41条	全般的ガバナンス要件
	42条	保険事業者を実質的に運営する者または他の主要な機能を担う者に関する適格性要件
	43条	信用状態が良好であることの証明
	44条	リスク管理
	45条	リスクとソルベンシーの自己評価(ORSA)
	46条	内部統制
	47条	内部監査
	48条	保険数理機能
	49条	外部委託
グループ・ソルベンシー関連		
	246条	ガバナンス・システムの監督

(出典) ソルベンシーⅡ枠組指令指令をもとに作成

スクおよび資本の評価結果やORSA結果の報告・開示もその対象に含まれることから、単なる定性的側面のみならず、これらとの関連にも留意が必要である。

(2) EIOPAによるORSA最終報告（2012年7月）

上述のとおり、ORSAは、2009年11月に採択されたEUソルベンシーⅡ枠組指令で実施が求められているところであるが、その解釈や詳細については、2012年7月にEIOPAからORSA最終報告（以下、本節では「EIOPAガイドライン」という）が公表されている。このガイドラインは、枠組指令におけるORSA実施に関する規定の解釈や実務的取扱いの統一を図るためガイドラインとして作成されたものであり、主に図表2-10のような特徴を有している。

図表2-10　欧州における（＝EIOPAガイドラインによる）ORSAの特徴

ORSAとは	(1) 原則主義による実施 (2) 支払余力、規制資本要件への準拠状況の評価 (3) フォワード・ルッキングな視点 (4) 経営意思決定（リスク管理、資本管理）に資する情報 (5) トップダウン・アプローチによる実施 (6) すべての保険会社への適用・グループへの適用

（出典）　EIOPA, Final Report on Public Consultation No. 11/008 On the Proposal for Guidelines On Own Risk and Solvency Assessment をもとに作成

❶　原則主義による実施

「ORSAで何を実施・文書化すべきか」というよりは、「ORSAによって何を達成すべきか」に焦点をあてたものとなっている。つまり、ORSAを具体的にどのように実施するかについては、自社のリスクの特性、規模、複雑性等をふまえて決定すべきという思考を前提としている。

実務上は、いざORSAの実施・文書化を進めようとすると、「いかにORSA報告書を作成するか」、あるいは「何をORSA報告書に含めるべきか」といった、目にみえる成果物をどう作成するかに主眼が置かれる場面もみら

れるようであるが、ORSA自体は、報告書作成に至るプロセスそのものであり、保険会社各社のリスクや事業の状況をふまえた経営意思決定に活用できるアウトプットを提供することがORSAの目的であり、EIOPAのガイドラインでは、ORSAの実施方針の策定や実施・文書化についても、このような原則主義的な考え方が一貫してみられる。

❷ 支払余力、規制資本要件への準拠状況の評価

ORSAでは、全般的な支払余力の評価のほか、資本および技術的準備金が規制要件を満たしているかどうかに関する継続的な評価を実施する。

(a) 規制資本要件

ORSAの一環として、保険会社は、規制資本要件への準拠を継続的に確認すべきであり、その評価手続には以下の項目が含まれる。

(i) リスク特性およびストレス・シナリオ下における潜在的な将来の変化
(ii) 事業計画策定期間にわたる自己資本の金額および質
(iii) 自己資本の構成および調達資本の将来の償還、返済、満期等による影響

ここでは、「継続的な評価」とされているものの、規制資本要件の金額を常時計算して把握することまでは想定されておらず、資本要件および資本として適格な自己資本の変動を適切に見積もることができれば足りると考えられているが、実際に計算するか見積りをするか、あるいは、どの程度の頻度で計算を行うかは、当該保険会社の資本要件や自己資本のボラティリティの程度や支払余力の程度によって異なるとされており、保険会社の判断に委ねられている。

(b) 技術的準備金

ORSAの一環として、保険会社は、技術的準備金の計算およびその計算に関連するリスクについては、保険数理部門が適切に関与する必要がある。

(c) 計算の前提条件（アサンプション）と実績との乖離の評価

SCR算定の基礎となった前提条件（アサンプション）と実績との乖離の評価を実施することが求められる。

❸ フォワード・ルッキングな視点

ストレス・テストやシナリオ分析等の実施により、将来の事業戦略に不利な影響を及ぼす可能性のある外的要因の把握および外的要因の変化による事業戦略の脆弱性の把握等に役立てることが期待されている。

ORSAでは、保険会社が継続企業として存続しうるかどうかの検討および継続企業として存続するための財源を考慮することが重要となる。事業清算時のような特殊な状況でなければ、保険会社は、継続企業として存続しうるかどうかを検討すべきであり、そのためには、ある時点で実際に直面しているリスクだけでなく、より長期的な期間において直面する可能性のあるリスクについても検討すべきと考えられる。それは、保険会社の事業の複雑性や事業計画を含む財務戦略の重要な要素となる長期的な事業予測、経済的バランス・シートの予測の状況にも依存する。これらの将来予測をORSAに組み込んでいくことにより、全体的な支払余力や自己資本に関する評価をより実効性あるものとすることができると考えられる。

ただし、具体的に将来の何年分の期間を検討の対象とすべきかについては、EIOPAのガイドラインで明示されているわけではない。一方で、保険会社が事業計画として設定している期間については、ORSAの対象とすることが考えられ、意思決定の適切な基礎となる重要なリスクの把握と把握されたリスクのソルベンシーへの影響を評価する観点からは、一定の幅をもたせた複数のシナリオを将来予測の対象とすべきと考えられる。

全般的な支払余力および自己資本への不利な影響を評価する際には、経済環境や保険マーケットの変動などの外部要因についても検討することが考えられる。この場合、保険会社の資本管理および資本計画は、外部要因が予想外に変動した場合にどのように対応するかについても検討することが求められる。

保険会社は、事業計画および資本計画の一環として、シナリオ分析のほか、ストレス・テストおよびリバース・ストレス・テストを実施し、ORSAに反映させることが求められる。

❹　経営意思決定（リスク管理、資本管理）に資する情報

　ORSAは、単に、保険会社が規制上の資本要件を満たしているかどうかを判定するだけでなく、将来の期間にわたるリスクの把握とそれによる自己資本への影響を分析し、将来のリスク管理や資本管理を含む経営意思決定に活用することが想定されている。

　欧州におけるORSAは、図表2－8のとおりソルベンシー規制の枠組みにおいて態勢整備の検討が行われている側面もあるものの、一方で、各社のリスクの状況をふまえて実施すべきことが明確に求められている。また、ORSA試行結果が保険会社における意思決定に資する情報源となることが期待されており、この点で、ORSAの実施は、保険会社のリスク管理や資本管理の一体的な実施だけでなく、戦略策定の一環として実施されることが期待されている。裏を返せば、深度あるORSAの実施が、保険会社のリスクに根差した有効な経営戦略の立案を可能にするものともいえる。

❺　トップダウン・アプローチによる実施

　ORSAの実施にあたっては、管理部門、経営部門、監督部門（AMSB: administrative, management or supervisory body）の積極的な関与によるトップダウンによるアプローチが期待されている。これは、ORSAが、現在・将来にわたり保険会社が直面するリスクの全体像を把握するうえで重要なツールであり、把握されたリスクが将来の必要資本にどのようなインパクトを与えるかを経営管理者が理解し、状況に応じて必要なマネジメント・アクションをとっていくことが期待されていることによるものである。

　したがって、ORSAの実施方針を含むORSAポリシーの承認のほか、ORSAが適切に設計および実施されていることを経営管理者自らが確認することが求められる。

❻　すべての保険会社への適用

　内部モデル、標準フォーミュラを使用するいずれの保険会社にも適用され、また、保険会社単体だけでなく保険会社グループにも適用される。

　内部モデルを使用する場合には、そのモデルが実態に即したものとなっているかの検証を継続的に実施することが求められる。

グループORSAでは、グループ内におけるすべてのリスクを補足するとともに、グループ内におけるリスクの相互関連性を考慮する。

(3) ORSAで求められる文書化

それでは、ORSAを実施する際に、どのようなものを文書化することが求められるであろうか。ORSA実施にあたっては、EIOPAガイドラインにおいて、最低限、文書化すべきものが列挙されているが、これらは必ずしも新たに作成することが求められるものではなく、必要な情報が盛り込まれていれば、既存の文書を使用することでも十分とされている（図表2-11、2-12参照）。

図表2-11　ORSAで求められる文書化項目

ORSAにおける文書化項目	(1) ORSAポリシー (2) ORSAにおける各活動の記録 (3) ORSA内部向け報告書 (4) ORSA監督当局向け報告書

（出典）　EIOPA, Final Report on Public Consultation No. 11/008 On the Proposal for Guidelines On Own Risk and Solvency Assessment をもとに作成

図表2-12　ORSAで求められる文書化内容

文書化項目	内　容
①ORSAポリシー	ORSAポリシーには、少なくとも以下の項目が含まれるとされている。 (1) ORSA実施のプロセスおよび手順 　これには、どのようにフォワード・ルッキングな視点が反映されているかを含む (2) リスク・プロファイル、承認されたリスク許容度および資本必要額との関連性に関する検討 (3) ORSAの実施時期、頻度等に関する以下の情報 　(i) ストレス・テスト、感応度分析、リバース・ストレス・テストの実施方法および頻度 　(ii) データ品質に関する要件

		(ⅲ) 定期的に実施するORSAの頻度および実施時期、それ以外にORSAを実施する際のトリガー なお、ORSAの実施頻度については、ORSA最終報告において、少なくとも1年に1回は実施すべきとされている。
②ORSAにおける各活動の記録		ORSAの実施状況およびその結果は、その証跡により疎明され、適切な水準の文書化が求められる。文書化のレベルは、具体的には示されていないものの、第三者にも理解可能な水準という一定のレベルが示されている。
③ORSA内部向け報告書		経営管理者による承認後、ORSA結果を、その情報が関連するすべての構成員に報告する。
④ORSA監督当局向け報告書		監督当局向けのORSA報告書の作成にあたっては、ORSA内部向け報告書が、まずはその出発点となる。

(出典) EIOPA, Final Report on Public Consultation No. 11/008 On the Proposal for Guidelines On Own Risk and Solvency Assessment をもとに作成

(4) EIOPAによるORSA最終報告をふまえたORSAプロセス例

　ここまで触れたEIOPAによるORSA最終報告の内容をふまえて、保険会社に求められるORSAプロセスは、たとえば、図表2-13のようにまとめることができる。

　EIOPAによるORSA最終報告は、いまだ最終確定したものではないものの、上述の点は、欧州保険会社におけるORSA態勢の整備を進めるうえでの実務的な対応課題として議論・検討されている例もみられているようであり、ORSA結果の戦略経営への活用という観点からは、保険会社グループにおけるリスク・リターンの最適化、商品開発・プライシングおよび再保険スキームの検討ならびにアセット・アロケーションなどが検討事項としてあげられている。また、有効なORSAの実施にあたっては、適切なモデルの構築やデータ品質の確保および適切なKRIの設計、事業部門を含む組織横断的なORSAへの関与ならびにORSA実施の基礎となるリスク風土やマインドの重要性が欧州先行事例から得られている。

図表2−13　EIOPAによるORSA最終報告をふまえたORSAプロセス例

ORSAプロセス（トップダウン）、記録・文書化	
アプローチ	結　果
事業戦略・リスク戦略	ソルベンシー評価
リスク選好・リスク許容度	必要資本の評価 資本、技術的準備金の規制要件への準拠性評価 前提条件と実績との乖離の評価、変動分析 ストレス・テスト、シナリオ・テスト 定性的リスク評価
リスク・カテゴリー、リスク管理態勢	
保険引受リスク マーケット／信用リスク オペレーショナルリスク ……	
	将来予測（フォワード・ルッキング）
ORSAプロセス	事業計画 ストレス／シナリオ・テストの事業計画への影響 資本・流動性に関する計画
ORSAの実施手順・実施頻度 ストレス・テスト、シナリオ・テスト ビジネス・意思決定への反映 グループORSA	
	検証・レビュー活動
データ品質管理	検証、使用テスト 内部・外部監査

（出典）　EIOPA, Final Report on Public Consultation No. 11/008 On the Proposal for Guidelines On Own Risk and Solvency Assessment をもとに作成

(5)　ORSA態勢整備に際しての検討事項

　ORSA態勢の整備を検討する場合に、欧州ソルベンシー規制において求められるORSAを参考にして検討を進めるならば、以下のような点を吟味・検討していくことが考えられる（図表2−14参照）。

❶　ORSAポリシーの整備

　ORSAの実施方法や実施部署・担当者等の基本的な情報を含むORSAポリシーを整備し、社内でORSAの必要性や重要性を認識する。ORSAの実施にあたって、そのようなポリシーの存在が、関連する部署あるいは役職者の連携に寄与することが考えられる。また、ORSAの実施は、リスクの把握およびリスク選好の設定を前提としているところがあることから、保険会社に関連するリスク（リスク・カテゴリー）の把握およびリスク選好の設定なども含まれる。

図表2-14　ORSA実施における検討事項のイメージ

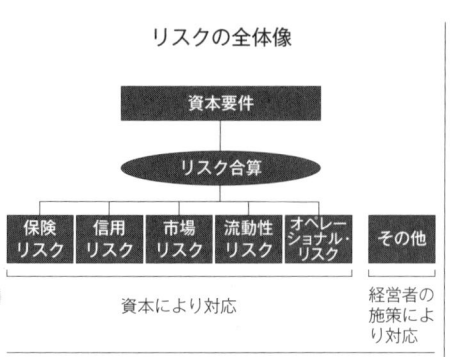

```
リスクの識別
  ↓
リスクのレビューおよび分析
  ↓
リスクおよびビジネス・モデル
  ↓
感応度分析
  ↓
保険会社固有のストレス
  ↓
意思決定
  ↓
戦略への影響
```

リスクの全体像

```
      資本要件
        ↓
      リスク合算
   ┌──┬──┬──┬──┬──┐
  保険 信用 市場 流動性 オペレー その他
  リスク リスク リスク リスク ショナル
                       ・リスク
```

資本により対応　　経営者の施策により対応

将来のシナリオに備えた経営者の施策
・継続的なリスクに対する意識の向上に向けた取組みおよび緊急対応策の策定

全般的な資本必要額
・定性／定量の両方の観点から把握
・事業計画と全般的資本必要額との連携
・起こりうる将来シナリオを明示的に把握
・外部的ストレスの管理
・プロセスとインプットの品質評価

SCR算定の検証
・SCR算定のアサンプションのレビュー
・SCR算定におけるリスク全体像のレビュー

戦略への影響
・ビジネス・モデルに関するアサンプションのレビュー
・統制およびガバナンスのレビュー

❷　必要となるプロセス、文書の洗出し

　ポリシーとして定めたORSAを実施するために必要となるプロセスや文書で、不足しているものの洗出しを実施する。

❸　ORSA報告書の内容の吟味

　ORSAは継続的に実施されるプロセスではあるものの、監督当局向けORSA報告書の提出など最低1年に1回の報告が必要とされており、その際に想定される取締役会等への付議に際して、どの程度の事項を付議し承認を求めるかなどのORSAへの関与の度合いや、ORSA報告書に含めるべき事項の吟味およびORSA報告書の作成に必要となった証跡の整備を行うことは、ORSAの実施結果のうち、会社にとって重要な情報を洗い出す意味でも有益な作業となる。

❹　フォワード・ルッキングな視点での情報の検討

　過去の実績とあわせて、将来の事業計画の策定期間にわたるリスクおよび

資本の状況を検討することにより、フォワード・ルッキングな観点からの評価を実施する。

❺ 不利なシナリオにおける資本へのインパクトの把握

資本要件を満たさなくなる水準を理解することにより、本当の意味で会社にとっての危機的な状況とはどのような場合かを理解する。

❻ 定量化できないリスクの検討

定量化できないリスクがある場合に、それらをどのように評価し、評価結果に対してどのように対応するかを検討する。

❼ 内部モデル適用への準備

内部モデルの適用を検討している場合には、ORSAとの関連について検討する。

(6) EIOPAによる最終報告後の規制動向

❶ オムニバスⅡ指令

前述のとおり、ORSA要件を含むソルベンシーⅡは、2009年に枠組指令が欧州議会で採択されたのち、当初は2012年には発効する予定であったが、現状では、オムニバスⅡ指令の採択を待っている状況であり、2013年6月10日に採択予定であったが、現状では、同年10月22日に延期されており、ソルベンシーⅡの適用時期を含めて依然として不透明な状況が続いている。

❷ 段階的アプローチ（Phased-in approach）の導入

上記のような不透明な状況をふまえて、EIOPAでは、全面的なソルベンシーⅡの導入にかえて、2014年から段階的な導入を行うことが2012年12月の意見書のなかで表明された。欧州の保険会社のなかには、これを前進とみる向きと追加的な対応が必要な負荷の増加とみる向きと二つに見解が分かれているようである。

2012年12月のEIOPAの意見書によれば、段階的アプローチの具体的なガイドラインをEIOPAが公表し、各国規制当局による検討が行われる予定となっており、欧州におけるORSAの動向については、引き続きソルベンシー規制の動向をあわせて注視していくことが重要と考えられる。

⑺　欧州保険会社のORSA対応上の課題──データ品質とガバナンス

　欧州保険会社におけるORSA対応上の課題として、すでにリスクの定量化を進めている会社においては、データ品質の管理とガバナンスの重要性が認識されている。ソルベンシーⅡにおいては、データ品質とガバナンスについても一定の要求事項が設けられており、具体的には、技術的準備金やSCRを計算する際に使用されるデータの適切性、網羅性および正確性を担保することが求められているため、データ品質とガバナンスの問題は、内部モデルを使用するか標準フォーミュラを使用するかにかかわらず検討が必要となるものと考えられる。保険会社は、これらのデータ品質を担保するための有効なガバナンス態勢と内部統制を整備することが求められる。

　この点について、欧州における保険会社ではすでに課題の認識と対応に向けた取組みが進められているところであるが、アーンスト・アンド・ヤングが2012年に実施したソルベンシーⅡサーベイなどでも、データ品質とガバナンスは重要な課題であるとの結果が出ている。ただし、その進捗状況については、ばらつきがみられるようでもあり、たとえば、英国FSAによれば、なかには、依然としてソルベンシーⅡ対応に必要なデータの洗出しを行っている段階にある保険会社もあるとのコメントもみられるところである。

＜求められるデータ品質＞

　ソルベンシーⅡ枠組指令によれば、保険会社は、有効なガバナンス態勢と内部統制を整備することが求められる。技術的準備金の計算および内部モデルで使用されるデータは、適切、網羅的かつ正確であることが求められる。図表2－15は、ソルベンシーⅡ枠組指令における関連規定とそれらに対応するレベル2実施基準の規定である。

　データ品質管理に係るガバナンスと内部統制の整備に加えて、求められるデータ品質の定義、モニタリングの実施および問題が起こった場合の対応措置の実施等のデータ品質管理が求められている（図表2－16参照）。

　求められるデータ品質の確保を可能にするデータ品質フレームワークを実現するためには、現状を理解し（diagnose phase）、データ品質の問題点の是

図表2-15 データ品質に関する関連規定

ソルベンシーⅡ枠組指令		レベル2　実施基準	
82条および121条	・保険および再保険事業者は、技術的準備金の計算で使用されるデータの網羅性および正確性を確保するための、内部プロセスおよび手続を設定する。内部モデルで使用されるデータは、正確、網羅的および適切なものでなければならない。	14条TP3、220条TSIM10、15条TP4	・技術的準備金の算定および内部モデルにおいて使用されるすべてのデータの保存場所（ディレクトリ）の整備（ソース、特性、使用方法を特定する） ・文書化されたデータ方針 ・技術的準備金の算定および内部モデルにおけるデータの継続性の確認 ・規制要件と関連する、データの重要な制約について適切な文書化
41条および46条	・事業の安定的かつ健全な管理を確保するための、有効なガバナンス・システム ・有効な内部統制システム	249条SG1、257条SG5	・事業の運営に係る責任の明確化（職務分掌、3ライン・ディフェンス、明確な報告体系を含む） ・法令遵守、業務の有効性／効率性の確保のための内部統制システム

（出典）　Directive 2009/138/EC（ソルベンシーⅡ枠組指令）およびDraft Implementing measures Solvency Ⅱ, 31 October 2011をもとに作成

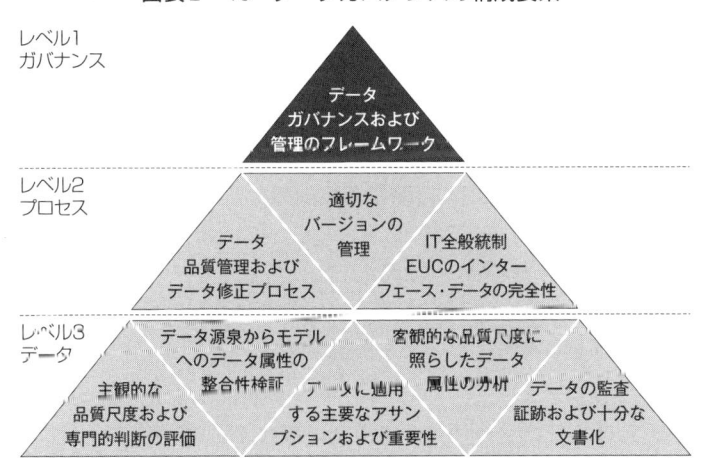

図表2-16　データガバナンスの構成要素

レベル1　ガバナンス
- データガバナンスおよび管理のフレームワーク

レベル2　プロセス
- データ品質管理およびデータ修正プロセス
- 適切なバージョンの管理
- IT全般統制　EUCのインターフェース・データの完全性

レベル3　データ
- 主観的な品質尺度および専門的判断の評価
- データ源泉からモデルへのデータ属性の整合性検証
- データに適用する主要なアサンプションおよび重要性
- 客観的な品質尺度に照らしたデータ属性の分析
- データの監査証跡および十分な文書化

正と必要な内部統制の整備を行い（develop and stabilize phase）、そして、あるべき水準のガバナンスおよび内部統制が運用されているかどうかのモニタリングを行い、問題点についてはさらに改善していく（implement and sustain phase）ことが考えられる。そのためには、鍵となるデータとそのデータソースを特定し、データの作成・入手プロセスのリスク評価を行っていくことが考えられるが、データソースは多岐にわたる可能性があり、必要な対応には時間がかかることが予想される（図表2－17参照）。

図表2－17　データ品質・ガバナンス向上に向けた対応アプローチ

フェーズ1 診　断	フェーズ2 開発および安定化	フェーズ3 導入および維持
ターゲットとするプロセス全体と結びつけたかたちでの、データ・プロファイリング、リスク評価、視覚化および影響度の分析を含む迅速な診断 （注）技術的および機能的データ品質を含む、基本的要素の評価に基づく診断	クリーン・データ	・機能的データ・ガバナンス・フレームワーク ・例外的事項の把握と解決 ・業績・リスク指標と関連した、モニタリング・プログラムの組込み ・組織全体を通じた、事実に基づく意思決定
	プロセスの調和	
	ガバナンスの構築	
	モニタリングの実行可能性確保	
職員および文化		
プロセスおよびデータ		
技術および可能性		

2.1.4　米国におけるORSAに関する規制の概要および動向

本項では、米国におけるORSAに関する規制当局の動向を中心に解説する。まず、保険会社に対する規制の概要からORSA導入に向けての流れを解説するとともに、最近の動向についても解説する。

(1)　米国における保険会社に対する規制の概要

米国においては、保険会社に関する規制および監督は各州単位でなされており、規制内容や監督機関の体制等は異なっている。一方で、米国における標準的な法規制の策定を支援する組織として全米保険監督当局協会（NAIC）が創設されており、NAICでは各州の規制のベースとなる法や規則等のモデ

ルを公表することで、米国全体での保険関連規制に大きなばらつきが出ないようにしている。NAICの目的は、公共の利益を守ること、競争的な市場を促進すること、保険消費者に対する公平かつ公正な取扱いを助けること、保険会社の信頼性・支払能力・財務健全性を促進することおよび各州の保険規制の改善を支援すること、となっている。

　資本規制については、現在は欧州で検討されているような資本規制の動向に従うことなく、基本的には保険会社単体に対する資本規制制度を採用しているが、NAICは金融危機を受けて保険規制のフレームワークの見直しに着手し、2008年にソルベンシー基準近代化委員会（Solvency Modernization Initiatives 以下「SMI」という）を立ち上げた。SMIでは、自己資本規制、ガバナンス／リスク・マネジメント、グループ・ベースの監督、会計／財務報告、および再保険に焦点をあてており、その一環として、NAICは2010年12月に保険持株会社に関する規制（Model# 440　Insurance Holding Company System Regulatory Act 以下「モデル# 440」という）の見直しを行い、最終的な親会社に対して年次での統合リスクに関する報告を求めることとした。

⑵　保険持株会社に関する規制の概要

　2010年12月に改正されたモデル# 440においては、新たに統合リスクの概念が導入され、保険持株グループないしグループ内の保険会社において、リスク・ベース・キャピタル規制（以下「RBC」という）のもと、管理対象となるような財政状態に陥るか、もしくはより深刻な事態に陥ることを事前にモニタリングするために、保険持株グループを支配している会社に対して保険持株グループ内の重要なリスクに関する年次報告を監督機関に提出することを求めている。また、保険持株グループの実態をより適切に把握するために、保険会社の取得や会社分割に際しても事前に申請することを求め、保険会社を売却する場合には取引の30日前までにコミッショナーに対して取引の概要を報告することも求めている。

　また、モデル# 440は監督機関の権限も強化しており、保険会社に対してのみならず、保険持株グループ全体に対する監督する権限を付与している。

すなわち、保険会社が直接保有している情報のみならず、保険持株グループ・ベースで監督当局が必要と認めた情報の提供を求めるとともに、保険会社がそれらの情報を監督機関に提供しなかった場合には、その理由について監督機関が許容できる合理的なものである場合を除き、保険会社は罰金や業務停止、ライセンスの剥奪といったペナルティが課せられることも規定している。

さらに、国際的に活動している保険持株グループに対する監督を容易にすることを目的としてSupervisory Collegesを設立し、監督上必要な情報の交換やコミュニケーションを可能とする仕組みを導入したのである。

これらの保険会社からの報告を適切に実行させるために、NAICはその報告様式を定める規則であるModel#450 Insurance Holding Company System Model Regulation Act（以下「モデル#450」という）を定め、さまざま

図表2−18　モデル#450　フォームFの記載内容

・保険持株グループに影響を与える重要な戦略、内部監査での検出事項、コンプライアンスやリスク・マネジメント
・保険会社の取得や処分、もしくは保険持株グループ内での金融・保険会社の再編
・保険持株グループの議決権の10%以上を占める株主の異動
・保険持株グループに重要な影響を及ぼすかもしれない、検査、規制活動または訴訟の進展
・保険持株グループの事業計画および翌年度の戦略の要約
・前年度にSupervisory Collegesで指摘された保険持株グループの重要な懸念
・保険持株グループの資本財源および重要な配賦パターン
・保険持株グループの信用格付（ないしグループ内保険会社の財務格付）に負の動き（または負の動きとなりうる格付会社との議論）について（格付とアウトルック双方）
・持株会社を通じた会社または親会社の保証の情報、および保証が実行された場合の流動性の予想される財源
・経営陣の考える、保険持株グループに悪影響を与えるような重要な活動またはその進展

（出典）　Insurance Holding Company System Regulatory Act（Model#440）をもとに作成

な報告様式を一元的に規定した。なかでも、フォームFにおいて統合リスクに関する報告様式を定めることで、保険持株グループに対して報告が求められる統合リスクを明確にした（図表2－18参照）。

(3) ORSAモデル法の概要

　NAICは、モデル＃440の改正とあわせて、保険会社／保険持株グループに対してORSAに関するフレームワークを提供し、ORSA要約報告書を監督機関に提出させるために、2011年11月にRisk Management and Own Risk and Solvency Assessment Model Act（以下「ORSAモデル法」という）の草案を公表し、ワーキング・グループで検討を重ねた結果、2012年9月にORSAモデル法を制定（2015年より適用）した。ORSAモデル法は、一定の要件を満たす保険会社／保険持株グループを対象としており、保険会社の主要なリスクを特定し、評価し、監視し、管理し報告するというフレームワークを維持することを求めている。また、少なくとも年に1回は監督機関に対してORSA要約報告書を提出することを求めており、提出できない場合のペナルティも定められている。

　保険会社／保険持株グループは、①年間の元受保険料（連邦穀物保険会社および連邦洪水保険制度への出再保険料除く）が5億ドル以下であり、かつ、②その保険会社の所属する保険持株グループの年間の元受保険料（連邦穀物保険会社および連邦洪水保険制度への出再保険料除く）が10億ドル以下である場合には、このORSAモデル法の適用対象外となる。ただし、保険会社がRBCのもと、管理対象となるような財政状態に陥るか、もしくはより深刻な事態に陥った場合においては、監督機関はその保険会社に対してORSAモデル法の適用を要求することができる。ORSAモデル法の主な記載内容は図表2－19のとおりである。

　これらの枠組みに関する詳細は、ORSA Guidance Manual（以下「ORSAガイダンス・マニュアル」という）を参照していることから、米国においてORSAを適用する際には、ORSAガイダンス・マニュアルが非常に重要な位置付けとなる。

図表2－19　ORSAモデル法の主な記載内容

	タイトル	主な記載内容
1	目的と適用範囲	目的は、リスク管理フレームワークを維持し、ORSAを完成させるための要件を提供すること、およびORSA要約報告書を提出するためのガイダンスを提供すること。適用範囲は6条の除外規定に該当しないすべての保険会社
2	定　義	保険グループ、保険会社、ORSA、ORSAガイダンス・マニュアル、ORSA要約報告書について定義
3	リスク管理フレームワーク	保険会社の主要なリスクを特定し、評価し、監視し、管理し報告するというフレームワーク
4	ORSA要件	保険会社はORSAガイダンス・マニュアルに従いORSAを定期的（少なくとも年1回）に実行しなければならない。
5	ORSA要約報告書	ORSA要約報告書は、リスク管理責任者ないし他の役員が責任をもってORSAガイダンス・マニュアルに従った内容で年に1回提出する。
6	除外規定	①　年間の元受保険料が5億ドル以下、かつ、 ②　その保険会社の所属する保険持株グループの年間の元受保険料が10億ドル以下である場合には、このORSAモデル法の適用対象外となる。 （元受保険料は連邦穀物保険会社および連邦洪水保険制度への出再保険料除く）
7	ORSA要約報告書の内容	ORSA要約報告書はORSAガイダンス・マニュアルに即していなければならず、基礎資料は監督機関検査時に利用可能でなければならない。
8	守秘義務	ORSA要約報告書等の書類／情報は、監督機関の守秘義務の対象になる。
9	制裁措置	ORSA要約報告書の提出が適時にできなかった場合には、制裁金を支払う必要がある。
10	可分条項	本法に有効でない部分がある場合でも、有効な部分は可分的に適用することができる。
11	適用日	2015年1月1日より有効

（出典）　Risk Management and Own Risk and Solvency Assessment Model Act（Model #505）をもとに作成

⑷ **ORSAガイダンス・マニュアルの概要**

ORSAガイダンス・マニュアルは、ORSAモデル法の検討と並行してSMIにより2011年2月にORSA報告要件に関する第一次ドラフトを策定し、業界から寄せられたコメントを検証したうえで、2011年11月に公表されたものである。2012年12月に、ORSAモデル法との整合性をとるため等の目的で一部内容を改定する公開草案が公表されており（第6章参照）、2013年3月付けで最終版が公表されている。

❶ ORSAガイダンス・マニュアルの目的および適用範囲

ORSAガイダンス・マニュアルの目的は、保険会社（保険グループ）がORSA報告書を作成し、必要に応じて監督当局に年次でORSA報告書を提出する際のガイダンスとして策定されたものであり、ガイダンス・マニュアルのなかでORSAの主な目標として以下の二つを掲げている。

1) 保険会社が自社のリスクの特性や規模や複雑さに相応しい手法を用いて、リスクと自己資本に対応するに適切な方法で、重要かつ目的適合性のあるリスクを検出し、評価し、監視し、報告することによって、すべての保険会社が統合リスク管理の有効性レベルを引き上げること

2) 現在のリーガル・エンティティ・レベルでの視点を補足するものとして、リスクと自己資本に関しグループ・レベルでの視点を提供すること

ORSA要約報告書の提出が求められない保険会社は、ORSAモデル法に規定されている内容と同じく、①年間の元受保険料（連邦穀物保険会社および連邦洪水保険制度への出再保険料除く）が5億ドル以下であり、かつ、②その保険会社の所属する保険持株グループの年間の元受保険料（連邦穀物保険会社および連邦洪水保険制度への出再保険料除く）が10億ドル以下である場合とされている。ただし、この適用除外となった場合においても、監督機関は保険会社に対し、引き受けたビジネスの種類、所有構成や組織体制、連邦機関からの要求、国際的な監督機関からの要求などの特有の状況に基づいて、リスク管理体制の維持や、ORSAの実施、あるいはORSAサマリー・レポートの提出などを要請することがあるとされている。

ORSAガイダンス・マニュアルは三つのセクションに分かれており、

セクション1：保険会社の統合リスク管理のフレームワーク、セクション2：保険会社によるリスク・エクスポージャーの評価、セクション3：グループのリスク資本と予測ソルベンシー評価、となっている。

❷ 保険会社の統合リスク管理のフレームワーク

まずセクション1では、実効的な統合リスク管理のフレームワークとして、図表2-20の主な原則が組み込まれていなければならないと規定している。

さらに、ORSA要約報告書において、図表2-20の統合リスク管理のフレームワークについての記載をしなければならない旨も規定されている。また、監督機関がORSA要約報告書を理解するために、会計処理の基礎的な情報や、対象時点・期間についても明記することを求めている。

図表2-20 統合リスク管理のフレームワーク

項　目	概　要
リスク・カルチャーとガバナンス体制	役割、責任および説明責任が明確に定義されたガバナンス体制、およびリスク・ベースの意思決定の説明責任をサポートするリスク・カルチャー
リスクの特定と優先順位付け	組織にとって重要なリスクを特定し優先順位付けするプロセス、行為に対する責任が明確になっていること、組織のすべての階層においてプロセスが妥当なものとして適切に機能するようリスク管理部門が責任をもって確実を期すこと
リスク選好、リスク許容度と限度額	正式なリスク選好ステートメントとそれに関連したリスク許容度と限度額を保険会社のリスク管理に欠かせない要素として整備すること、取締役会がリスク選好ステートメントとリスク戦略との一致を理解すること
リスク管理と統制	リスクを管理することは、組織内の多数の階層で行われる、継続的な統合リスク管理の活動であること
リスク報告とコミュニケーション	主要関係者に対するリスク管理プロセスの透明性を高めると同時に、リスク・テイクとリスク管理に関して、非公式の判断と活動を促進すること

（出典）　NAIC、ORSAガイダンス・マニュアル公開草案（2012年12月）をもとに作成

❸　保険会社によるリスク・エクスポージャーの評価

　セクション2においては、平常時とストレス時双方のリスク・エクスポージャーに関する定量的な評価と定性的な評価を文書化することが保険会社に求められている。第一次ドラフトにおいては、このセクションは細則的で規範的な記述がなされていたが、最終的なガイダンス・マニュアルにおいてはそれらの記述は削除される一方で、各社のリスク管理で使用している定量的な評価と定性的な評価を文書化することが求められている。このことから、ORSAガイダンス・マニュアルにおいて画一的なリスク測定方法を適用することが求められないかわりに、各社のリスク・プロファイルに応じた適切なリスク測定方法を構築することが求められており、ある意味では経営者にとって統合リスク管理に関する説明責任を負わせているものである。

　また、保険会社は特定されたリスクに関する詳細な記述および説明、使用した評価手法、主な前提条件や妥当性のある不測シナリオに基づく結果についても明確にすることが求められている。そのうえ、保険グループやエンティティ・レベルなど、事業の実態に整合するように統合リスク管理を実施することが求められている。

　さらに、リスク許容度ステートメントには、重要なリスクに関する定量的・定性的な許容限度に加え、そのステートメントと許容限度がどのようにして決定されたかの記載を含めることも求められている。

　なお、保険会社のリスクをモデル化する際に最もむずかしい問題の一つは、リスク・カテゴリー間の関係性を明らかにすることであり、過去の数値から得られる情報が将来に関する最善の見積りであるとは限らないことには留意が必要であろう。

❹　グループのリスク資本と予測ソルベンシー評価

　セクション3では、保険会社に対して現在の事業に対応するだけではなく、長期の事業サイクル（今後1年から3年）にわたって必要な財務リソースの水準を明らかにするにあたって、どのようにして自社のリスク管理方針のなかの定性的な要素とリスク・エクスポージャーの定量的な測定を連動させているかについて文書化することが求められている。具体的には、自社が

平常時およびストレス時の双方において必要となる規制資本と内部資本をまかなうだけの十分な資金源を確保している事を立証する必要があるということである。自己資本の充実度に関する評価は、利用可能資本の合計額と、当該企業にマイナスの影響を及ぼす可能性があるさまざまなリスクとの比較であるとも定義されている。これらの文書化に関する例示は図表2－21のとおりである。

図表2－21　リスク資本文書化の例示

手法、仮定および検討事項	手法、仮定および検討事項の内容	例　示
ソルベンシーの定義	リスク資本と流動性要件を明らかにするために、保険会社がどのようにソルベンシーを定義しているかを説明する。	キャッシュ・フロー（ベース）、バランス・シート（ベース）
会計または評価基準	リスク資本要件と利用可能資本の両方、またはそのどちらか一方の測定に関する、会計上または評価上の基準を記載する。	GAAP、法定基準、経済価値ベース、IFRS、格付機関モデル
含まれる事業	自己資本の分析に含まれる事業の範囲を記載する。	所与の評価日のポジション、新規事業に関する前提条件
タイム・ホライズン	リスクをモデル化し、測定するためのタイム・ホライズンを記載する。	一年、複数年、全期間、ランオフ期間
モデル化したリスク	関連性があり重要なリスクをすべて検討しているかどうかも含め、リスク資本の計測に含めたリスクを記載する。	信用リスク、市場リスク、流動性リスク、保険リスク、オペレーショナル・リスク
定量化手法	リスク・エクスポージャーの定量化に用いた手法を記載する。	ストレス・テスト、確率論的モデリング、ファクター分析
リスク資本の評価基準	集計されたリスク資本の決定にあたって利用された、計測上の評価基準について記載する。	バリュー・アット・リスク（特定の確率で損失に耐えるために必要な資本の定量化）、テール・バリュー・アット・リスク（特定の確率を上回る平均

		的な損失に耐えるために必要な資本の定量化)、倒産確率(保有資本からみた倒産確率の定量化)	
信頼水準	事業戦略や事業目標との関連性を含む、リスク資本要件の算定にあたって利用された、安全性の水準について明確化し記載する。	ソルベンシー、保有期間1年のVaRにおける99.X%、のTVaR(テールVaR)またはCTE(条件付きテール期待値)のY%、RBCのX%	
集計と分散	グループのリスク資本の決定にあたって算定または考慮したリスクの集約と分散効果の手法について記載する。	相関マトリクス、依存構造、合計値、分散の有無(全面的/部分的/なし)	

(出典) NAIC、ORSAガイダンス・マニュアル公開草案(2012年12月)をもとに作成

また、予測ソルベンシー評価にあたっては、明確化したリスク選好に従って、複数年にわたる事業計画を行うために必要な資金が確保されていることを立証しなければならない。もし保険会社が利用可能な資本を有していない場合には、その懸念に対する方策を講じたかどうか、予定している経営施策についても記載すべきであると規定されている。経営施策には、事業計画の修正や、追加的な資本調達の特定などが含まれることになる。予測ソルベンシー評価においては、グループ内の各エンティティへの資本配賦手法や、エンティティ間での資本移動に対する制約などを検討する必要がある。

このセクションで規定される情報は、監督機関が保険会社のリスクと自己資本管理の質を評価する際の手がかりとなることが意図されている。

(5) ORSAパイロット・プロジェクトの概要

NAICのワーキング・グループでは、2015年に保険会社がORSAを導入できるように、2012年度を対象としたパイロットプログラムを策定し、いくつかの保険会社・保険グループからORSA要約報告書の提出を受け、その分析結果を公表している(図表2-22参照)。分析結果では、18項目について概括

図表2−22　2012パイロットプログラムの概要

項　目	概　要
複数年データの比較	複数年の財務データがいくつかの要素については有用である。 (例：経済モデルのパラメータ、四半期ごとの手元流動性比率、さまざまなリスクに関するグラフ化)
エンティティの事業単位のマッピング	エンティティの事業単位に関するマッピングがあれば、より理解することができる。 (例：事業単位別エンティティ一覧)
用語の定義と略称	ORSA報告書の読者が異なった解釈をしないように、用語の定義と略称を明記することは有用である。
リスク・リミットに関する記述	リスク・リミットが特定されていない報告書があったが、主要で重要なリスクについてはリスク・リミットを特定すべきである。
複数のストレス・シナリオの組合せ	(例：個々のストレス・シナリオによる影響と、複数のイベントが同時に起こった場合の影響を記載)
表やグラフの説明	グラフや表に関して複雑なデータ要素や略語・頭文字を含む場合には、その説明を記載することは有用である。
資本モデルの算定やグループ資本分析に関する説明	リスク資本の算定やグループ資本分析にあたって、ハイレベルな要約の説明があれば、リスク資本の理解にとって有用である。
国際的保険グループ	国際的な保険グループにおいては、グループ資本の概括的な記述があれば有用である。
リスク所管部署の一覧	リスク所管部署の一覧が保険会社のERMフレームワークの理解に有用である。 (例：ガバナンス構造や責任や説明責任を特定した事業部門のリスト・表など、だれがERMの戦略・リスク選好等を確立する責任があるかの特定)
報酬やインセンティブとリスク管理との関係	報酬やインセンティブとリスク管理との関係に関する議論は、会社のリスク文化を理解するためには有用である。
ヒートマップ	ヒートマップはどのリスクに焦点をあてているかを理解するために有用である。
複数の資本モデルのグラフ化	三つの異なるモデルでグループ資本評価を行っていた事例では、各モデルを並列した状態で記載されており、それら

	の比較を容易にすることができた。
書類の参照	他の書類への参照が記載されていることで、それらの書類が必要に応じて利用可能であることを知ることができた。
流動性に対する複数のストレス・テスト	特に生命保険会社にとっては、流動性に対する複数のストレス・テストは有用である。
ORSA報告書の要旨	1ページ程度の要旨があれば、ORSAのポイントが理解でき有用である。
予測リスクでのエマージング・リスクの議論	監督機関のリスクフォーカスの検査においては、エマージング・リスクも含めた将来リスクが記述されていることは有用である。
会社間の依存度の特定	会社間の依存度が特定されていると、関係会社のリスクを理解することには有用である。
ITリスク	ITリスクに関する記述は、ITのセキュリティや業務システムなどのリスクを理解するために有用である。

（出典） NAIC, 2012 Own Risk and Solvency Assessment（ORSA）Feedback Pilot Project Observations of the ORSA（E）Subgroupをもとに作成

しており、全社的なリスク管理を理解するために有益な情報についての記載がなされている。

　NAICのワーキング・グループは2013年も同様のパイロット・プロジェクトを企画しており、保険会社・保険グループに対して2013年5月末までにエントリーし、2013年9月末までにORSA要約報告書を提出することを求めている。どの保険会社・保険グループが参加しているかについては開示されることはなく、今回と同様にハイレベルなフィードバック・レポートの公表が予定されている。

2.2 リスク評価と内部モデル

2.2.1 リスク評価に関する論点

ORSA報告書では、リスク・ポリシー等の表明が必要となるため、必然的に、リスク・アペタイト（リスク選好）などの概念が論点となる。そこで、このセクションでは、リスク・アペタイトなどの概念について整理する。

(1) リスク・アペタイトについて

前述のとおり、金融庁では「保険会社等向け監督方針」において「リスク管理の高度化の促進」を掲げ、その一環としてERMヒアリングを実施している。平成23事務年度において、前事務年度に続き、会社の規模や事業・リスク特性をふまえて抽出した保険会社・保険持株会社を対象にERMヒアリングを実施し、2012年9月にヒアリングの結果を公表した。

その「ERMヒアリングの結果について」では、「②リスク選好の現状と課題」において「リスク選好とは、経営として、どのようなリスク・プロファイル（リスクの全体像）としたいかを規定する枠組み」であり、「ERMでは、自らのリスク・プロファイルを能動的に把握したうえで、とるべきリスクや許容される損失を定め、それに基づきリスクのモニタリングやコントロールを行っていくことが基本」となるため、「『リスク選好』の枠組みは、『経営戦略とリスク管理』を結びつけ、ERMを『全社的な活動』とするために『欠かせない要素』である」としている。しかしながら、同ヒアリングの結果として、リスク選好について以下のような状況が報告されている。

・多くの会社で、あるべき手法の確立に向けて模索中
・財務健全性の確保という観点だけからの目標設定となっており、中期経営計画の策定や日々の経営判断、各部門の日常的な業務運営とは必ずしも結びついていない

リスク選好について、現時点において一般的な定義として確立されたものはないとされているが、Risk Appetite Working Partyでは以下のような定義を与えている（Risk Appetite Working Partyは、英国アクチュアリー会内のGeneral insurance research organising committee（GIRO）のワーキング・グループ）。

> Risk Appetite is understood to encompass "how much risk a company wishes to take". This is often articulated in a number of ways, but, at its core, should be an effective representation of the desirable balance of the downside and upside risks faced by a company. The term will also usually encompass some ideas as to how this appetite could be achieved in practice. The risk appetite generally includes only that level of risk that is desired by the firm when undertaking its usual and planned activities.

（出典）　IFA-Risk Appetite Working Party（GIRO），"Risk Appetite for a General Insurance Undertaking", 8 August 2011

　つまり、リスク選好とは、会社としてどれだけのリスクを引き受けたいかを表明したものであり、会社が直面する「ダウンサイド・リスク」と「アップサイド・リスク」の望ましいバランスを効果的に表現するものであると定義している。これは、「リスク選好とは、経営として、どのようなリスク・プロファイル（リスクの全体像）としたいかを規定する枠組みである」とする金融庁の「ERMヒアリングの結果について」の定義と整合的である。
　「アップサイド・リスク」という概念は、一般的に必ずしも馴染み深い概念ではないが、国際アクチュアリー会（IAA）のEnterprise and Financial Risk委員会が作成した「保険業界における資本とソルベンシーにかかわるエンタープライズ・リスクマネジメント（ERM）に関する報告書」（"Note on Enterprise Risk Management for Capital and Solvency Purposes in the Insurance Industry（31 March 2009)"）では、「潜在的なチャンス（potential opportunities）」の意味で説明している。これは、経営として望ましい「リスク・プロファイル」を決定する場合、「ダウンサイド・リスク」とともに

「アップサイド・リスク」、つまりはリターンも視野に入れる必要があることを示している。

なお、リスク・ポリシー等の表明にあたり、リスク選好とともに、リスク耐性（Risk Tolerance）という概念が定義されることが多いが、Risk Appetite Working Partyではリスク許容度について、以下のような定義を与えている。

> Risk Tolerance is distinct from risk appetite as it may exceed the level of downside risk the company was expecting to take. The risk tolerance of a company will encompass <u>desirable risks, but also risks that, while not desirable or sought by the firm, would be acceptable, at least temporarily, under some scenarios.</u> In respect of the potential downside risks, risk tolerance is a broader concept than risk appetite and is generally concerned with those deviations from the risk appetite that, whilst unplanned, can be tolerated by the company.

（出典）　IFA-Risk Appetite Working Party（GIRO），"Risk Appetite for a General Insurance Undertaking", 8 August 2011

つまり、リスク耐性は、「ダウンサイド・リスク」について、必ずしも好ましくないが許容可能なリスク領域を表しており、「ダウンサイド・リスク」について、「リスク選好」の領域を包含するリスク領域を表現する概念と考えられる（図表2－23に、「リスク選好」と「リスク許容度」の概念を、影響度×発生頻度のリスク・ヒートマップ上に図示した）。

会社経営において、一定の利益目標の達成が求められる以上、現実的なリスク選好はリスク・リターンのバランスを考慮して決定されることになる。

リスク「R1」は、リスク耐性（risk tolerance）を超過している

リスク「R2」は、適度な危険領域内にはあるが、必要により撤退すべきリスク

リスク「R3」は、許容可能領域にあり、この領域はリスク・リターンのバランスがとれている

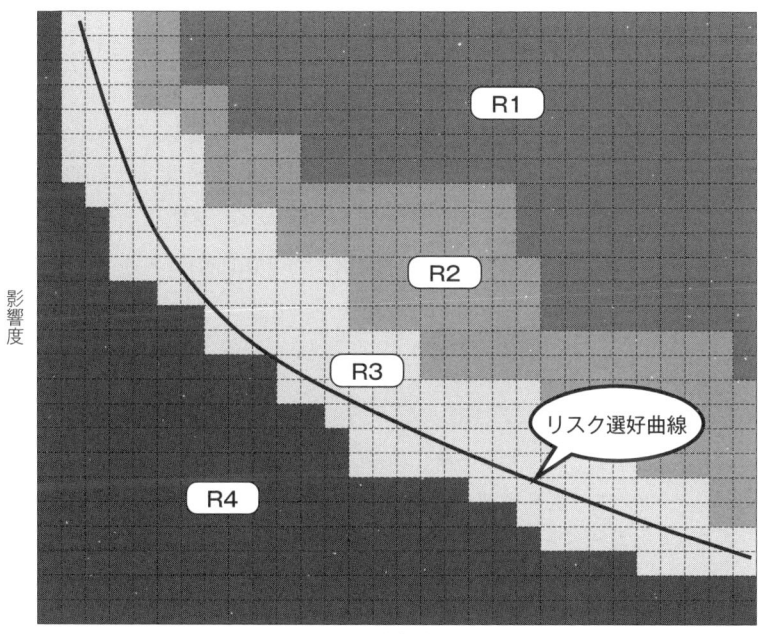

図表2-23　リスク・ヒートマップ

（出典）　IFA-Risk Appetite Working Party（GIRO），"Risk Appetite for a General Insurance Undertaking", 8 August 2011をもとに作成

リスク「R4」は、会社にとって単純すぎるリスク（もっとリスクを引き受けて収益をとりにいってもよい領域）

(2) リスク・アペタイト等の具体的な事例

以下、欧州の保険会社・再保険会社でのリスク・アペタイト等の設定状況を整理する。リスク・アペタイト等は、各社の経営戦略等を反映したものとなるため、その内容は会社ごとにそれぞれ特色のあるものとなっている。ここでは、リスク・アペタイト等として典型的内容であるとともに、開示が充実しているフランスの再保険会社SCOR社のリスク・アペタイト・フレーム

ワークの概要を紹介する。なお、SCOR社のERM格付は、S&P社により"Strong"と評価されている。

　SCOR社は、SCOR SEをホールディング・カンパニーとして、SCOR Global P&C（損保子会社）、SCOR Global Life（生保子会社）、SCOR Global Invest-ment（運用子会社）を収益の3本柱として構成されている。SCOR社のリスク・アペタイト・フレームワークは、リスク選好（Risk Appetite）、リスク・プレファランス（Risk Preference）、リスク耐性（Risk Tolerance）によって構成されている。リスク耐性は、ストレス・シナリオを想定した状態での予測損失額として許容される限度額という側面からリスク選好を規定するものとなっており、リスク選好の決定にあたり、ストレス・シナリオが重要な要素となることを示す事例となっている（図表2－24参照）。

図表2－24　SCOR社のリスク・アペタイト・フレームワーク

SCOR社のリスク・アペタイト・フレームワークの構成要素

リスク選好	望ましい水準の収益性を達成するために、会社が引き受けることを欲するリスク量 　SCOR社は、ターゲット・リスク・プロファイル（経済価値ベースの損益の確率分布）とターゲット期待利益率により、リスク選好を定義している
リスク・プレファランス	リスク・プレファランスは、グループが積極的に引き受けたいリスクを定性的に定義するもの 　つまり、会社が引き受けを望むリスクのタイプ 　SCOR社は、多くの地域から広範囲の再保険リスクの引き受けを望んでいる
リスク耐性	リスク耐性は、会社の利害関係者（顧客、株主、監督当局など）から要求される限度 　SCOR社は、以下の2種類のリスク耐性を定義している ・各事業ラインの引受リスク量および資産クラスのボリュームに関する制限 ・ストレス・シナリオに対するグループの保有リスクに関する制限

SCOR社のリスク・アペタイト・フレームワーク

リスク選好	リスク分布の腹の部分に重点を置き、中程度のリスク・プロファイル（ヘッジ後）とする テール・リスクは回避する
リスク・プレファランス	厳選された再保険リスクについての企業間（B2B）取引にフォーカス メイン・ストリームの保険リスクは、生命保険（終身年金、長期介護を含む）と損害保険 ただし、経営者賠償保険、最低死亡保証などの新契約といった特殊な種目は除く
リスク耐性	SCR＝グループの経済価値変動の99.5％VaR ターゲット資本は、SCR（99.5％VaR）＋バッファー（97％VaR） 再現期間200年のストレス・シナリオにおける経済価値ベースの損失は、実質自己資本の15％以内とする グループの経済価値変動の95％TVaRによるリスク量に対する各業務ラインの寄与度は、実質自己資本に対して、CATリスク種目は7.5％、生保は20％、その他は5％未満とする 引受ガイドライン、投資ガイドラインで、リスクごとの限度額を規定

（出典） SCOR, "Focus November 2010 Enterprise Risk Management（ERM）A Risk-based approach to the management of a（re）insurance company", November 2010および "SCOR Investors' Day 2012 "Strong Momentum" season 3", 2012をもとに作成

　また、図表2-25は、SCOR社の期待収益分布の変化を図示したものである。期待収益分布によるリスク・プロファイルを2011年と2012年で比較すると、損害保険には変化がないが、生命保険についてはパンデミック・リスクのモデルを改定したことにより、全般的にリスクが減少する形状にシフトしている。会社のリスク・プロファイルをリスク選好に合致するように管理するためには、図表2-26に例示したようなかたちで、リスク選好を具体的な資本配分計画にブレイク・ダウンしていくことが必要となる。

図表2-25 期待収益分布（リスク・プロファイル）の変化

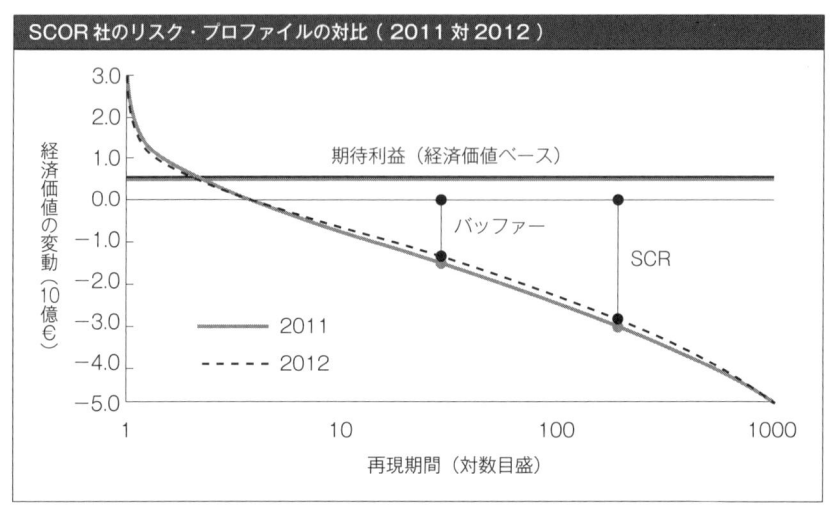

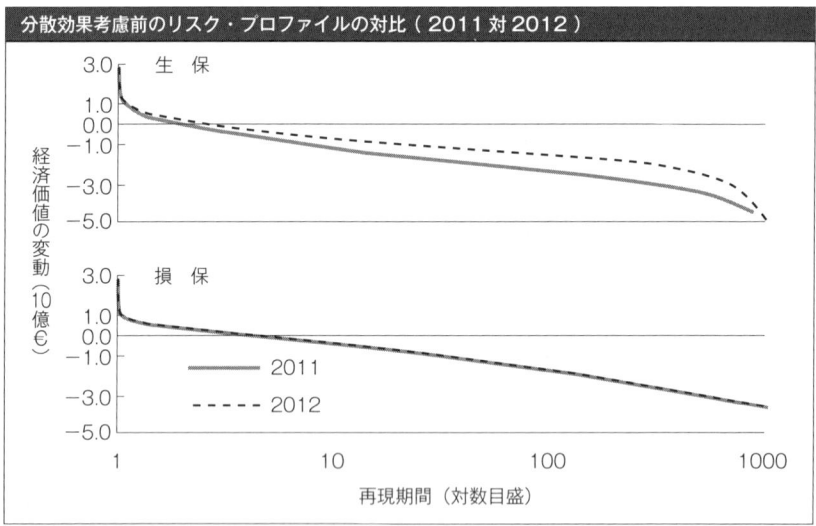

SCOR社のリスク・プロファイルの対比（2011対2012）

分散効果考慮前のリスク・プロファイルの対比（2011対2012）

（出典） SCOR, "SCOR Investors' Day 2012 "Strong Momentum" season 3", 2012をもとに作成

図表2-26　リスク・アペタイト・フレームワークにおける資本配分計画

リスク種類	範囲(SCRに対する%)	サブ・リスク	リスク選好の金額	リスク選好最適化の範囲	リスクの分解(クラスまたはタイプ)	目標資本収益率	リスク選好(期間損益に対する%)	リスク選好をモニターするための指標
保険リスク	60～80%	保険引受リスク	X	利用可能資本に対する割合	クラスA	> 10%		各リスクを適切な指標でモニターする
					クラスB	> 15%		
					クラスC	> 25%		
		責任準備金リスク	X		クラスA		< 5%	
					クラスB			
					クラスC			
		大規模災害	X		クラスA	25%		
					クラスB	10%		
					クラスC	0%		
市場リスク	5～15%	金利リスク	X			> 0%		
		為替リスク				> 0%		
		インフレリスク				> 0%		
信用リスク	5～15%	出再先再保険会社破綻リスク	X		N/A			
		投資先破綻リスク						
		ブローカー破綻リスク						
流動性リスク	0～5%		X				N/A	
事務リスク	5～15%		X		事象タイプA			
					事象タイプB			
					事象タイプC			
グループ・リスク	0～10%		X					
その他	0～10%	エマージング・リスクなど	X		N/A			

（出典）　IFA-Risk Appetite Working Party（GIRO），"Risk Appetite for a General Insurance Undertaking", 8 August 2011をもとに作成

(3) ORSAで求められるリスクおよびソルベンシーの評価についての規制上の要件

　ORSAは、「自社のリスクおよびソルベンシーを保険会社自身が評価する枠組み」と定義され、先に述べたリスク選好に基づいたERM経営のインフラとなるシステムであり、その成果物であるORSA報告書は監督当局に提出され、会社のリスク管理の品質を評価するうえでの重要な判断材料とされる。このような観点から、IAISのICP等の関連規制は、ORSAにおけるリスクおよびソルベンシーの評価に求められる要件を規定している。このセクションでは、ORSAで求められるリスクおよびソルベンシーの評価に関して、代表的な関連規制の規定状況を整理する。なお、各規制の全般的な説明につ

いては、「2.1　ORSAに関する規制の概要」を参照願いたい。

❶　IAISの要件

IAISのICP 16では、少なくとも引受リスク、信用リスク、市場リスク、オペレーショナル・リスク、流動性リスクおよびグループのメンバーであることに起因して発生する追加的リスクを含め、合理的に予見可能で関連性のあるすべての重要なリスクをORSAの対象とすべきこととしているが、リスク評価手法については、当該リスクの性質、規模、複雑性に応じて、事象の単純なストレス・テストから、より複雑な確率論的モデルに至るまで幅広く及ぶ、と規定するにとどめている。また、資本リソースが経済資本および監督者が求める規制上の資本要件に見合った水準にあるかを監視すべく、ORSAを実施すべきであることを規定している。

❷　ソルベンシーⅡの要件

Directive 2009/138/EC of the European Parliament and of the Council of 25 November 2009 on the taking-up and pursuit of the business of Insurance and Reinsurance（Solvency Ⅱ）（以下「Directive 2009」という）のArticle 45では、自社のリスクおよびソルベンシー評価として、少なくとも以下の項目に関する評価を含めるよう規定している。

(a)　会社のリスク・プロファイル、リスク耐性限度、事業戦略を考慮した全体的な必要ソルベンシー

(b)　Directive 2009に規定される資本要件および技術的準備金に関する要件の継続的充足

(c)　会社のリスク・プロファイルと、標準フォーミュラまたは内部モデルによって計算されるSCRの諸前提との乖離状況

2012年7月にEIOPAが公表したORSAガイドライン（"Draft Guidelines on Own Risk and Solvency Assessment and Explanatory Text"）では、上記ソルベンシーⅡ枠組指令の規定内容に関連して、全社的な必要ソルベンシーの評価は、各保険会社の独自分析によるものであることから、評価方法については自由度を与えているが、「ガイドライン7—評価と認識」において、全般的な資本必要額の評価においてソルベンシーⅡの基準と異なる評価基準を用

いる場合、それによって、自社の具体的なリスク・プロファイルと承認されたリスク許容限度と事業戦略に関する検討がどのように確保されているかを説明することを求めている。ソルベンシーⅡのリスク評価の枠組みは、市場整合的リスク評価をベースとするため、全般的資本必要額は、ソルベンシーⅡ導入後において、基本的には規制当局に提出するSCRの評価と整合的なものになると考えられるが、ORSAにおける全般的資本必要額の評価では、規制上のSCRの計算では定量化されないリスクが反映される可能性も考えられる。

❸　NAICのORSAガイダンス・マニュアルの要件

全米保険監督当局協会（NAIC）は、2011年11月にORSAガイダンス・マニュアル"OWN RISK AND SOLVENCY ASSESSMENT（ORSA）GUIDANCE MANUAL"を公表し、このなかでORSAサマリー・レポートに最低限記載すべき項目を規定している。

このORSAガイダンス・マニュアルによると、ORSAサマリー・レポートの２番目のセクションで、平常時とストレス時のリスク・エクスポージャーの測定プロセスの文書化が求められている。ここで想定されるリスクとしては、信用リスク、市場リスク、流動性リスク、保険引受リスク、オペレーショナル・リスクが例示されている。

当初のORSAガイダンス・マニュアルのドラフトでは、このセクションの内容は細則的で規範性の高い内容となっていた。たとえば、タイム・ホライズンを１年間としたストレス・テストが想定されており、一部のストレス・テストは規制当局規定のものとなっていたほか、リバース・ストレス・テストを義務付ける内容となっていた。

しかし、その後の改訂により、これらの項目は削除され、かわりに各社がリスク管理に使用している定量的測定の情報を公開することを求める内容へと改定されている。ただし、NAICの期待感を示すようなかたちで、最終的には、保険会社のリスク評価としては、資本へのストレスの影響が評価され、必要リスク資本とともに実質純資産が考慮されることが想定されており、その際、規制資本、経済的資本、格付機関の資本要件等が考慮される可

能性が示唆されている。

なお、保険会社のリスク・プロファイルは各社個別的であることから、米国の保険監督当局は、すべての保険会社が実施すべき標準的なストレス・シナリオが存在するとは考えないとしつつも、各リスク・カテゴリーについて、会社が考慮すべきストレスの水準を設定する可能性があることを示唆している。

❹　OSFIのORSAに関するドラフト・ガイダンスE−19（2012.12）の要件

カナダの金融機関の監督当局であるOSFI（Office of the Superintendent of Financial Institutions Canada）は、2012年12月にORSAに関するドラフト・ガイダンスE−19を公表し、保険会社によるリスクおよびソルベンシーの評価に基づいて、内部的資本レシオを設定するための原則と期待感を表明している。

このドラフト・ガイダンスE−19では、ORSAにおいて、少なくとも、保険引受リスク、市場リスク、信用リスク、オペレーショナル・リスクへの明示的な対応が求められている。これらリスクの特定や評価のための追加的ガイダンスとして、OSFIの"Supervisory Framework and Guideline E−18：Stress Testing"の参照を推奨している。

なお、ORSAは、保険会社が必要自己資本を決定し、内部的資本レシオを設定するための内部的な評価プロセスであることから、保険会社のリスク選好、事業活動の性格を反映して決定されるべきであるとしている。このため、ORSAの実施にあたっては、保険会社は、各リスクについて、明示的に保有すべき資本の種類（質）と金額（量）を決定する必要があり、その際、さまざまな評価期間や評価手法を反映して、異なる資本評価を行うことができるとしている。

ただし、OSFIは、保険会社に対して、会社の必要資本の決定資本構成を決定するために最も適切な方法を選択する際、利用可能な選択肢について保険会社が評価することを期待するとしている。

⑷ **欧州の保険会社等のリスク評価・資本管理の状況**

現状では、欧州の保険会社等において、ソルベンシーⅡ規制に基づくORSAは導入されていないが、それに向けた態勢整備は進められている。多くの大手保険グループ等では、グループの内部モデルによる経済価値ベースのリスク評価に基づく資本管理をメインとしつつ、あわせて、規制上の資本要件および格付機関の資本モデルによる資本管理を行っている状況であり、ICPやソルベンシーⅡ規制に対応するための準備が図られている。

図表2−27は、SCOR社が公表している、資本管理の状況を図示したものである。SCOR社では、グループ・ベースの内部モデルを戦略的資本管理のメイン・ツールとしている。この内部モデルは、ソルベンシーⅡに対応するもので、現在、事前承認のプロセスに置かれている。SCOR社では、これに加えて、規制による資本要件および格付機関の資本モデルよる資本要件の充足状況により、資本十分性を管理している。

SCOR社の経済価値ベースのソルベンシー・レシオ（AC/SCR）は221%となっており、利用可能資本AC（Available Capital）は、SCRの2倍以上の水準を維持していることがわかる。

SCOR社では、ソルベンシー・レシオ（AC/SCR）のほかに、AA格付で要求される資本水準（破綻確率＝0.05%）と利用可能資本（Available Capital：以下「AC」という）との比較、ターゲット資本（＝SCR（99.5%VaR）＋バッファー（97%VaR）≒SCRの150%）と利用可能資本ACとの比較も行っている。

SCOR社では、現行のソルベンシーⅠによるソルベンシー資本要件との対比により、グループ・レベルの規制資本要件の充足状況を管理している。また、各地域に展開する海外法人については、各地の資本規制との対比により、規制資本要件の充足状況を管理している。なお、SCOR社は、資本の移転可能性（fungibility）を高めるため、欧州会社法による欧州会社の形態に移行している。

さらに、SCOR社は、格付機関であるS&P社の標準モデルによって計算される、A格付に要求される資本水準との対比により、格付会社の資本モデルよる資本要件の充足状況を管理している。

図表2-27 SCOR社の資本管理態勢

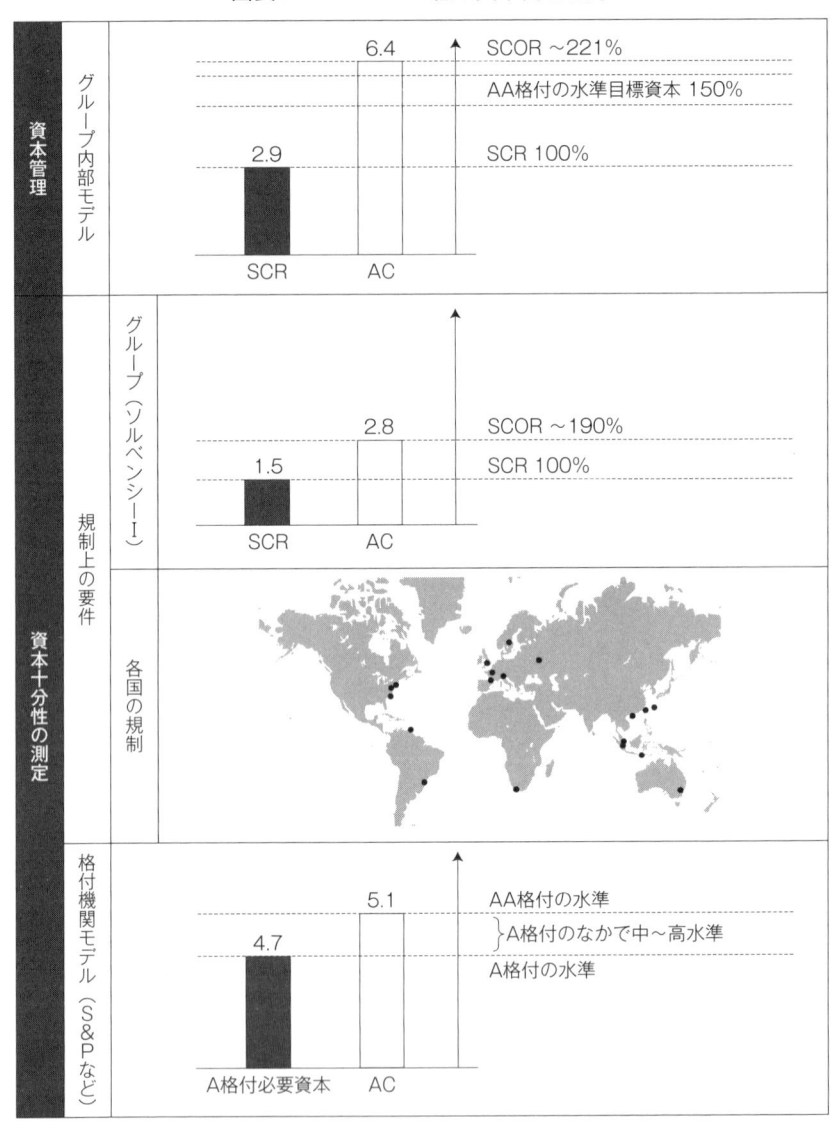

資本管理	グループ内部モデル	SCR: 2.9　AC: 6.4　SCOR 〜221%／AA格付の水準目標資本 150%／SCR 100%
資本十分性の測定	規制上の要件 — グループ（ソルベンシーⅠ）	SCR: 1.5　AC: 2.8　SCOR 〜190%／SCR 100%
	規制上の要件 — 各国の規制	（世界地図）
	格付機関モデル（S&Pなど）	A格付必要資本: 4.7　AC: 5.1　AA格付の水準／A格付のなかで中〜高水準／A格付の水準

（出典） SCOR, "SCOR Investors' Day 2012 "Strong Momentum" season 3", 2012をもとに作成

2.2.2 内部モデルに関する論点

　IAISは、ORSAでの内部モデルの利用について、保険会社のリスク管理および資本管理のプロセスを統合するのに役立つものであれば、内部モデルは重要な戦略上、事業上の意思決定ツールとなり、最も有用なものとなるとしている。実際、アーンスト・アンド・ヤングが、2012年に欧州の保険会社に対して実施した調査の結果をまとめた『European Solvency survey 2012』によると、回答会社の約半分が内部モデルの開発をしており、多くの会社が、標準フォーミュラは会社のリスク・プロファイルを完全に表現するものとは考えていないことを示している。このような状況をふまえ、このセクションでは、ORSAと関連付けて内部モデルに関する諸論点について考察する。

(1) ORSAで求められる内部モデルについての規制上の要件

　内部モデルは、ORSAにおけるリスク評価において重要な役割を担うものであるため、各関連規制は、ORSAに関連して使用される内部モデルの要件を規定している。

❶　IAISの要件

　ICP 16.14.17は、ORSAの一環で保険会社が自社の経済資本ニーズを決定するために使用する内部モデルは、監督上の認可は必要としないとしているが、リスク管理および資本管理プロセスの一環で用いるモデルの適切性に見合うよう、保険会社は自社の内部モデルのレビューおよび検証を行い、自社のモデル基準に従ってモデルを較正することを求めている。

　保険グループおよびグループの一員である保険会社に対する追加的ガイダンスとして、モデルを事業予測のために使用する場合、実務上可能な範囲で、モデルの正確性の検証のため、その実施を求めている。なお、バック・テストについては、規制上の資本要件を算定するための内部モデル承認における「統計的品質テスト」においても、実務上可能な範囲で組み込むことが求められている。

また、内部レビューについて、たとえば内部レビューが適切なレベルの独立性を有していない場合、または保険会社の経営陣がモデルの妥当性について内部レビューよりも高い確証を得ることを希望する場合に、適切な専門家による内部モデルの外部レビューが実施されることが望ましいとしている。

❷　ソルベンシーⅡの要件

　SCR計算に用いられる内部モデルに求められる統計的品質基準のベースとなる、純資産に対する影響の予想確率分布の計算方法について、ソルベンシーⅡ枠組指令は、適切な、利用可能で、かつ妥当なアクチュアリアルな統計的手法に基づくべきであり、技術的準備金の計算に用いられる方法と整合的であるべきこと、また、現時点における信頼性の高い情報と現実的な前提に基づくべきことを規定しているが、具体的に計算手法を特定するような規定はしていない。

　上記以外に内部モデルが満たすべき条件として、保険会社等が晒されているすべての重要なリスクをカバーする必要があり、少なくとも、標準的方式でカバーされる、損害保険リスク、生命保険リスク、健康保険リスク、市場リスク、信用リスク、オペレーショナル・リスクをカバーすべきことが明示的に規定されている。

　標準的方式によるSCRの計算については、各リスクについて明示的な規定が設けられている。生命保険リスクを例示すると、以下のとおりとなっている。

(a)　死亡リスク

　　死亡率の増加が保険負債の増加となる場合における、死亡率の水準、トレンドの変動、またはボラティリティに起因する、保険負債の価値の不利な変動、損失のリスク

(b)　生存リスク

　　死亡率の減少が保険負債の増加となる場合における、死亡率の水準、トレンドの変動、またはボラティリティに起因する、保険負債の価値の不利な変動、損失のリスク

(c) 障害・罹病リスク

障害率、罹病率等の水準、トレンドの変動、またはボラティリティに起因する、保険負債の価値の不利な変動、損失のリスク

(d) 事業費リスク

保険契約の提供において発生する事業費の水準、トレンドの変動、またはボラティリティに起因する、保険負債の価値の不利な変動、損失のリスク

(e) 条件変更リスク

法制または被保険者の健康状態の変化の結果による、年金受取人に適用される条件変更率の水準、トレンドの変動、またはボラティリティに起因する、保険負債の価値の不利な変動、損失のリスク

(f) 解約リスク

解約失効率や更新率の水準の変動またはボラティリティに起因する、保険負債の価値の不利な変動、損失のリスク

(g) 生保巨大リスク

極端または異常な事象に関する計算前提に係る重要な不確実性に起因する、保険負債の価値の不利な変動、損失のリスク

内部モデルについては、このような具体的な要件は規定されていないが、内部モデルが、保険会社が晒されているすべての重要なリスクを対象としていることを説明するうえでは、標準的方式で考慮されている各サブ・リスクとの関係を明らかにしておくほうが内部モデル承認において有利になると考えられる。実際、欧州の保険会社の内部モデルは、標準的方式に対応するかたちで構成されているのが一般的であり、たとえば、死亡率リスクについて、水準リスク、トレンド・リスク、ボラティリティ・リスクが明示的にモデリングされている。なお、SCR計算に内部モデルを使用するためには、リスク管理態勢、意思決定のプロセス、リスクおよび資本の評価といったORSAと関連する経営活動のなかで、内部モデルが重要な役割を担っていることを実証することにより、使用テストの要件を満たしていることを実証する必要がある。

(2) 計算時間の問題と対応

　金融庁のERMヒアリングのなかで、統合リスク量の計測に関して、経済価値評価の計測は所要時間が膨大になりがちであり、これが多くの会社で計測頻度を高めるうえで制約となっている様子が報告されている。欧州の大手保険会社等も同じ問題に直面しているが、経済価値ベースでの資産・負債評価の作業を高速化する手法の導入により、計算時間の問題に対応する動きが拡大している。

　欧州の大手保険会社等が導入を始めている、代表的な計算作業高速化手法は、複製ポートフォリオ法と曲線近似法である。なお、これ以外に、最小二乗モンテカルロ法や、クラスター分析等によるモデル・ポイントの最適化法なども検討されている。現状、欧州では、英国の生命保険会社以外では、複製ポートフォリオ法を採用する保険会社のほうが多い状況であるが、曲線近似法は、非経済的リスクへの対応も可能であるため、英国の生命保険会社を中心に採用する会社が増加している。

　計算作業高速化手法は、経済価値ベースによる資産・負債の評価を近似計算するものであるため、これらの手法を導入するにあたっては、モデルの適合度が重要な論点となっている。モデルの適合度の評価基準として、決定係数R^2などが中心的な指標とされることが多いが、計算作業高速化手法の使用にあたり、どのような指標で、どれだけの精度を達成するべきかという問題に対する基準は、現状、明確にはされていないのが実情であり、内部モデル承認申請のプロセスのなかで、各社に対して説明責任が求められている状況と考えられる。

　以下、複製ポートフォリオ法および曲線近似法の概要について説明する。

❶　複製ポートフォリオ法（Replicating Portfolio）

　複製ポートフォリオとは、対象とする資産または負債と同じフィナンシャル・リスクおよび価値の特徴を有するような投資商品のポートフォリオであり、以下のように特徴付けることができる（図表2-28参照）。

・複製ポートフォリオは、ターゲットとなるポートフォリオと同じ市場価値を持つ。

- 複製ポートフォリオは、特定の経済的リスク・ファクターに対して、ターゲットとなるポートフォリオと同じ感応度を持つ。
- 複製ポートフォリオは、ベースおよびストレス・シナリオにおいて、ターゲットとなるポートフォリオと同じキャッシュ・フローを持つ。
- 複製ポートフォリオは、すべての将来時点の経済条件について、ターゲットとなるポートフォリオと同じ市場価値を持つ。

実際の複製ポートフォリオは、投資対象の入手可能性の制限等のもとで、市場リスクを最小とするように最適化されたポートフォリオとして構成される。複製ポートフォリオは、ターゲットとなるポートフォリオによって構成資産の内容は異なるが、一般的には、有価証券（割引債および株式）とオプションによって構成される。変額年金の最低保証に係る保険負債のような、経済的なリスク・ファクターによって経済価値が変動する複雑なキャッシュ・フローをもつ資産・負債について、複製ポートフォリオを構成することができれば、経済的なリスク・ファクターに関するさまざまなシナリオについて、その経済価値を簡単に評価することが可能となる。

なお、複製ポートフォリオは、計算速度の高速化という観点のほかに、リスク管理や資産運用のパフォーマンス評価の観点でも重要な意味を持っている。すなわち、保険負債について複製ポートフォリオを構成した場合、これは、経済的リスクを最小とするような負債対応資産を意味するものとなっているため、ALMの観点からは、それと実際の負債対応資産の乖離に起因す

図表2-28 複製ポートフォリオのイメージ

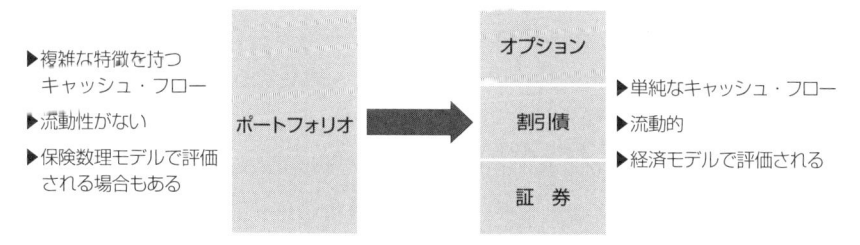

▶複雑な特徴を持つキャッシュ・フロー
▶流動性がない
▶保険数理モデルで評価される場合もある

ポートフォリオ → オプション／割引債／証券

▶単純なキャッシュ・フロー
▶流動的
▶経済モデルで評価される

（出典）　Ernst & Young "Replicating Portfolios Document for discussion", February 2010

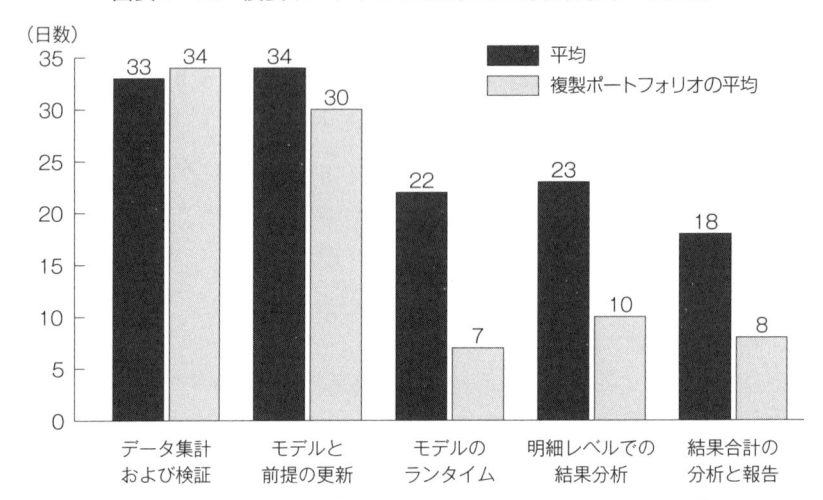

図表2−29　複製ポートフォリオ法による計算時間への影響

（日数）

項目	平均	複製ポートフォリオの平均
データ集計および検証	33	34
モデルと前提の更新	34	30
モデルのランタイム	22	7
明細レベルでの結果分析	23	10
結果合計の分析と報告	18	8

（出典）　CRO Forum, "Internal models benchmarking study Summary results", 30 January 2009をもとに作成

るリスクを管理することが可能となり、資産運用のパフォーマンス評価の観点からは、リスクに見合った超過リターンが得られているどうかを評価することが可能となると考えられる。

　CRO Forumが2009年に公表した、"Internal models benchmarking study Summary results"の結果によると、複製ポートフォリオを用いている会社のモデルのランタイムの平均は、全体平均の3分の1弱となっている。なお、複製ポートフォリオによるアプローチは、経済的リスク・ファクターについては有効であるが、非経済的リスク・ファクターに対して複製ポートフォリオを構成することは、一般的には困難と考えられている（図表2−29参照）。

❷　曲線近似法（Curve Fitting）

　曲線近似法は、経済価値ベースの資産・負債の価値に影響を与えるリスク・ファクターの比較的少数のサンプル値に対する経済価値ベースの資産・負債の価値計算結果をプロットし、これらの離散的な点（フィッティング・

ポイント）を多項式による曲線で補間することにより、リスク・ファクターを変数とする経済価値ベースの資産・負債の価値の関数を近似的に推定する方法である（図表2－30参照）。

　リスク・ファクターは必ずしも一つである必要はなく、相関が認められるリスク・ファクターが複数存在する場合、それらを変数として、経済価値ベースの資産・負債の価値を与える曲面を近似的に推定することになる。曲線近似法は、経済的リスク・ファクターとともに、非経済的リスク・ファクターについても拡張して適用することが可能となることから、英国の生命保

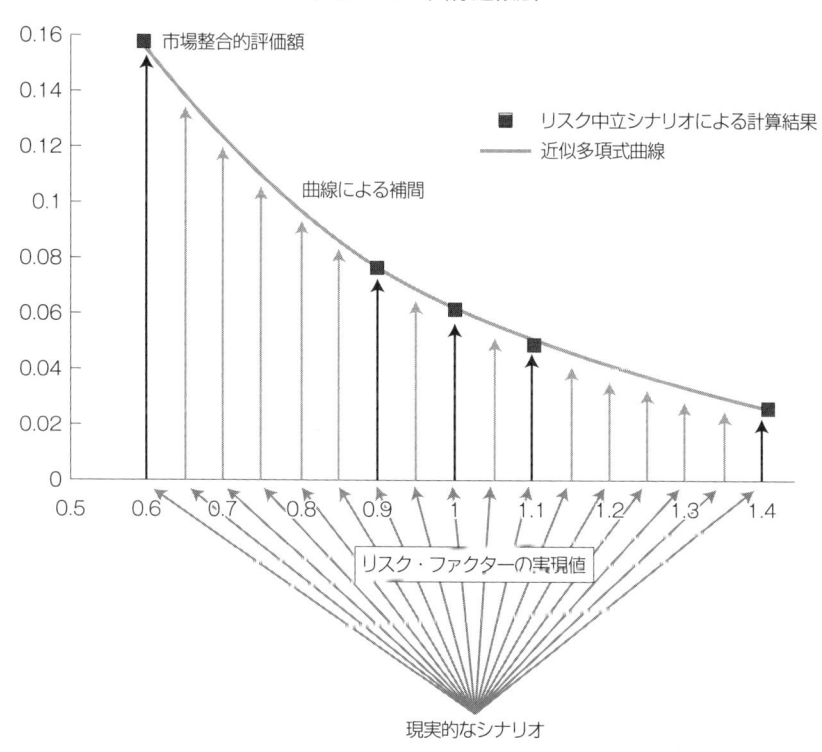

図表2－30　曲線近似法

（出典）　Adam Kousaris, Peter Murphy, "Using least squares Monte Carlo for capital calculation" 21 November 2011（IFA Life Conference and Exhibition 2011）をもとに作成

険会社では、曲線近似法を導入する会社が増加している。

(3) モデル検証（バック・テスト）への取組みと課題

　IAISのICPでは、規制上の資本要件を算定するための内部モデル承認における「統計的品質テスト」等において、実務上可能な範囲で、モデルの予測と実際の経験を比較するプロセスである「バック・テスト」の実施を求めている。また、英国FSAは、2012年5月に、内部モデル承認プロセスに関係している会社に宛てて、それまでのレビュー作業に基づいたフィードバック結果"Feedback from our IMAP work to date"を公表したが、モデル変更方針に関連するフィードバックのなかで、モデル変更の必要性を判断するための合理的な基準を設定するために、なんらかの「バック・テスト」を実施するべきであるとコメントしている。なお、"Feedback from our IMAP work to date"で示されているフィードバック結果の概要は図表2－31のとおりである。

　しかしながら、市場リスク以外のリスクについては、リスクの対象期間が1年等と長期間に設定されることが多いため、データの観測頻度が一般に低く、モデルにより計測したVaR等のリスク指標をバック・テストにより検証するのは原理的に困難となる。したがって、この問題解決の決定打となるような手段は存在しないと考えられるが、対応案としては以下のようなものが検討されている。

❶　信用リスクについてのクロスセクショナル・バック・テスティングの応用

　信用リスクについては、保険引受リスクと同様に、リスク測定の対象期間を1年等とすることが一般的であり、モデルによって推計されるVaR水準をバック・テストにより検証することが困難であることから、対応案として、クロスセクショナル・バック・テスティング等の方法が提案されている。信用リスクについてのクロスセクショナル・バック・テスティングについては、「Evaluating Credit Risk Models」（Jose A. Lopez、Marc R. Saidenberg）

図表2-31 内部モデル承認申請に係る英国FSAのフィードバック

項　目	概　要
方法論と計算の前提	・最終的な結果や内部モデルの不確実性に係る重要性と手法選択等が整合的でない ・リスクの重要性の判断が不正確なため、モデルの対象範囲が適切でない ・リスクの特徴を反映するために十分な粒度となっていない ・モデル手法が複雑すぎて、理解・使用が困難
リスクの統合	・利用可能データの限界についての考慮が不十分 ・代替的手法による結果との対比による検証が不十分 ・結果の妥当性検証のための感応度分析、ストレス・シナリオ分析が不十分
モデルの検証	・検証作業とレベル1、レベル2の規定の要件の対応関係が不明 ・重要性判断の基礎となるべき検証がされていない（感応度分析等による） ・検証作業のスケジュールが明確でない ・モデル検証における独立性が確保されていない ・専門的な判断についての適切な記録が残されていない ・モデル検証についての内部統制が不十分 ・重要なパラメータについて、感応度分析、ストレス・テストが実施されていない
使用テスト	・経営判断に使用するための精度・信頼性を確保できていない
文書化	・文書化が遅い、不完全、不整合など
モデル変更に関する方針	・モデル変更を判断するための基準が緩すぎる ・合理的なモデル変更基準設定のため、バック・テストを実施すべき

（出典）　英国FSA, "Feedback from our IMAP work to date", 14 May 2012

などを参照願いたい。ここでは、信用リスクについてのクロスセクショナル・バック・テスティングを保険引受リスクに応用した場合のイメージを簡単に紹介する。

ランダム・サンプリング等の方法により、対象とするポートフォリオを特定のリスクについて均質なグループに分割することができれば、当該リスクに関するバック・テストのサンプル数を増やすことが可能となる。ある商品の保有契約件数をNとして、この保有契約を特定のリスクに関して均質なK個のグループに分割することができたとして、各グループi（$1<=i<=K$）の保有契約件数をn_iとする（$N=\Sigma n_i$）。

ここで、この商品の保有契約について、1年間にある保険リスクに関する保険事故が発生したときに1、発生しないときに0の値をとる確率変数X_jを考えたとき、この各確率変数は同一のベルヌーイ分布$Bi(1,a)$に従う独立な確率変数とみなせるものと仮定する。

（ここで、aは、このリスクの保険事故発生確率）

このとき、各グループの保有契約について上記の確率変数を考えると、各グループの支払率に対応する、各グループについての標本平均Y_iは、近似的に、正規分布$N(a, a(1-a)/n_i)$に従う独立な確率変数と考えることができる（$Y_i = \frac{1}{n_i}\sum_{j=1}^{n_i} X_j$）。

したがって、$\sqrt{n_i/N}*(Y_i-a)$は、同一の正規分布$N(0, a(1-a)/N)$に従う独立なK個の確率変数とみなすことができることになるので、K個のサンプル値$\sqrt{n_i/N}*(y_i-a)$により、バック・テストを補強することが考えられる。「Evaluating Credit Risk Models」では、K=1,000程度とすることが想定されている。

❷ ストレス・テストの活用

OFSIのストレス・テストについてのガイドライン（Supervisory Framework and Guideline E-18: Stress Testing）では、ストレス・テストの目的の一つとして、「他のリスク管理手段を補足するリスク上の観点を提供すること」をあげており、以下のコメントを記載している（内容的には、バー

ゼル銀行監督委員会の「健全なストレス・テスト実務およびその監督のための諸原則」の記載内容と同一である）。

- ストレス・テストは、過去データと統計的に推定された関係を用いた、複雑で定量的なモデルに基づくリスク測定手法を補足すべきであり、特に、特定のポートフォリオに対するストレス・テストの結果は、VaRの決定等に使われる高い信頼水準における、統計モデルの妥当性についての洞察を与え得るものである。
- ストレス・テストは、過去に発生したことのないショックについてのシミュレーションを考慮するものであるため、経済・金融環境について生ずる可能性のある変化に対するモデルの頑健性の評価に用いられるべきである。
- ストレス・テストは、未確認のリスク集中、会社の存続を脅かす可能性のリスク間の潜在的な相互作用で、過去データに基づく統計的リスク管理手法に完全に依拠すると相殺されてしまうようなものなどの脆弱性の検出を促進すべきものである。

OFSIのストレス・テストについてのガイドラインの記載は、市場リスク以外のリスクに関するモデルの検証において参考になると考えられる。

(4) 外部モデル・データについての論点

ソルベンシーIIでは、外部モデルやデータを利用する場合も、モデル利用のためには、内部モデルの場合と同じ要件が求められる。しかしながら、外部モデル等のベンダーが企業秘密となる情報の開示に消極的な場合も想定されるため、統計的品質基準、モデル検証基準、文書化基準等への対応における新たな課題となる可能性がある。なお、EIOPAは、2012年4月に、外部モデル・データについての意見書を公表して、この問題についての注意喚起をしている。

2.3 将来予測をふまえたソルベンシー評価（継続性分析）

「2.1 ORSAに関する規制の概要」でも言及しているとおり、IAISのICPは、ORSAの主要な目的は、現時点において、リスク管理およびソルベンシー・ポジションが十分であるかを評価することに加えて、将来も引き続き十分である可能性が高いか否かを評価すること（継続性分析（continuity analysis））であるとしている。ソルベンシーⅡ、NAIC、OFSIのORSAに関する要件においても、継続性分析に関する要件が設けられている（図表2－32参照）。そこで、このセクションでは、ORSAに関する各規制における、継続性分析に関する規定状況を整理するとともに、このテーマに関連した技術的論点について考察する。

図表2－32　ソルベンシーⅡにおける将来予測をふまえたソルベンシー予測要件のまとめ

ソルベンシーⅡベースのB/Sの予測計算
ソルベンシーⅡベースのSCRおよび内部的リスク評価の予測計算
ストレス・テストによるOwn fundsへの影響および必要資本
複数年（3年以上）の予測期間、必ずしも各年の予測計算は不要
事業計画の反映
Own fundsの構成の評価

（出典）　EIOPA, "EIOPA Final Report on Public Consultation No. 11/008 on the Proposal for Guidelines on Own Risk and Solvency Assessment", EIOPA-258/12, 9 July 2012をもとに作成

(1) ORSAに関する各規制における、継続性分析の要件

❶ IAISの要件

ICPに規定されている、継続性分析に求められる主な要件は以下のとおりである。

・保険会社は、ORSAの一環として、規制上の資本要件を算定するために通常使用される期間よりも長いタイム・ホライズンで、自らの事業継

続能力と、事業を継続するために必要なリスク管理および財源を分析すべきである。
- 継続性分析は、保険会社の中長期的な事業戦略の定量的・定性的要素の組合せに取り組み、保険会社の将来の財務ポジションの予測と将来の規制上の資本要件の充足能力の分析を含むべきである。
- 継続性分析では、新しい事業計画、組込保証およびオプションを含む商品設計や保険料設定、および商品の販売方法をふまえた予測が重要となる。継続性の分析が最も有意義であるためには、保険会社は政治または経済状況の変化を含む、将来起こりうる事象等の外部要因の変化を考慮すべきである。
- 継続性分析の結果として、ゴーイング・コンサーンおよびゴーイング・コンサーン状態において使用する緊急時の対処計画および手順を保持することが奨励されている。緊急時の対処計画は、将来のストレス事由の後で、資本十分性またはキャッシュ・フロー・ポジションを回復／改善するために保険会社が現実的にとりうる適切な対抗策および相殺措置を特定し、そのような措置を保険会社が予防策として事前にとるべきか否かを評価しなければならない。

❷　ソルベンシーⅡの要件

ソルベンシーⅡ枠組指令の45条では、ORSAにおける必要ソルベンシーの評価のためには、保険会社等が短期的に直面しているリスクや長期的に晒される可能性のあるリスクを適切に特定し、評価するためのプロセスをもつ必要があるとしている。2012年7月にEIOPAが公表した"Draft Guidelines on Own Risk and Solvency Assessment and Explanatory Text"では、上記Directive 2009の規定内容に関連して、ガイドライン9に、全般的な資本必要額の評価は、将来の見通しをふまえたものとしなければならないと規定されており、SCR算定の対象期間より長いタイム・ホライズンにわたって、事業継続が可能であり、そのために必要な財源を確保できることを分析することが、ORSAの重要な部分であることが強調されている。さらに、継続性分析について、ガイドラインでは以下のような説明文書が記載されている。

- 会社が長期的に直面する可能性があるリスクの評価が必要となるため、事業および経済価値ベースのバランス・シートの長期予測等が、ビジネスの複雑性に応じて求められ、ORSAのプロセスのなかに反映させることが求められる。
- 事業計画の期間に対して、資本必要額の予測計算が必要となる。この予測計算は、リスク・プロファイルや事業戦略の予想される変化や、利用した前提条件に対する感応度を考慮して実施されることになる。
- 全般的な資本必要額や自己資本に対してマイナスの影響を及ぼす可能性のある外的要因を特定して、これを考慮する必要がある。資本管理計画や資本予測では、外部要因の予想外の変動にどのように対応するかを考慮することが求められる。
- 資本計画のなかで、計画対象期間について、資本要件と自己資本の予測計算が行われることになるが、そのための合理的な方法、前提条件、パラメータ、相互依存性、信頼水準は各社が決定する必要がある。
- 事業計画や資本計画の一環として、ストレス・テスト、リバース・ストレス・テストやシナリオ分析を定期的に実施して、ORSAに組み入れることが必要である。

また、Directive 2009 Article 45(1)(b)に規定される資本要件および技術的準備金に関する要件の継続的充足状況の評価に関連して、EIOPAのガイドライン10は、保険会社等が、ORSAの一部として、少なくとも以下の評価を含めることを求めている。

a) リスク・プロファイルおよびストレスがかかった状況が将来的に変化する可能性
b) 事業計画策定期間全体にわたる自己資本の質と量
c) 種類別の自己資本の構成、および事業計画策定期間中に償還、返済または満期の到来によってこの構成がどのように変化する可能性があるか

❸ NAICの要件

NAICのORSAガイダンス・マニュアルでは、ORSA要約レポートのセクション3で、現在の事業に対応するだけでなく、長期の事業サイクル（今後

1〜3年）にわたって必要な財務リソースの水準を明らかにするにあたって、保険会社がどのようにして自社のリスク管理方針のなかの定性的要素と、リスク・エクスポージャーの定量的な測定を連動させているかを文書化する必要がある。この情報は、監督当局が保険会社のリスクおよび自己資本管理の質を評価する際の手がかりとなることを意図したものである。

NAICのORSAガイダンス・マニュアルでは、保険会社の資本評価プロセスは、事業計画と緊密に結びついたものでなくてはならず、そのため、明確化されたリスク選好に沿って、計画するタイム・ホライズン全体にわたるリスク管理ができるようなしっかりとした資本予測の実施能力が求められている。

また、予測プロセスにおける、保険会社の内部業務と外的な事業環境に対して関連性があり予測可能な変化、平常時とストレス時双方における業務の見通しを検討することを求めている。

さらに、会社は、将来に向けたソルベンシー評価では、自社が明確化されたリスク選好に従って、複数年にわたる事業計画を行うために必要な財務リソースを確保していることを立証し、必要となる利用可能な資本がない場合、資本十分性に関する懸念に対処するためのマネジメント・アクションを記載すべきであるとしている。

❹　OFSIの要件

OFSIのORSAに関するドラフト・ガイダンスE−19（2012年12月）においても、潜在的なリスクの特定、内部目標資本レシオおよび業務運営上の資本水準の妥当性の評価において、フォワード・ルッキングなストレス・テストおよびシナリオ・テストの結果を考慮すべきであるとしている。

カナダの保険会社は、監督上の規制資本水準を超過する内部目標資本レシオ（Internal Target Capital Ratios）の設定が求められており、損害保険会社では、一つの内部目標資本レシオの算出が求められ、生命保険会社では、ティア1の資本と資本全体による二つの内部目標資本レシオの算出が求められる。

また、ドラフト・ガイダンスE−19（2012年12月）は、保険会社に対して、

その財源が、平常時およびストレス時において事業継続を可能とし、現状の事業および長期事業戦略等を支持するために十分であるか否かを評価することを求めている。この十分性の評価において、保険会社は、その必要資本を、リスクの潜在的変化、予期される会社の成長、グループ・ワイドでの資本の必要性や移転可能性、および、許容可能なコストでの外部資本調達するための潜在的な将来的要件と関連付けるべきであるとしている。その他、このドラフト・ガイダンスE-19（2012年12月）で求められている内容は以下のとおりである。

・保険会社は、事業計画の対象期間（3～5年）にあわせて、必要資本を評価する期間を特定すること
・保険会社は、現状および計画されたリスク・プロファイルの変化および追加的な必要資本の調達やリスク削減を実現するには準備期間を要するという認識に基づいて、短期的資本目標と長期的資本目標が整合的であるかを評価すること
・保険会社は、景気の下降やその他ストレス事象によって不利な影響を受けた場合に、ソルベンシーの状態を改善するためにとりうる対抗策や行動を規定するコンティンジェンシー・プラン等を管理すること

(2) 将来予測をふまえたソルベンシー評価に関する技術的な論点

ここでは、要件がより具体的となっているソルベンシーⅡにおける継続性分析について技術的な論点を考察する。ソルベンシーⅡにおける継続性分析では、図表2-33のような、経済価値ベースによるバランス・シート、SCR、自己資本の内訳に関する予測計算が求められる。なお、アーンスト・アンド・ヤングの調査『European Solvency survey 2012』によると、ヨーロッパの保険会社では、6社中4社が予測計算の対象期間を5年とすると回答した。

将来新契約を含む、決定論的なシナリオについて経済価値ベースによるバランス・シートを将来予測するにあたっての技術的な論点として、主に、以下のようなものが考えられる。

図表2-33　将来予測をふまえたソルベンシー予測例

Pillar 1 からの要請

市場価値バランス・シート	2Q 2012	YE 2012	P1 2013	P2 2014	P3 2015
資産	7,367.0	7,514.1	7,664.2	7,816.4	7,971.5
技術的準備金およびその他の負債	4,978.6	5,069.9	5,163.1	5,258.2	5,355.1
own funds	2,388.4	2,444.2	2,501.1	2,558.2	2,616.4

各リスクのSCR(分散効果反映前)	2Q 2012	YE 2012	P1 2013	P2 2014	P3 2015
市場リスク	593.9	605.6	617.6	629.9	642.3
信用リスク	206.8	206.8	206.8	206.8	206.8
損保リスク	200.0	204.0	208.1	212.2	225.5
生保リスク	325.2	331.7	338.4	345.1	386.6
事業リスク	72.8	74.2	75.7	77.2	80.5
オペレーショナル・リスク	20.0	20.0	20.4	20.8	21.2
各SCR（分散効果反映前）の合計	1,275.4	1,296.8	1,318.9	1,341.4	1,405.0

分散効果反映後SCR	2Q 2012	YE 2012	P1 2013	P2 2014	P3 2015
市場リスク	335.8	342.7	349.8	357.0	354.9
信用リスク	121.4	120.6	119.8	119.0	115.6
損保リスク	61.1	62.3	63.5	64.7	68.7
生保リスク	167.0	171.0	175.0	179.1	213.4
事業リスク	22.3	22.7	23.1	23.6	25.0
オペレーショナル・リスク	20.0	20.0	20.4	20.8	21.2
税金	0.0	0.0	0.0	0.0	0.0
分散効果反映後SCR合計(税引後)	654.2	664.7	675.7	686.9	718.2

ソルベンシー比率	2Q 2012	YE 2012	P1 2013	P2 2014	P3 2015
基本シナリオ	365%	368%	370%	372%	364%

ORSA "forward looking" からの要請
Level 3 Guidance により、Own funds の構成の推移を把握する必要がある
計算間隔は、必ずしも1年ごとでなくともよい

（出典）　Ernst & Young, "European Solvency survey 2012", summer 2012をもとに作成

❶ 将来時点の資産の評価

再投資ルールのモデリング、将来時点の経済的前提（金利、株価、為替等）の設定

❷ 将来時点の保険負債の評価

将来時点のリスク・フリー金利シナリオの設定、保証とオプションの経済価値を含む場合、現実的な決定論的シナリオによる各将来時点におけるリスク中立な評価が必要

将来時点のSCRの評価をどうするかは、特に技術的な論点が多い部分ではないかと想像されるが、アーンスト・アンド・ヤングの調査によると、この課題に対するヨーロッパの保険会社の対応状況は、各社により幅がある様子がうかがえる（図表2－34参照）。また、ソルベンシーⅡにおける継続性分析では、平常時のほかにストレス時を想定した分析も必要となるため、継続性分析におけるストレス・シナリオの設定方法なども重要な検討課題となっている。

図表2－34　SCRプロジェクションの各方法の利点と課題

SCRプロジェクションの方法	利点	課題
■リスク・マージン計算の結果をそのまま使用する方法	■モデル開発にあまり手間を要しない	■ヘッジ不能リスクのみに利用可能 ■新契約の影響を概算する必要がある
■リスク・ドライバーを使用する方法	■関連ある資産タイプもしくは他の情報から市場SCRを見積もることができる ■関連ある最良推計負債もしくは他の情報から保険数理関連のリスク量を見積もることができる	■妥当性を確認するために、より正確な方法の結果と比較する必要がある ■使用するドライバーの粒度とツールの複雑さのバランスの兼ね合い
■感応度テストに基づく二次方程式を計算する方法	■扱いやすい単純なテイラー展開によるアプローチ ■正確な計算に基づき堅牢である	■二次方程式アプローチの限界を見極める必要がある ■信頼できる利用可能な感応度データが必要となる
■各時点において、その時点を時点0として再計算したモデル結果を使用する方法	■最も正確な方法である ■監査手法に基づいている	■計算に多大な時間を要する ■新契約の影響を概算する必要がある

（出典）　Ernst & Young, "European Solvency survey 2012", summer 2012

第3章

ORSAに関する取組みおよび動向

本章では、国内・海外保険会社におけるORSAに関する取組状況等について、具体的なアプローチや実際の運営状況等について概要および主なポイント等について説明を行う。

3.1 国際的なORSAの取組状況

　第2章で述べたとおり、2011年11月、IAISにて、26項目からなるICPの改定が採択されている。ICPは、保険セクターの財務健全性を促進し、保険契約者を適切に保護するために、監督制度としてあるべき重要な要素を定めたものであり、世界銀行とIMFが共同で実施する金融セクター評価プログラム（Financial Sector Assessment Program：以下「FSAP」という）において、各国の監督制度を評価する際に利用されるフレームワークとなっている。改定ICPは、健全性に関する新しい監督原則を示すものであり、各国の監督規制の制定に関する今後の方向性を示すものといえる。

　ORSAに関しては、ICP 16（ソルベンシー目的のERM）において、ERMのフレームワーク（リスクの特定および測定、リスク管理方針、リスク許容度ステートメント、リスク感応性およびフィードバック）に係る記述に続き、監督者がORSAの定期的な実施を要求するという原則を示し、さらに、ORSAに関連して経済資本および規制上の資本、継続性分析に関する事項を定めている（詳細は第2章参照）。

　このようなICPの改定により、各国の監督当局のORSAに関する関心がいっそう高まっており、その結果、規制が一つのドライバーとなり保険会社のORSAに対する取組みも徐々に広まっているとの印象がある。本節では、欧州における保険会社のORSAの取組状況について、2012年にアーンスト・アンド・ヤングが実施したソルベンシーⅡサーベイの結果を分析するとともに、ロイズにおけるORSAの対応状況を紹介する。また、ORSA関連監督規制の動向として、オーストラリア、カナダ、シンガポール、バミューダの概況を解説するとともに、わが国の状況についても触れることとしたい。なお、欧州および米国のORSAの規制動向については、「2.1　ORSAに関する規制の概要」を参照願いたい。

3.1.1 欧州におけるソルベンシーⅡ対応としてのORSAへの取組み

ソルベンシーⅡの導入時期に関しては、執筆日現在、いまだ未確定であるが、2012年、欧州19カ国、160社以上の保険会社を対象に、アーンスト・アンド・ヤングがその準備状況についてサーベイを実施している（図表3－1参照）。(*)

全般的な進捗としては、Piller 1（定量要件）に係る準備が比較的進んでおり、Pillar 2（定性要件）は一部の遅れがあり、Pillar 3（監督当局への報告と情報開示）はいまだ準備の初期段階との結果であった。

(*) 当時の導入予定時期である2014年1月導入を前提として実施。より詳細は、Ernst youngウェブサイトhttp://www.ey.com参照。

Piller 2に関しては、ほとんどの保険会社において、各項目について相当程度の対応がなされていたが、ORSAに関しては、比較的大きなギャップが示されている（図表3－2参照）。

ORSA以外の項目の平均スコアは全般的に「3：おおむね要求事項を満たしている」近くの結果となっているが、ORSAのスコアは「2：一部の要求

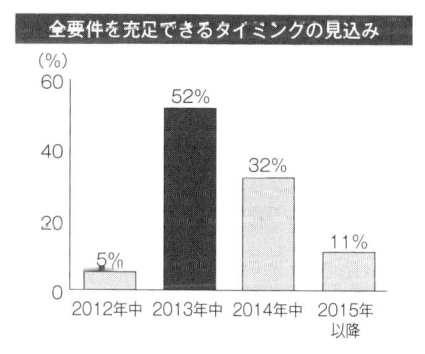

図表3－1　ソルベンシーⅡの準備状況

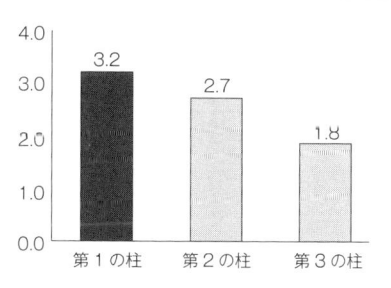

全要件を充足できるタイミングの見込み
- 2012年中: 5%
- 2013年中: 52%
- 2014年中: 32%
- 2015年以降: 11%

導入にあたっての準備状況
- 第1の柱: 3.2
- 第2の柱: 2.7
- 第3の柱: 1.8

1：要求事項を満たしていない
2：一部の要求事項を満たしている
3：おおむね要求事項を満たしている
4：すべての要求事項を満たしている
5：要求事項を超えて対応している

（出典）　Ernst & Young, European Solvency Ⅱ survey（2012）をもとに作成

事項を満たしている」をやや上回る程度となっており、準備が遅れている状況であることが認められる。サーベイによると、ORSA以外の項目は、半数以上の会社が「3」以上の回答をしているが、ORSAについては、およそ30％の会社が「3」以上の回答をしているにすぎない。ORSAは、他のプロセスの準備状況にも影響を受けるものであることから、実務的には、最も遅い段階で要求事項を満たす項目の一つになる可能性がある。

また、サーベイ結果を分析すると、国別に準備状況に差があることがわかり、英国、ドイツ、オランダが比較的進んでいる様子がうかがえる。一方、ORSAに関しては、オランダが平均を比較的大きく上回っており、一方で、ポーランドや中央ヨーロッパ、東ヨーロッパの国々では、平均を下回る結果となっている。

なお、17％の保険会社は正式なプロセスに基づくリスク管理態勢の評価を行っていると回答しており、これらの会社ではリスク管理態勢が効果的に機能しているか否かの検証が行われていると推察される。一方、残りの83％の会社ではリスク管理態勢の評価を十分行っているか否か不明であり、現時点

図表3－2　Pillar2の項目別回答結果

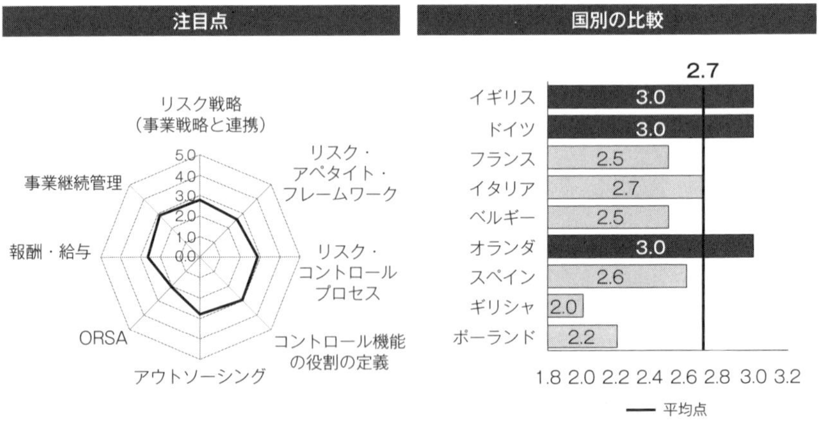

1：要求事項を満たしていない、2：一部の要求事項を満たしている、3：おおむね要求事項を満たしている、
4：すべての要求事項を満たしている、5：要求事項を超えて対応している

（出典）　Ernst & Young, European Solvency Ⅱ survey（2012）をもとに作成

では、効果的に機能しているかどうかの検証を実施していない可能性がある。そのため、サーベイの回答結果がやや楽観的な数値となっている可能性も否定できない。

その他、サーベイ以外のヒアリング等で、欧州での取組状況として理解している事項は、以下のような内容である。

（よく見受けられる課題）
- 将来におけるリスクやソルベンシーの状況の予測（フォワード・ルッキング）
- 経営判断や事業活動への組込み

（大手保険会社の状況）

大手保険会社では、ORSAのアプローチ、プロセス、報告に関する仕組みづくりが完了し、今後は具体的な情報の伝達やコミュニケーションの方法に焦点をあてているところもある。ORSA文書に関して、取締役会と頻繁に意見交換を行っている会社もあるが、一方で簡単な報告にとどまっている会社もある。

3.1.2 ロイズの取組状況

本項では、欧州保険会社の取組みの一例として、ロイズにおける取組みに触れることにする（ロイズの仕組みについては、ロイズジャパンのウェブサイトhttp://www.lloyds-japan.co.jp またはLloyd'sのウェブサイトhttp://www.lloyds.com/を参照。また、ORSAの取組みに係る資料については、Lloyd'sのウェブサイトhttp://www.lloyds.com/を参照）。

ロイズでは、ソルベンシーⅡへの対応を図ることを目的として、"Solvency Ⅱ Own Risk and Solvency Assessment (ORSA) Guidance Notes, September 2011" に基づき、2011年12月16日を期日として、各エージェントに対してすべてのシンジケートを対象とした最初のORSA報告書の提出を求めている。ロイズでは、提出されたORSA報告書をレビューし、その結果をフィードバックすることによってORSAの向上を目指している。

直近においては、2013年3月18日を期日としてORSA報告書の提出を求め、

そのレビュー結果を2013年第2四半期中にフィードバックすることとしている。各シンジケートのORSA報告書は、6カ月以内に完了したものであり、2013年シンジケート・ビジネス・プランと整合がとれたものでなければならないとされている。さらに、2012年5月にロイズが発行した"Solvency Ⅱ Own Risk and Solvency Assessment (ORSA) Guidance Notes, May 2012"（図表3－3参照）およびその後のフィードバックに従うものとされている。

図表3－3　"Solvency Ⅱ Own Risk and Solvency Assessment (ORSA) Guidance Notes, May 2012"の構成

項　目	内　容
主要な原則とロイズの最低限の期待	①　すべてのシンジケートを対象 ②　明確な結論と経営の対応 ③　詳細な資本評価 ④　ストレスを考慮したリスクと資本のプロファイル ⑤　取締役会の承認 ⑥　経営の意思決定への明確な活用 ⑦　フォーマットと長さ
詳細なガイダンス	①　リスク・プロファイルとリスク・アペタイト ②　資本の評価 ③　ストレスおよびシナリオ・テスト ④　フォワード・ルッキング評価 ⑤　他の分野に係るガイダンス

（出典）"Solvency Ⅱ Own Risk and Solvency Assessment (ORSA) Guidance Notes, May 2012"をもとに作成

また、当該ガイダンスにおいて、実際にみられたギャップ例（図表3－4参照）の提供がなされている。基本的なギャップも含まれており、エージェントによって、ORSAの取組状況に差があることも推察される。

図表3－4 "Solvency Ⅱ Own Risk and Solvency Assessment (ORSA) Guidance Notes, May 2012" に記載されているギャップ内容（一部）

項　目	ギャップ内容
リスク・プロファイルとアペタイト	・ORSAの対象期間において直面した主要リスクやリスク・プロファイルの変化に関する認識が不明瞭 ・リスクを軽減する活動の記述が不明瞭または存在しない ・主要なリスクを軽減する統制の記述がない ・定量的に把握したリスクのみが報告されている
資本の評価	・経済資本の評価がなされていない、あるいは、計算結果の合理性に関する説明がない ・規制資本とORSAで使用する経済資本との比較分析がない ・資本の質や増資の必要性に関する記載されていない ・詳細な記述なく増資の記載がなされている
ストレス、シナリオ・テスト	・リスク、資本、ソルベンシーへの影響の記載がなく結果のみ記載されている ・コンティンジェンシー・プランや経営の対応に関する記述がなされていない ・ストレス・テストの実施が不十分 ・事業計画との関連付けがない
フォワード・ルッキング評価	・リスクや資本に関するフォワード・ルッキング分析がない ・将来3～5年間の資本は適切との判断の理論的な説明がない ・リスクがアペタイトの範囲内との結論の理論的な説明がない ・フォワード・ルッキング評価が事業計画と整合的でない
その他	・ORSA周辺のガバナンスの状況が不明確 ・ORSAで使用されたデータに関する統制に関する情報が不十分

（出典）"Solvency Ⅱ Own Risk and Solvency Assessment (ORSA) Guidance Notes, May 2012" をもとに作成

3.1.3 各国の規制の動向

(1) オーストラリア

オーストラリアでは、2013年1月、APRA（オーストラリアの監督当局：Australian Prudential Regulation Authority）が、資本十分性に係るPrudential Standard GPS 110を公表している。当該基準は2013年1月1日から適用するとされており、損害保険会社および一定の保険グループは、自己資本十分性評価プロセス（ICAAP：Internal Capital Adequacy Assessment Process）を有することが要求されている。ICAAPは、ORSAとほぼ同様の概念であり、適切に文書化され、当該プロセス策定時および変更時に取締役会による承認を得ることが要求されている。

Prudential Standard GPS 110では、ICAAPにおいて含める事項やICAAPサマリーステートメントに係る事項、ICAAPレポート等に関する取扱いが示されている（図表3－5参照）。

図表3－5　Prudential Standard GPS 110における要求事項の一部

項　目	含めるべき事項内容
ICAAP	① リスクと資本を認識、測定、監視、管理するための適切な方針、手続、システム、統制、人材確保 ② 適切な資本を維持するための戦略 ③ 規制資本と設定された目標資本に関する監視のための活動と手続 ④ ストレス・テストとシナリオ分析 ⑤ ICAAPとその結果に関する報告と意思決定への組込みに関するプロセス ⑥ 規制で明示されていないリスクへの対応方針 ⑦ ICAAPサマリーステートメント
ICAAPサマリーステートメント（資本の評価や管理プロセスの概要を記述したハイレ	① 上述の①～⑥に係る事項 ② ICAAPの目的、目標資本、ICAAP対象の期間 ③ ICAAPにおいて使用した仮定および方法 ④ ICAAPレビューの実施に係るトリガー ⑤ ICAAPレビューに関する方針の概要

ベルな文書)	⑥	ICAAPで使用される資本の測定に関する基礎的事項
	⑦	根拠となる文書や分析への参照
ICAAPレポート	①	現在および将来3年間における資本レベルの情報
	②	当年度におけるICAAP適用の実績結果
	③	前回のICAAPレポートからのICAAP変更事項
	④	ストレス・テストとシナリオ分析の結果
	⑤	資本利用に関する内訳
	⑥	前回のICAAP以降に実施されたICAAPレビューの状況
	⑦	根拠となる文書や分析への参照

　また、2012年9月には、ICAAPに関するドラフトPPG（Prudential Practice Guide）が公表されており、リスク・アペタイトおよびリスク管理フレームワーク、ICAAP要求事項、目標資本の設定、ストレス・テスト、ICAAPに関するレビュー、ICAAPサマリーステートメント、ICAAPレポート等について、ガイダンスが提供されている。

(2) カナダ

　カナダでは、2012年12月、OSFI（カナダの監督当局：Office of the Superintendent of Financial Institutions Canada）が、ORSAに関するドラフト・ガイドラインを公表している。ORSAに関する規定は、2014年1月より適用することが見込まれている。

　ドラフト・ガイドラインにおいて述べられている内容は、ORSAの範囲、ORSAとERMとの関係、取締役会・上級経営者・ORSAに関連する者の役割、その他評価プロセスにおける重要な要素となっている（図表3－6参照）。

図表3－6　ドラフト・ガイドラインにおけるORSAの主要要素

要　素	内　容
網羅的なリスクの特定と評価	すべての重要なリスクを対象
リスクと資本の関係付け	① 性質、規模、複雑性の理解 ② 必要資本の決定 ③ ストレスおよびシナリオ・テストの実施

	④ 内部的なターゲットの設定 ⑤ 経営管理者の意思決定や事業計画へのORSAの組込み
取締役会と上級経営者の役割	取締役会によるORSAの監視、上級経営者によるORSAの実行
モニタリングと報告	少なくとも年1回、取締役会へ報告
内部統制と独立したレビュー	内部統制システムの検証、定期的な(内部または外部の)独立した者によるレビュー

(3) シンガポール

シンガポールでは、2013年1月、MAS(シンガポールの監督当局:Monetary Authority of Singapore)が、保険会社を対象としたERMに関するコンサルテーション・ペーパーを公表している。当該コンサルテーション・ペーパーでは、保険会社のERMに関する要求事項の提案がなされており、ORSAに関する事項も含まれている(図表3-7参照)。2013年2月までコメントを募集している。

図表3-7 コンサルテーション・ペーパーにおけるORSAに関する要求事項

項目	内容
Proposal 7 (ORSA実施の要求)	リスク・マネジメントおよび現在と将来のソルベンシー・ポジションの適切性の評価のため、少なくとも年1回はORSAを実施
Proposal 8 (ORSAでの実施事項)	① 全般的な財源の決定 ② 経済資本等を基礎としたリスク・マネジメント活動 ③ 資本の質と適切性の評価
Proposal 9 (経済資本の算定)	事業とリスクの質、規模、複雑性によっては、経済資本の簡便的な算定を許容
Proposal 10 (継続性分析)モニタリングと報告	リバース・ストレス・テストを通じて事業継続が困難となる要因を特定 当該リスクを管理するのに必要な活動の実践

また、適用時期については、2014年1月が提案されている。ORSAに関しては、一定の規模の大きい保険会社は2014年から毎年ORSA報告書の提出が要求され、それ以外の保険会社は2015年から3年に1度のペースで提出が要求される内容となっている。

(4) バミューダ

　バミューダでは、2011年より、CISSA（Commercial Insurance Solvency Self Assessment）が導入されている。CISSAは、一定の保険会社にリスクとソルベンシーの自己評価の実施を要求する制度であり、BMA（バミューダの監督当局：Bermuda Monetary Authority）は、当該制度を通じて保険会社のリスク・プロファイル、必要資本、リスク・マネジメントやガバナンスの状況等の情報を把握することになる。

　CISSAにおいて、保険会社は、事業遂行または事業環境から生じる重要なリスクを評価し、事業目的の達成に必要となる資本（CISSA資本）を保有することが求められている（図表3-8参照）。また、CISSA資本と規制資本に15%以上の差がある場合は、その原因の説明を行わなければならない。

　BMAへの報告は、一定の様式に基づいて行われる。

図表3-8　BMA Filing Requirementsより作成

項　目	内　容
CISSA資本サマリー	保険会社のCISSA資本計算、CISSA資本と規制資本の比較、追加資本に関する計画など
CISSA全般的な質問	以下に関する質問 リスク・マネジメントやガバナンス・プログラム、CISSAのレビューおよび承認、CISSAの戦略的意思決定プロセスへの組込み
CISSA保険会社の重要リスクの評価	重要リスクに関する保険会社の評価、リスクをカバーする資本の質と量の決定、フォワード・ルッキング分析、必要資本の管理、CISSAのレビューと承認、CISSA資本算定に使用されるモデルやツールに係るガバナンスや統制

3.2 わが国のORSA取組状況

わが国では、現在、保険会社にORSAを求める明確な法令・規制等はないが、「保険会社向けの総合的な監督指針」および「保険検査マニュアル」において、ERMの業務の一環として部分的にORSAに関係する記述がある。

たとえば、「保険検査マニュアル」の「統合的リスク管理態勢の確認検査用チェックリスト」において、取締役会による保険会社の収益目標、リスク・テイク戦略を定めた戦略目標の策定について触れられており、また、自己資本等の充実度の評価に関して自己資本等の定義と戦略目標等の整合性の確保の記述があるなど、リスクと自己資本の関係に係る事項がチェックリスト上に表れている（図表3-9参照）。その他、自己資本等の充実度の評価やそのモニタリングに関する記述があり、明示的ではないものの、ORSAに共通する考え方が根底にあると思われる。

図表3-9　「保険検査マニュアル」におけるORSA関係部分（一部例）

＜統合的リスク管理態勢の確認検査用チェックリスト＞

Ⅰ．経営陣による統合的リスク管理態勢の整備・確立状況
　1．方針の策定
　②【戦略目標の整備・周知】
「取締役会は、経営方針に則り、保険会社全体の収益目標、リスク・テイクの戦略等（資産・負債戦略、リスク・リターン戦略等）を定めた戦略目標を策定し、組織に周知させているか。戦略目標作成に当たっては、資産・負債（オフ・バランスを含む。）の構成、各種リスクを勘案し、かつ自己資本等の状況を踏まえ検討しているか。……」
　2．内部規程・組織体制の整備
　②【自己資本等の充実度の評価における自己資本等の定義】
「取締役会等は、自己資本等の充実度の評価において、評価の基準となる自己資本等の定義を明確に定めているか。自己資本等が潜在損失への備えであることを踏まえ、自己資本等の充実度の評価に用いる自己資本等の定義と、経営方針、経営計画、戦略目標等との整合性を確保しているか。……」

> Ⅱ．管理者による統合的リスク管理態勢の整備・確立状況
> ２．統合的リスク管理部門の役割・責任
> 　⑷自己資本等の充実度の評価
> 【自己資本等の充実度の評価】
> 「統合的リスク管理部門は、保険会社特有の統合的リスク管理の特徴を踏まえ、業務の規模・特性及びリスク・プロファイルに見合った適切な自己資本等の充実度の評価を行っているか。……」
> ⑸モニタリング
> ④【取締役会等への報告】
> 「統合的リスク管理部門は、……統合的リスク管理の状況、統合的に評価したリスクの状況、及び自己資本等の充実の状況に関して、取締役会等が適切に評価及び判断できる情報を、定期的に又は必要に応じて随時、報告しているか。……」

「保険会社向けの総合的な監督指針」「Ⅱ－２－６－１　統合リスク管理」においても、「主な着眼点」⑶に「取締役会等は、定期的にリスク、経済価値評価……に基づく保険会社独自の必要資本の充足状況、ソルベンシー・マージン規制に基づく資本の充足状況の報告を踏まえ、必要な意思決定を行うなど、把握した情報を業務の執行及び管理体制の整備等に活用しているか。」とあり、ORSAの根幹部分ともいえる意思決定や業務執行への活用に関する記述がある（図表３－10参照）。

図表３－10　「保険会社向けの総合的な監督指針」におけるORSA関係部分（一部例）

> Ⅱ－２－６－１　統合リスク管理
> Ⅱ－２－６－１－２　主な着眼点
> 「⑴取締役会は、保険会社全体の経営方針に沿った戦略目標を踏まえた統合リスク管理の方針を定めているか。また、取締役会は、その統合リスク管理の方針等に沿ったリスク許容限度の設定にあたっての基本的な考え方を明確に定めているか。」
> 「⑶取締役会等は、定期的にリスク、経済価値評価（市場価格に整合的な評価、又は、市場に整合的な原則・手法・パラメータを用いる方法により導かれる将来キャッシュ・フローの現在価値に基づく評価をいう。なお、現時点において、例えば保険契約に含まれているオプション・保証に起因するリスクの評価等、経済価値に基づく評価手法が完全に確立されていない場合には、各社でとりう

> る最善の手法を含む。以下同じ。）に基づく保険会社独自の必要資本の充足状況、ソルベンシー・マージン規制に基づく資本の充足状況の報告を踏まえ、必要な意思決定を行うなど、把握した情報を業務の執行および管理体制の整備等に活用しているか。」
>
> 「(4)多様なリスクを総合的に把握するため、統合リスク管理は、少なくとも保険引受リスク、信用リスク、市場リスク、流動性リスク、事務リスク及びシステムリスクを含む全てのリスクのうち重要なリスク（重要なグループ会社に係るリスクを含む。）を認識するものとなっているか。また、計量的な統合リスク管理の対象となるリスクを適切に決定し、これを明確に文書化しているか。また、計量化の対象とならないリスクについても、定性的な評価等により、統合リスク管理の枠組みで考慮されているか。」
>
> 「(6)直近の状況に基づくリスクの計量化に加えて、保有契約高の変化、商品構成の変化等の中長期の経営戦略や経営環境を踏まえた将来の資本の充足状況についての分析を行い、その上で、継続性評価を行うべく不断の取組みを行っているか。なお、将来収支分析を利用して継続性評価を行っている保険会社においては、自らの中長期の経営戦略や経営環境を踏まえて、当該分析が適切であることを確認しているか。」

しかしながら、監督指針等では、ORSAを明確に規定していないことから、その深度や全体像のイメージがとらえがたく、また、ORSA報告書の作成や当局への提出の要求がないこともあり、ICPが求めるORSAという観点に立つと、わが国のORSAへの取組状況はいまだ遅れている感が否めない。

2012年9月に金融庁から「ERMヒアリングの結果について」が公表されている。その冒頭の「1．目的」において、「……「保険コア・プリンシプル（ICP）」において、ORSA（リスクとソルベンシーの自己評価）の実施を盛り込んでいる。これは、保険会社・グループがERMを実践するなかで、現在及び将来の経営リスクと自己資本等の評価を自ら行ったうえで、当局に報告し、当局がそれを検証するというものであり、リスク管理の高度化促進を通じた健全性確保の枠組みである。」とORSAに関する説明を行い、最後に「……今後ORSAの導入を検討していくにあたっても、……」として、ORSA導入の検討を明らかにしている。

いずれにしても、わが国の保険会社にとって、どのようにORSAを導入するかを検討することは、喫緊の課題であるといえよう。

第4章

ORSA報告書の検討と取組状況

本章では、これまでに述べてきたORSAの規制や海外におけるORSAに関する動向をもとに、ORSA報告書に何を記載すべきなのか、ORSA報告書の基本構成や記載内容としてどのようなものが求められているのか、また、先行保険会社グループではどのような内容をORSA報告書に記載することを想定しているか、といった点で実務における参考となるよう、より具体的な内容に触れることとする。

4.1 ORSA報告書の基本構成

　これまで述べてきたとおり、ORSAについてはIAIS、EIOPA、NAICなどで要求されており、欧州や米国を主導として検討が進められてきている状況である。しかし、これらの規定などではORSA報告書の作成において考慮すべき要素が示されているものの、ORSA報告書の記載例や記載項目の様式などについての詳細は示されていない。

　ORSA報告書に記載すべき項目の詳細が示されていないことについて、たとえばNAICのガイダンス・マニュアル（C. 総則）では、「各保険会社のORSAおよびORSAサマリー・リポートは、当該保険会社の事業、戦略的事業計画およびERMの手法を反映した固有のものとなる」あるいは「情報の深度と詳細さは、当該保険会社の特性や複雑さに影響される」という背景に言及されている。また、2012年7月に公表されたEIOPAによる最終報告において、2011年11月のコンサルテーション・ペーパーに対して、ORSA報告書に最低限含めるべきコンテンツや記載例を示してほしいといったリクエストがあった点に触れられているが、最終的には、これらのコンテンツや記載例は示されなかった。

　このように、ORSA報告書に記載すべき項目の詳細が示されていないため、各保険会社・グループは、自社・グループに固有のORSA報告書をどのように記載すべきかを決定しなければならない。

　また、ORSA報告書の記載内容の決定にあたっては、それぞれの保険会社やグループに適合するORSAプロセスの構築を進める必要がある。

　たとえば、EIOPAのガイドライン1には、以下の記載がある。

・保険会社は、事業に固有のリスクの特性、規模および複雑さを勘案したうえで、全般的な資本必要額を評価する適切かつ十分な技法を用い、自社の組織構造とリスク管理態勢にあわせてカスタマイズした、独自のORSAプロセスを整備しなければならない。

　このようにORSAは、保険会社や保険グループの事業や組織体制、リスク

管理文化に合致するようにデザインされたプロセスであるため、その結果を示すORSA報告書の記載のためには、ORSAプロセスの構築が不可欠となる。

前述した欧州や米国の動向を受け、あるいは、先行保険会社グループによる前倒しのORSAプロセスの構築やORSA報告書のパイロット作成が進むなか、ORSA報告書の基本構成やコンテンツについて、実務的な点が徐々に明確になってきた部分があるのではないかと考える。また、監督当局の動きという点でも、前述のとおり、ORSAという用語を用いていないものの、ORSAと同様の内容の報告を求める監督当局がすでにあり、ORSA報告書のパイロット提出を求めたり、あるいはORSA報告に関する公開草案を提示して意見募集をしたりする動きも出てきている。特に、ORSA報告に関する公開草案を提示している監督当局では、その草案のなかにより具体的なORSA報告書の基本構成や記載項目を示している状況がある。

ここではまず、ORSA報告書の基本構成について、より具体的な内容を示しているオランダ保険協会のビジョン、カナダ保険監督当局のORSAガイドライン案およびシンガポール金融監督局のコンサルテーション・ペーパーを取り上げてみる。その後、「4.2 先行保険会社グループにおける取組状況」において、先行保険会社がORSA報告書の作成にあたってどのような構成や記載項目を想定しているかについて記載する。

4.1.1 ORSA報告書に含める項目について

(1) オランダ保険協会のビジョン

欧州では、ORSA報告書のパイロット作成が進んでおり、アクチュアリ・ファームやアカウンティング・ファームなどがORSA報告書に含めるべきコンテンツや記載例を示している。欧州のなかでも、国によってはORSAの導入に関する進捗に差が出ているといわれているが、ORSAへの取組みが進んでいる国の一つにオランダがある。このオランダでは、Dutch Association of Insurers（オランダ保険協会）のORSAワーキング・グループによって、ORSA評価のビジョンが示されており、そのなかでORSA報告書についてのより詳細な内容が示されているため、まずはこの内容について記載する。

当ビジョンのなかでは、グッド・プラクティスとして、ORSA報告書を次の二つに区分することが記載されている。
- ステーブルORSA報告書
- ダイナミックORSA内部報告書

ステーブルORSA報告書は頻繁な変更が想定されない、組織的な背景、ポリシー、プロセスや手順などについての情報を記載するものである。一方、ダイナミックORSA内部報告書は、主に下記の三つのトピックに関するORSAプロセスの結果についての情報を記載するものである。
- リスク戦略（リスク・リターンのトレード・オフ）
- キャピタル・マネジメント
- 潜在的な困難に事前に対処するための（将来の）経営管理者によるアクション

リスク戦略には、ビジネス・シナリオ、リスク戦略やリスク・アペタイト、フォワード・ルッキングなリスク・プロファイルと経営管理者の考慮事項、承認された事業戦略などの記載を含めることが想定されており、また、キャピタル・マネジメントには、内部モデルや標準フォーミュラの適切性に対する評価結果、将来予測技法の説明、（リバース）ストレス・シナリオと資本予測の結果などの記載を含めることが想定されている。

そして、このORSA評価のビジョンの付属資料3において、上記ORSA報告書のさらに詳細な記載要素の例が示されており、図表4-1、4-2、4-3のとおりである。

図表4-1　ステーブルORSA報告書

1	考察の概要	
	1.1	グループ・ポジション
	1.2	組織体制および主要な人員
	1.3	ビジネス・ストラクチャー
	1.4	ビジネスの重要ライン
	1.5	戦略管理プロセス（中期計画を含む）
2	リスク管理フレームワーク	

	2.1	リスク・ユニバース
	2.2	リスク管理方法
	2.3	リスク・ガバナンス
	2.4	リスク方針（特にORSAプロセスに係るORSAポリシーの説明を含む）
	2.5	リスク・エクスポージャーの報告プロセス
	2.6	品質保証
3	資本管理フレームワーク	
	3.1	資本管理概念
	3.2	資本管理方針
4	経営への組込み	
	4.1	商品開発および価格設定
	4.2	パフォーマンス指標
	4.3	インセンティブ

（出典） ORSA Working Group of the Dutch Association of Insurers「Vision on Own Risk and Solvency Assessment（ORSA）Good Practice」February 2012 P.30をもとに作成

図表4-2　ダイナミックORSA内部報告書（年次）

1	ORSAエグゼクティブ・サマリー	
2	事業戦略：リスク・リターンのトレード・オフ	
	2.1	ビジネス・シナリオ（ストレス・シナリオを含む）
	2.2	（最新の）リスク戦略
	2.3	（最新の）リスク・アペタイト・ステートメント
	2.4	（想定される）リスク・プロファイル
	2.5	経営管理者の考慮事項
	2.6	事業戦略
3	キャピタル・マネジメント	
	3.1	標準／内部モデルの適切性評価
	3.2	資本ポジションおよび資本の質の分析
	3.3	時価ベース財務諸表およびSCR予測方法
	3.4	（リバース）ストレス・テスト結果
	3.5	資本予測
4	経営管理者による対処措置	
	4.1	現在必要とされる経営管理者による対処措置
	4.2	悪化シナリオにおけるコンティンジェンシー措置

| | 4.3 | ソルベンシー比率100%以下の場合のコンティンジェンシー計画 |

(出典) ORSA Working Group of the Dutch Association of Insurers「Vision on Own Risk and Solvency Assessment (ORSA) Good Practice」February 2012 P.31をもとに作成

図表4－3　ダイナミックORSA内部報告書（四半期）

1	統合リスク管理の概要 ・リスク管理態勢の有効性 ・推奨される経営管理者による対処措置
2	事業リスク／エマージング・リスク／戦略リスク ・保険業界全般のリスク概況（背景） ・（再）保険会社／グループ固有のリスク概況 ・推奨される経営管理者による対処措置
3	リスク・プロファイル ・財務リスク・プロファイル（例：ポートフォリオ構成や変化、感応度分析、ストレス・テスト、MVaRやEaRなどの指標） ・非財務リスク・プロファイル（例：ヒートマップなどに基づく） ・推奨される経営管理者による対処措置
4	資本プロファイル ・資本ポジションおよび利用可能資本の質 ・臨時ORSA報告書作成の想定トリガーに係る評価 ・推奨される経営管理者による対処措置

(出典) ORSA Working Group of the Dutch Association of Insurers「Vision on Own Risk and Solvency Assessment (ORSA) Good Practice」February 2012 P.31をもとに作成

(2) **カナダ監督当局のORSAドラフト・ガイドライン**

　欧州や米国での動きに加え、2012年12月に、カナダ監督当局（OSFI）がORSAドラフト・ガイドラインを示しており、2013年4月12日まで意見募集をしていた。当ORSAドラフト・ガイドラインのなかでORSA報告書のミニマム・コンテンツの例が示されており、このなかにおいても、ORSA報告書の構成やコンテンツについての詳細な提案がされており、構成やコンテンツを検討するうえでは有用なものであると思われるため、ここで取り上げるこ

ととした。詳細は図表4－4のとおりである。

図表4－4　OSFIのORSAドラフト・ガイドラインのミニマム・コンテンツ

1	エグゼクティブ・サマリー ・ORSAメソドロジーや結果の概要 ・リスクおよびソルベンシー状況の評価結果についての結論（事業の複雑性、規模、性質において将来にわたって適切であること） ・主なORSAの発見事項の要約 ・財務状況、事業戦略、将来財務予測についての要約 ・レビューや承認プロセスの要約
2	ORSAの背景（以下について明記する旨記載） ・リスク管理フレームワーク、事業計画およびキャピタル・マネジメントとORSAの概要 ・リスク・アペタイトに従ったリスクの識別・管理・監視方針や態勢 ・ORSA報告書のスコープ（対象となるグループの事業体） ・ORSAプロセスの主要な変更（期間中の変更および前回からの変更） ・当該保険会社グループ特有の用語定義
3	リスク・アペタイト・ステートメント ・リスク・アペタイトおよび経営管理者によるリスク・トレランスのレビュー時期や頻度
4	リスクの包括的な識別および評価 ・リスク識別プロセスおよび適切な重要リスクの認識方法の概要（主要リスクとして、保険リスク、市場リスク、信用リスク、オペレーショナル・リスク、その他のリスクを考慮しなければならない） ・詳細なリスク識別および評価プロセスに係る以下のような詳細情報（ORSA報告書もしくは添付資料において） 　① 上記重要リスクの特定方法およびその他リスク・プロファイルに応じた考慮事項 　② 当該保険会社が直面する最も重要なリスクおよびその許容度や許容できない場合のリスク軽減行動 　③ 前回ORSAで解決できていない、もしくは新しく特定されたエマージング・リスクについて、その特定・評価・解決策に係る情報 　④ 各主要リスクの重要性の決定方法 　⑤ 資本配賦のための重要リスク定量化の具体的な方法（データ、計算、前提などを含む）

		⑥ リスク・オーナーシップおよび責任分担
5	資本要件	
	・特定リスクに対する資本要件の定量化のために用いたアプローチ、方法およびツールの要約（主要指標レポートへの参照を含む）、リスク評価や各重要リスクの定量化手法の詳細（資本配賦のための重要リスクの定量化の具体的方法および妥当性の評価を含む）	
	・レポート、図表や付属資料についての説明やこれらについての重要なメッセージ	
6	ストレスおよびシナリオ・テスト	
	・ORSA報告書に含まれるべき事項	
	① 各ストレス、シナリオおよびリバース・ストレス・テストとその選定理由	
	② シナリオ・テストの前提や方法の要約	
	③ 中長期の事業および資本戦略の管理方法	
	④ リスク軽減策の信頼性（軽減策考慮前後のストレス・テスト結果を含む）	
	・ストレス・テストの結果を受けた経営対応策と考慮事項	
	① 経営対応策の定量的インパクト	
	② 経営対応策を実行した場合の感応度分析／テスト	
	③ リスク軽減策およびその想定されるインパクトの妥当性評価に関する根拠や正当性	
	・ストレスおよびシナリオ・テスト間の関係性の明示、シナリオ・テストがOSFIガイドラインに則って実施されている旨	
	・当該保険会社の内部的な資本目標	
	① 内部目標を設定する手順(監督当局などの要件を超える追加的な調整、ストレスおよびシナリオ・テストに関する詳細説明を含む)	
	② 内部目標および規制要件の資本水準を満たしていることの確認	
7	将来計画	
	・ベースラインとなる資本の将来予測（少なくとも四半期ごと、年度事業計画に基づく）	
	・資本ポジションの3～5年の予測	
	・内部および規制上の資本要件を満たすことの確認	
	・コンティンジェンシー計画の概要と手順	
	・資本計画および管理プロセスの説明（ORSAがプロセスにどのように組み込まれているかの概要を含む）	

8	ORSAのリスク・マネジメントへの組込み
	・経営上の意思決定におけるORSAの活用方法
	・リスク・リミットの設定およびモニタリングへのORSA結果の活用方法
	・ORSA結果の役員への報告方法
	・役員によるORSAプロセスの結果の評価方法
	・ORSAプロセスに関するコントロールの存在および有効性の検証方法
9	レビュー、承認
	・ORSAおよびORSAに適用された計算手法、コントロール・プロセスのテスト範囲に関する概要
	・役員や経営管理者によるサイン・オフの手順
	・内部レビュー方法の要約
	・第三者によるORSAプロセスおよび報告の独立したレビューの要約
	・将来的なORSA強化計画
10	付属資料
	・損害保険会社における主要指標レポート例
	・生命保険会社における主要指標レポート例

(出典) Office of the Superintendent of Financial Institutions Canada「Draft Example of a potential supervisory request for Own Risk and Solvency Assessment (ORSA) information and Key Metrics Report (KMR)」P.1-P.7をもとに作成

(3) シンガポール監督当局のコンサルテーション・ペーパー

　2013年1月に、シンガポール監督当局（MAS）がERMに関するコンサルテーション・ペーパーを出しており、2013年2月28日まで意見募集をしていた（4月2日にMAS 126が公表され、4月22日に一部更新されている）。2014年1月1日を適用日とする内容である。

　当ペーパーのなかでもORSAについて記載がされており、付属資料Aにおいてて ORSA報告書の構成や記載項目についてのテンプレート例（図表4-5参照）が示されている。

図表4-5　MASのORSA報告書テンプレート例

A	エグゼクティブ・サマリー ・レポートの目的 ・将来予測期間 ・ORSA結果の要約 ・認識した主要リスクや主要なリスク軽減策
B	ORSAプロセス ・ORSAプロセスの要約 ・主要なリスク管理方針の要約およびリスク・プロファイルの管理におけるこれらの方針の有効性 ・ORSAプロセスや前提の主な変更点 ・主要な前提およびその相互関係
C	戦略およびリスク・アペタイト ・事業戦略およびリスク・アペタイトの要約 ・リスク・プロファイルが事業戦略に及ぼす影響 ・戦略やリスクならびに資本とのリンク
D	リスク・エクスポージャー ・リスク・アペタイト・ステートメントおよび定義したリスク・アペタイトに基づく評価 ・定量化していないリスクの評価（グループ・リスク、風評リスクおよびエマージング・リスクなど） ・主要リスク軽減のためのコントロールの有効性の評価 ・リスク・アペタイト抵触事項およびリスク戦略あるいは資本への影響の要約
E	事業予測およびストレス・テスト ・ストレス・シナリオについての簡単な説明 ・シナリオ策定・選択の合理性および前提 ・各種ストレス下での潜在的なリスク、資本およびソルベンシーの状況 ・結果の適切性評価
F	資本要件 ・必要資本（規制資本および経済資本）の測定方法の要約 ・必要資本の評価（実在・直面する潜在的リスクの評価に基づく） ・資本適格性、経済および財務の主要ドライバーの分析
G	ソルベンシー評価 ・資本要件を満たすための自己資本の利用可能性の評価（現在および将来予

	測に基づく） ・資本管理計画の要約 ・資本計画およびその適切性の評価 ・資本コンティンジェンシー計画 ・資本コンティンジェンシーおよび追加資本の評価 ・代替可能資本の有効性評価
H	保証 ・前年の予測値と実績値との比較 ・前年実績値を考慮した将来予測における前提の適切性 ・前回ORSA報告書で推奨した対応策の実施結果についての考察 ・ORSAの独立した第三者レビューの結果 ・保証の限界と依存
I	付属資料、参照 ・詳細なストレス・テストの将来予測

（出典）　Monetary Authority of Singapore「Enterprise Risk Management for Insurers - CONSULTATION PAPER」January 2013 P. 27, P. 28をもとに作成

⑷　結果とプロセスに関するレポート

　オランダ保険協会の例では、ORSA報告書をプロセスに関するステーブル報告書と、結果に関するダイナミック内部報告書に分ける例が示されている。また、欧州での先行保険会社グループでも、プロセスに関する報告書と、結果に関する報告書を別々にする実務が想定されているようであった。プロセスに関する報告書は、ステーブルのほか、スタティック、スタンディングやアプローチなどの名称で呼ばれており、結果に関する報告書は、ダイナミックやリザルトなどの名称で呼ばれているようであった。

　このようにプロセスに関する報告書を分ける背景には、リスク管理のフレームワークやガバナンス態勢といったポリシー、業務体制や手順などについては頻繁な変更が想定されるものではないことから、プロセスに関するORSA報告書は最低年に1回の見直しをすることを想定しているようであった。反面、ORSAの結果に関する報告書は、事業環境や市場環境などに応じてリスク量や戦略あるいは資本戦略などの変化により記載内容が変更されるため、その構成やコンテンツを適宜変更できることが必要となる。また、内

容の性質の異なる報告書を区別することにより、内部的なレビューや承認が容易となり、ORSA報告書の読者が変更点を認識するためにも好都合である、といった理由があるようであった。

　一方、OSFIやMASによって示されている報告書の構成やコンテンツの例では、リスク管理のフレームワークやガバナンス態勢といったポリシー、業務体制や手順などについても一つのORSA報告書のなかに含める想定のものであるといえる。また、NAICでも、具体的なORSA報告書の構成やコンテンツについての詳細は示されていないが、示されているガイダンス・マニュアルに言及されているORSA報告書のセクション1から3（巻末の翻訳資料参照）のうち、セクション1で保険会社のリスク管理フレームワークに関する記述が求められていることから、OSFIやMASと同様にプロセスについての記述も含んだORSA報告書を想定したものであると思われる。

4.1.2 ORSA報告書の作成頻度

　ORSA報告書は、少なくとも年に1回の作成および報告が求められている（後述する臨時ORSAは別途必要）。たとえば、EIOPAやNAICでは、下記の記載がされている。

- 保険会社は少なくとも年に1回はORSAを実施しなければならない。なかでも、リスク・プロファイルと自己資本の状況からみた全般的な資本必要額の変動性を勘案したうえで、評価の頻度を設定する必要がある（EIOPAガイドライン14）。
- 情報の深度と詳細さは、当該保険会社の特性や複雑さに影響されるが、保険会社は少なくとも年に1回は情報を更新しなければならない（NAIC C. 総則）。

　また、上記のオランダ保険協会の例にあるように、先行保険会社グループでは、四半期でもORSA報告書を作成する方向で検討を進めているようであった。これは、リスクレポートを四半期で作成する実務が行われていることと、リスクおよび資本の状況をモニタリングして対応策をとるためには、リスク量の把握や資本の状況を四半期ごとに適時に実施する必要があるため

であると思われる。

前述したように、ORSA報告書をプロセスに関する報告書と、結果に関する報告書に分けている実務では、プロセスに関するORSA報告書は少なくとも年に1回更新し、一方四半期ごとにORSAの結果に関するORSA報告書を作成する想定のようであった。

なお、ORSAの結果に関して四半期で報告書を作成しようとしている先行保険会社グループでは、四半期の報告書のボリュームは年度末の報告書のボリュームに比べて少なく、より適時な報告を意識した項目による記載を検討しているように思われる。

4.1.3　ORSA報告書の報告先

ORSA報告書は、会社・グループ内部の管理目的、監督当局、格付機関、株主や保険契約者などの一般公衆への報告のために幅広く利用されることが想定されているものである。また、報告先によってはその目的のため、ORSA報告書の内容を簡略化することが予想される。

また、会社・グループ内部の管理目的で、社外取締役や新任取締役といった経営メンバーが、会社・グループのERMやORSAを理解するためには、当ORSA報告書を利用することが有用であるといわれている。

4.1.4　ORSA報告書の提出期限

ORSA報告書は監督当局への提出が想定されるものであり、各監督当局により提出期限が示されることになる。たとえば、欧州では、ソルベンシーⅡの枠組みのなかで、経営管理者による承認後2週間以内でのORSA報告書の提出が求められている。ソルベンシーⅡでは、Solvency and Financial Condition Report（SFCR）やRegular Supervisory Reporting（RSR）の提出期限が14～20週間以内（グループはプラス6週間）とされており、これらの報告書とORSA報告書では内容が重なる点も多いと思われるため、通常は同じようなタイミングで作成し、内部承認が行われることになると思われる。なお、当初ORSAは、SFCRやRSRの項目のなかにORSAの要素を含めた報告

が提案されていたが、その後の議論により、SFCRやRSRとは別にORSA報告書を提出することが求められることになった経緯がある。

欧州の先行保険会社グループで作成を進めているORSA報告書では、期末日後3カ月前後の日付での提出を想定しているように思われた。なかには、最終親会社から中間持株会社や子会社などに対する指示のなかで、各ORSA報告書の最終親会社への提出期限を期末日の2カ月後前後に設定しようとしているグループもあった。また、年度末のORSA報告書は12週間以内、四半期のORSA報告書は5週間以内、臨時ORSA報告書は4週間以内というタイムラインをORSAポリシーのなかで示そうとしている保険会社グループもあった。

なお、前述したシンガポールのMASのコンサルテーション・ペーパーにおいては、4月30日までにORSA報告書を提出することについて提案がされていたが、取締役会の承認後2週間以内に提出を求める内容に変更されている。

4.1.5 臨時ORSA報告書

保険会社・グループのリスク・プロファイルに重要な変更があった場合には、臨時ORSA（非定期ORSAあるいは非規制ORSA）の実施が要求される。

たとえば、ICPでは、下記の記載がされている。

- 保険会社はリスクの原因、特定のリスクの重要性の程度を定期的に再評価すべきである。保険会社のリスク・プロファイルの大きな変化があった場合、保険会社は迅速に新たなORSAを実施すべきである。（ICP 16.13.1）

また、EIOPAのガイドライン14の説明文書において、下記の記載がされている。

- ORSAは定期的に実施されるほか、当該保険会社のリスク・プロファイルに重要な変化が生じた場合には、直ちに実施されるものとする。（1.108）
- リスク・プロファイルの著しく変化した後に実施されるORSAは、臨時

ORSAと呼ばれる。これに関しては、保険会社は、ストレス・テストやシナリオ分析による自社の経験を利用し、外的要因の変化が自社のリスク・プロファイルに重要な影響を及ぼす可能性があるかどうかを判断することが期待される。(1.110)

そして、下記がガイドライン14の説明文書の1.111において、臨時ORSAの例としてあげられている事項である。

- 新しい事業の立上げ
- 承認済みのリスク許容限度に対する大幅な変更
- 再保険契約の大幅な変更
- 内部モデルの変更
- ポートフォリオの移転
- 資産構成の大幅な変更

上記の例のうち、内部モデルの変更については、コンサルテーション・ペーパーにおいては示されていなかった項目であるが、最終報告において追加された項目である。各監督当局においても関心の高い分野であると思われることから、臨時ORSAをどのような場合に実施するかについては、明確にしておく必要があるだろう。

このような臨時ORSAをどのような状況において実施すべきかについては、オランダ保険協会のORSA評価のビジョンのなかで示されている記述が参考になると思われる（図表4-6参照）。

図表4-6　臨時ORSA報告書のトリガー例と説明（オランダ保険協会）

> 経営管理者は、臨時ORSA実施のきっかけとなる指標を決めなければならない（例：上位5～10程度の指標）。また、リスク・アペタイトにリンクするこれらすべてのORSA指標について、閾値を設定する必要がある。このようにして選定された指標は、ORSA実施のトリガーとなる。
>
> もし、閾値を超えた場合、その重要度に応じて、全ORSAプロセスもしくは一部のORSAプロセスを再実施することになる。

トリガー例
・ビジネス、リスクやソルベンシー・プロファイルへの重要な変化を伴う買収 ・ビジネス、リスクやソルベンシー・プロファイルへの重要な変化を伴う売却 ・（再）保険会社の資産ポートフォリオ価値へ重要なインパクトがある金融市場の変化 ・重要な規制の変更
トリガー指標例
・（再）保険会社の負債ポートフォリオの重要な変化 ・ソルベンシー比率の急激な低下 ・限界値を下回るソルベンシー・レベルの低下

　（一部の）ORSAプロセス実施には、多大な時間とリソースを要するため、ごくまれな場合においてのみ臨時ORSAを実施するというインセンティブを役員が持つかもしれない。それゆえ、臨時ORSAを実施すべきかどうかの決定権限を、（再）保険会社のCROに付与することの検討が必要である。

（出典）　ORSA Working Group of the Dutch Association of Insurers「Vision on Own Risk and Solvency Assessment（ORSA）Good Practice」February 2012 P.22, P.23をもとに作成

4.2 先行保険会社グループにおける取組状況

4.2.1 先行保険会社のORSA報告書の構成例

先行保険会社が作成を進めているORSA報告書では、次のようなORSA報告書の構成を考えているようであった。それぞれの項目においてどのような記載をしているかについては、後述のセクションにおいて述べるので、ここでは構成例（図表4-7、4-8、4-9、4-10参照）を紹介するのみとする。

図表4-7　ORSA報告書構成例（1）

1	要約結果（CROコメントを含む）
2	当年度の結果
3	将来予測
4	独立したレビューと検証
5	統合リスク管理態勢
6	ORSAプロセス
7	付属資料

図表4-8　ORSA報告書構成例（2）

1	エグゼクティブ・サマリー
2	リスク管理態勢
3	リスクとソルベンシー評価および結果
4	重要リスクの考慮
5	将来財務予測
6	ORSAプロセスおよび独立したレビュー結果
7	付属資料

図表4-9　ORSA報告書構成例（3）

1	エグゼクティブ・サマリー
2	リスク管理態勢
3	ORSAの手法とプロセス概要
4	期末日のリスクおよびソルベンシー・ポジション
5	リスクおよびソルベンシー・ポジションの予測
6	独立したレビュー
7	付属資料

図表4-10　ORSA報告書構成例（4）

1	エグゼクティブ・サマリー
2	当年度の結果
3	将来予測（20xx年～20xx年）
4	保険以外の事業結果
5	前回のORSAのフォロー・アップ
6	独立した者によるORSAのレビュー結果
7	ソルベンシー・ニーズに対する結論
8	レビューと署名
9	付属資料
9-A	リスク管理アプローチと方針
9-B	リスク・ガバナンス
9-C	リスク管理フレームワーク
9-D	保険以外の事業特有の問題
9-E	用語集、略語

4.2.2 ORSA報告書のボリューム

　ORSA報告書のボリュームは、各保険会社・グループの規模や複雑性によって大きく異なることが予想されるが、欧州などの主要な保険会社でパイロット作成を進めているORSA報告書は約80～200頁のボリュームの報告書が想定されているようであった。また、4～5頁のエグゼクティブ・サマ

リーを作成することが一般的に規定されているようであった。

それぞれの項目における記載の分量については、項目に含める内容によっても異なり、また表や図を多く挿入することを想定している保険会社グループもあり、各社それぞれであるという印象を受けた。

以下において、各項目にどのような記載をしているかについて先行保険会社グループが想定している内容をもとに記載内容をまとめてみる。

4.2.3 各構成項目についての記載内容

先行保険会社グループにおいて想定されている記載内容は、下記の六つの項目に分けることができるようであった。
- エグゼクティブ・サマリー
- 期末日のリスクおよび資本の評価
- 将来予測
- リスク管理フレームワークおよびORSAプロセス
- 独立したレビュー
- 付属資料および参照資料など

下記において、それぞれの内容について具体的に記載する。

(1) エグゼクティブ・サマリー

エグゼクティブ・サマリーは、ORSA報告書の読者が最初に目を通す箇所である。前述したとおり、ORSA報告書は相当な分量になることが想定されているため、多忙な会社の経営管理者、社外取締役や社外監査役などがORSAの概要や結果を理解し、問題点を認識し、最終的な承認をするためには、ORSA報告書の重要なエッセンスを当セクションに要約することが重要と考えられているようであった。また、ORSA報告書は監督当局への提出も想定されるものであり、保険会社・グループのORSAについての取組姿勢やその結果などの概観をいかにうまく伝えられるか、につながってくると思われる。

なお、当エグゼクティブ・サマリーは、CROや取締役などの経営上層部

のメンバーが自ら作成（あるいはCROや取締役などの声明をスタッフが文書にする）することを想定している保険会社グループもあるようであった。

先行保険会社グループにおいて、ORSA報告書の当セクションで記載を想定している項目を図表4-11にまとめた。

図表4-11　エグゼクティブ・サマリーの記載項目例

1	レポートの目的
2	ビジネスやリスク・プロファイル
3	ORSAの対象範囲（事業や会社）
4	ORSAの対象に含めたリスク
5	ORSA結果（期末日および将来予測）
6	目標指標に対する実績値についての考察
7	ストレスおよびシナリオ・テスト結果の考察
8	リスク管理およびガバナンス、リスク戦略やリスク選好の変化などの考察
9	独立したレビュー結果の要約
10	ORSAの結果、経営者によってとられた対応策（リスク軽減策や増資など）
11	発見事項および改善提案など
12	レビューおよび承認

(2)　期末日のリスクおよび資本の評価

当セクションでは、一定時点（期末日）におけるリスクおよび資本の評価を記載することになるが、先行会社グループのORSA報告書のなかでは記載の分量が最も多くなることが想定されていたセクションであった。先行保険会社グループのORSA報告書では以下のような項目の記載を想定しており、それぞれの項目についてのより詳細な記載内容を図表4-12において説明する。

図表4-12　期末日のリスクおよび資本の評価の記載項目例

1	最低資本要件および目標資本要件
2	期末日のORSAの結論（前回数値との比較分析や調整表の記載などを含む）
3	内部モデルの概要や範囲など

4	内部モデルの対象となる重要リスクについての考察
5	内部モデル対象外の重要リスクについての考察（定量および定性）
6	リスクの分散効果
7	自己資本の質、移転可能性および代替可能性
8	ストレスおよびシナリオ下における評価結果
9	流動性確保策およびコンティンジェンシー・プラン

　1点目の最低資本要件および目標資本要件については、先行保険会社グループでは下記のような複数の自己資本管理要件およびその結果を記載する予定としていた。
● 規制資本要件（ソルベンシーⅡのMCR、SCR、自国の最低資本要件）
● 内部管理基準
● 格付会社基準

　上記のうち、内部管理基準については、先行保険会社グループでは信頼水準99.5％をベースとしつつ、信頼水準が99.97％、99.95％、99.93％、99.75％、99.73％といったより高い目標を示そうとしており、また複数の内部管理基準を用いていることの記載を想定していた。さらに、AA格付などをグループの目標としていることをORSA報告書のなかで明示的に記載しようとしている保険会社グループもあった。

　2点目の期末日のORSAの結論（前回数値との比較分析や調整表の記載などを含む）については、当期におけるリスク総量と比較した自己資本額に関する考察に加え、上記の各資本要件についてリスク量や自己資本額の前回数値との比較を行い、その変動に関する説明を行うことを想定していた。リスク総量については、リスク総量を細分化し、下記で記載する各種リスクのリスク量を前回数値と比較することにより、その変動に関する説明を加えようとしている保険会社グループが多かった。そして、リスク量の増減に対する資本必要額の増減に対する考察を記載し、この考察のなかには、上記の各資本要件を満たすために期中において経営者によってとられた対応策（リスク軽

減策や増資など)についての説明を記載する予定であった。

　また、自己資本額の内訳ごとの変動分析や、セグメントごとの自己資本額の変動分析のほか、自己資本額についての会計基準数値との調整表を記載して説明を行う予定の保険会社グループもあった。

　さらに、リスク・リミットの遵守状況や未使用枠などについて記載を予定している保険会社グループもあった。なかには、当期におけるリスク・プロファイルの変化が認識されたが、そのアウトプットをリスク・レジスターに追加し、委員会によって議論されて対策がとられたといった、当期中のリスク戦略の変化やその対応についての記載を予定している保険会社グループもあった。

　3点目の内部モデルの概要や範囲などについては、リスク量の測定に内部モデルを用いている保険会社グループが多く、先行保険会社グループでは以下のような項目の記載を予定していた。
- 内部モデルの概要
- 内部モデルの適用範囲(会社、対象業務や対象投資)
- 標準モデルとの違い
- 内部モデルに含まれるリスクの範囲や各種リスクに対する説明
- 内部モデルの較正
- モデルの制限や限界
- モデル・ガバナンス
- 内部モデルの検証フレームワーク

　また、グループ内で内部モデルを用いている会社のカバー率を示し、標準モデルを利用している会社のグループ・ポジションに与える影響についての説明を記載する予定のグループもあり、リスク・レジスターと内部モデルの対象リスクとの整合性分析、外部ソフトウェア利用時の信頼性や内部モデルの将来改良計画などについての記載を予定しているグループもあった。

　4点目の内部モデルの対象となる重要リスクについては、重要リスクの状

況に関する詳細な説明や定量的な数値（図やグラフ）の記載を予定しており、保険会社グループによってはこれらの重要リスクの説明、管理手法、定量化手法や分析などの記載に多くの分量を割く予定のところもあった。

　また、対象範囲、リスクの定義や管理フレームワークや評価などの記載を予定している保険会社グループもあった。これらについては、後述する「(4)リスク管理フレームワークおよびORSAプロセス」のセクションで記載することを想定している保険会社グループもあった。

　ORSAの対象とするリスクについては、ICPやEIOPAなどにおいても多くの記載がされている分野であり、たとえば、ICPでは、下記の記載がされている。

- ・ORSA において、保険会社は、保険契約者に対する義務を果たす能力に影響しうるすべての重要なリスクを考慮すべきであり、評価においては、将来の経済状況や他の外部要因の変化の考慮も含むべきである。保険会社は、関連性のある情報を経営陣および意思決定プロセスに継続的にもたらすべく、ORSA を定期的に実施すべきである。(ICP 16.13.1)
- ・保険グループは、グループのリスク管理および現在と近い将来のソルベンシー・ポジションに関する十分性を評価するためにORSA を実施すべきである。この評価の性質は、保険グループ・レベルにおけるリスクの性質、規模および複雑性に適合していなければならない。リスクには、保険グループのすべてのメンバーおよび保険グループが属するグループ全体から生じる、合理的に予見可能で関連性のある重要なリスクが含まれなければならない。保険グループのORSA では、捕捉できていないグループの重要なリスクはないこと、グループ内の資本の代替可能性および資産譲渡性は考慮に入れられたこと、ならびに資本のダブル・カウントはないことを確実にしなければならない。大規模で複雑なグループでは、これらの点に格別の注意を払うことが、リスクの性質、規模および複雑性に対して適切となる可能性が高い。(ICP 16.13.3)

　また、EIOPAにおいては、下記の記載がされている。

- ・この評価では、風評リスクや戦略リスクのように定量化できないリスク

も含め、すべての重要なリスクを対象としている。この評価にはいくつかの形式がとられる可能性がある。すなわち、定量的な手法や評価額や一定の範囲の数値に基づいた「純然たる」定量化、もしくは前提条件またはシナリオに基づいて見積もられた定量化、あるいは多少なりとも判断の要素を含む評価もある。いずれにしても保険会社にその評価に関する根拠を示すことが求められている。(EIOPAガイドライン8　説明文書1.61)

・保険会社がグループに属する場合には、そのORSAでは、単体の事業体に重要な影響を及ぼす可能性があるすべてのグループ・リスクを検討対象としなければならない。(EIOPAガイドライン8　説明文書1.62)

・グループは、グループ体制の特質およびそのリスク・プロファイルを反映させた、グループORSAを整備する必要がある。グループの監督下にあるすべての事業体をその対象に含める必要がある。これには、EEA(欧州経済領域)内だけでなく、EEA外の、保険会社、再保険会社、ならびに規制対象と規制対象外の会社が含まれる。(EIOPAガイドライン15)

そして、EIOPAのガイドライン17の説明文書の1.125において、グループ固有のリスクには危機伝染リスクなどが最低限含まれることを記載している。

先行保険会社グループでは、上記のICPやEIOPAなどによって求められる重要リスクに関して、内部モデルの対象に含めた重要なリスクとしてORSA報告書に下記のリスクの記載を予定していた。

●市場リスク(金利、為替、株価、不動産価格など)
●信用リスク(カウンター・パーティ、デフォルト、信用集中、再保険集中を含む)
●保険リスク(生命保険、損害保険、変額年金、引受、プライシング、準備金、自然災害、死亡率、失効、費用など)
●オペレーショナル・リスク

なお、各リスクの記載の仕方や内容はさまざまなものが想定されており、

各保険会社グループのリスク管理において用いているカテゴリーをもとにした記載を予定していると思われた。また、オペレーショナル・リスクは、定量化できるものと定量化がむずかしいものに分けられるが、定量化の対象としたリスクについての説明を行う予定であった。さらに、リスク結合に用いたリスク・カテゴリー間の相関についての説明を行う予定であった。

5点目の内部モデル対象外の重要リスクについての考察（定量および定性）については内部モデルの対象外であるが、ORSAに含めた重要リスクについての記載を予定していた。先行保険会社グループにおける内部モデル対象外の重要リスクについての考察の対象となっているリスクとしては、以下のようなものを想定していた。そして、これらのリスクについては、リスクの定義、管理のフレームワーク（定量化の有無や定性的評価の手法など）や評価結果などの記載を行う予定であった。
- ●流動性リスク
- ●風評リスク
- ●戦略リスク
- ●グループ・リスク（危機伝染、複雑性など）
- ●エマージング・リスク

なお、ITセキュリティ・リスク、外部委託業務のリスク、重要人材喪失リスク、再保険の受け手が限定・不在といったリスクをORSA報告書に記載する予定の保険会社グループもあった。

6点目のリスクの分散効果については、内部モデルなどによるリスク量の計算は会社ベースで行われることから、リスク・カテゴリー間、地域やグループ間におけるリスクの分散効果についての記載が求められ、たとえば、EIOPAやNAICでは、下記の記載がされている。
- ・グループは、想定される分散効果を含め、全般的な資本必要額に関する主要要因を説明できるようにしなければならない。（EIOPAガイドライン17）

- 影響度に関する定量的な見積りには、貸借対照表上への影響をすべて含めるものとする。リスク間の分散効果（相関）も、この評価のなかで検討しなければならない。このなかで、保険会社には標準フォーミュラに組み込まれている相関を使うことは義務付けられておらず、固有のビジネスやリスク・プロファイルにより適していると考えられるものがあれば他の相関を利用してもよい。（EIOPAガイドライン7　説明文書1.59）
- 集計と分散（グループのリスク資本の決定にあたって算定または考慮したリスクの集約と分散効果の手法）。（NAICセクション3）

先行保険会社では、多くのグループでは表やグラフを用いることを想定しており、たとえば、主なリスク・カテゴリーごとのリスク量の内訳とともに、分散効果考慮前後のリスク総量を比較する予定であった。また、セグメントごとのリスク量について、分散効果を考慮した場合の影響を示す予定のグループもあった。保険会社グループの事業の違いや国際展開の程度、商品性などにより分散効果の影響は異なると思われるが、先行保険会社グループのORSA報告書では20％前後～30％前後の分散効果があることを記載する予定であった。

7点目の自己資本の質、移転可能性および代替可能性については、自己資本については量だけでなく、その質についての記載が求められており、また、自己資本についての代替可能性やグループ内での移転可能性などについての記載も求められており、たとえば、ICP、EIOPAやNAICでは、下記の記載がされている。
- 保険会社のグループ・ワイドの資本リソースの評価で対処されるべきグループ・ワイドの主要な要素は、マルチプル・ギヤリング、グループ内における資本の創出および相互間資金調達、資本の質および資本の代替可能性のレバレッジ、ならびにグループ内事業体間の自由な資産譲渡性である。（ICP 16.14.10）
- 保険会社には、リスク管理に欠かせない部分として、特定のリスク・エクスポージャーと事業目標の点からみて保有が必要な、自己資本（量、

質など）に関して独自の評価を行うことが求められる。保険会社がさらされているリスクを資本必要額に置き換えるため、リスクと自己資本管理を別々に検討することは適切ではない。（EIOPA説明文書1.43）
・保険会社が、現行および予測リスク資本必要額を満たすために必要な利用可能資本（量的および／または質的に）を有しない場合は、資本十分性の懸念に対処するためにとったか、とる予定のマネジメント・アクションについて記載しなければならない。（NAIC　セクション３）

また、EIOPAのガイドライン10では、保険会社は、規制上の資本要件を継続的に遵守しているかどうかを確実に評価するために、少なくとも下記に関する評価をORSAに含めなければならないと記載されている。

(a) 保険会社のリスク・プロファイル、およびストレスがかかった状況が将来的に変化する可能性
(b) 事業計画策定期間全体にわたる、自己資本の質と量
(c) 種類別の自己資本の構成、および事業計画策定期間内に償還、返済または満期の到来によってこの構成がどのように変化する可能性があるか

先行保険会社グループでは、まず、自己資本に関しては、どのような内容のものを自己資本ととらえているかについての説明を行うことを想定しており、多くは表形式やグラフによる説明を予定していた。具体的には、経済価値ベースの財務諸表の純資産をベースに、自己資本として加減算した項目の内訳を示していた。また、自己資本金額のティア分類についての記載を予定していた。

なかには、会計基準の純資産をはじめとした加減算の表やグラフを示す予定のグループもあった。このような先行保険会社グループでは、以下のような項目が会計上の純資産に対する調整項目として記載する予定であった。

● 無形資産（のれんなど）の減算
● 劣後債（負債に区分されているが資本として扱えるもの）の加算
● 資産および負債の経済価値への調整額の加減算
● 将来保険料に含まれる期待利益（EPIFP）の加算
● 未払込資本の加算

●信用状やコミットメントの加算

　また、自己資本の代替可能性や移転可能性については、生命保険会社の保有契約価値、少数株主持分、保険リザーブ、将来保険料に含まれる期待利益などについて、代替可能性や移転可能性がないことを記載する予定の先行保険会社グループもあった。

　8点目のストレスおよびシナリオ下における評価結果については、採用したストレス・テストについての定量かつ定性的な記述が求められており、たとえば、ICPやEIOPAでは、下記の記載がされている。

- 継続性分析を実行するうえで、保険会社は、企業倒産を引き起こす可能性があるシナリオ（たとえば、事業が実行不可能になる、または市場の信頼を失うなど）、およびそのリスクの管理に必要な行動を特定するためにリバース・ストレス・テストも活用しなければならない。（ICP 16.15.3）
- 現在の財務ポジションの評価と、ソルベンシーの維持を含む戦略的なリスク管理の目的において保険会社の財務状況を評価するために用いられる予測、ストレス・テスト、シナリオ分析は明確に区別されるべきである。継続性分析は、健全で、効果的、かつ完全なリスク管理プロセス、戦略およびシステムを確保する一助となる。継続性分析は、保険会社が負っているまたは負う可能性のあるリスクの性質、レベルをカバーするために要する財源の規模、種類および配分を継続的に評価、維持し、保険会社がすべての合理的に予見可能かつ関連性のある重要なリスクを特定・管理することを可能とする。その際、保険会社は、事業およびリスク戦略において起こりうる変化が、必要な経済資本および規制上の資本要件のレベルに対して与える影響を評価する。（ICP 16.15.5）
- 保険会社は定量的観点と定性的な観点から全般的な資本必要額を決定したうえで、リスクに関する定性的な説明を通じて定量化を補う必要がある。また全般的な資本必要額の評価に関する適切な基準を設定するために、保険会社は検出されたリスクについて、十分に広範なストレス・テストやシナリオ分析を行わなければならない。（EIOPAガイドライン8）

ストレス・テストについては、「シナリオ・テスト」と「感応度分析」の二つのカテゴリーに落とし込むことができるといわれている。「シナリオ・テスト」は、ショックの源泉、ストレス・イベントについてよく活用されるものであり、財務リスク（市場リスク、信用リスク、流動性リスクなど）パラメータは、そのストレス・ショックを反映しているものである。反対に、「感応度テスト」は、財務リスク（市場リスク、信用リスク、流動性リスクなど）パラメータに特有のものであり、ストレス・ショックの源泉を認識しないものである。つまり、「感応度テスト」のタイム・ホライズンは、「シナリオ・テスト」に比べて通常短く、即時的であるといえる。

　先行保険会社グループでは、当セクションで記載するストレス・テストとして、感応度テストを記載する予定の保険会社グループと、設定したシナリオについての分析を想定している保険会社グループの両方があった。

　また、設定したストレス・テストによるリスク量の変化と自己資本を比較分析することにより、リスク量が変化した場合でも自己資本によってカバーされていることを確かめようとしていた。この比較分析においては、複数の図やグラフを挿入する予定の保険会社グループが多かった。

　感応度テストとしては、先行保険会社グループでは以下の記載を予定していた（ストレス・シナリオについては、「(3)　将来予測において」の記述を参照願いたい）。

- ●株価（10%、25%、30%、35%など）
- ●金利（100bp、175bp、低金利など）
- ●信用スプレッド（50bp、75bp、100bpなど）
- ●為替レート
- ●不動産価格
- ●株価と金利の相関

　なお、保険会社グループのなかには、期末日のリスクおよび資本の評価におけるストレス・テストの記載と、将来予測におけるストレス・テストを別々のセクションに分けた記載をせず、同じセクションでの記載を予定している保険会社グループもあった。

9点目の流動性確保策およびコンティンジェンシー・プランについては、ストレスおよびシナリオ・テスト下における流動性についての分析や、著しいストレス状況下での資金枯渇時のためのコンティンジェンシー・プランについての記載を予定していた。当該記載については、将来予測期間における流動性確保策およびコンティンジェンシー・プランの記載内容と重なる点もあるので、ある保険会社グループでは期末日と将来予測の項目をまとめて記載する予定であった。また別の保険会社グループでは、流動性リスクに関する内容であることから、流動性リスクの項目のなかで記載する予定であった。

　具体的な記載については、流動性リソースの金額とストレスおよびシナリオ下における流動性の必要額を比較する予定のケースや、イベント発生後のキャピタル・リソースを各資本要件と比較する予定のケースがあった。

　流動性リソースとしては、現金に加え、マネー・マーケット金融商品、銀行によるコミットメント・ライン（特定融資枠）や信用状、グループ内でのローンの枠やグループ企業の営業キャッシュ・フローなどを含める想定であった。

　また、著しいストレス状況下での資金枯渇時のためのコンティンジェンシー・プランについては、先行保険会社グループでは以下のような対応策があることを記載する予定であった。

- 中央銀行リファイナンス
- 普通株増資
- 優先株式や劣後債の発行
- 現先市場の利用
- グループ企業内貸付のかたちによる内部資金の利用
- コンティンジェント・サープラス・ノートの発行
- CATボンドの発行

(3) **将来予測**

　当セクションでは、将来のリスクおよび資本の評価を記載することになる

が、先行保険会社グループのORSA報告書では図表4-13のような項目の記載を予定していた。

図表4-13 将来予測の記載項目例

1	将来2～3年の予測財務数値
2	ストレス・シナリオ下における将来予測
3	資本の質、移転可能性および代替可能性
4	流動性確保策およびコンティンジェンシー・プラン
5	ORSA結果をふまえた事業計画、事業戦略、資本戦略、投資戦略、再保険戦略などの決定

1点目の将来2～3年の予測財務数値については、ORSAでは将来の複数年におけるリスクおよび資本についての将来分析が求められている。この将来予測の年数については、ICPでは3～5年、NAICでは1～3年という例が示されており、たとえばICPやNAICでは、下記の記載がされている。

・継続性分析は、通常規制上の資本要件を決定するために用いるよりも長い、効果的な事業計画のために必要なタイム・ホライズン（たとえば、3～5年）を要する。（ICP 16.15.6）
・保険会社が、現在の事業に対応するだけでなく、長期の事業サイクル（今後1～3年）にわたって必要な財務リソースの水準を明らかにするにあたって、保険会社がどのようにして自社のリスク管理指針のなかの定性的要素とリスク・エクスポージャーの定量的測定を組み合わせているかを文書化しなければならない。（NAIC セクション3）

一方、EIOPAでは、下記の記載がされている。
・清算中でない限り、保険会社は、継続企業として存続することを確保する方法を検討しなければならない。そのためには、現在のリスクだけではなく、過去から将来まで長期にわたって直面する可能性があるリスクについても評価する必要がある。つまり、保険会社のビジネスの複雑さによっては、事業計画など保険会社の財務計画の重要部分となる事業の長期予測や、経済価値ベースのバランス・シート予測やそれを調整する

変動分析などが必要になる可能性がある。こられの予測には、当該保険会社が全般的な資本必要額と自己資本に関する見解をまとめ、適宜、ORSAに反映させることが求められる。（EIOPAガイドライン9　説明文書1.76）

先行保険会社グループのORSA報告書においては、将来2〜3年の将来予測財務数値の記載を想定しているグループが多いようだったが、将来予測年数の長期化や中期経営計画の策定期間と将来予測期間をどのように整理していくのかについて、検討中のステータスになっているところもあり、検討課題として認識されているようであった。

また、将来予測数値の記載にあたって、多くの保険会社グループは将来のリスク総量（各リスク量の内訳を含む）および将来の自己資本額あるいは将来の保険料収入、費用や資本などの記載を予定していたが、なかにはセグメントごとのリスク量や自己資本額、ビジネス・ラインごとのリスク量や自己資本額の記載を予定している保険会社グループのほか、予測貸借対照表の要約の記載を予定している保険会社グループもあり、記載の仕方はさまざまなものが想定されていた。

さらに、将来予測数値作成にあたって採用した仮定や前提（たとえば、基礎とした事業戦略やリスク戦略、市場環境、保険料収入や保険支払の増減率、リスク量の増減率、運用収益や事業費の増減率など）についての記載が予定されていた。

2点目のストレス・シナリオ下における将来予測については、設定した将来のシナリオ下におけるリスク量の変化をもとに、将来時点の自己資本を予測しており、これらを比較分析することにより将来にわたってリスクをカバーする自己資本を有していることの分析を行う予定であった。

保険会社グループのなかには、感応度テストで用いた株価や金利の変動などの変化を一つのシナリオとしてとらえ、将来にわたる累積的な影響を算出しようとしているところもあった。一方、過去の市況の経験を織り込んだヒストリカル・アプローチや、これまでに生じていないシナリオを織り込む仮

説的アプローチを用いたシナリオによる分析を行う予定の保険会社グループもあった。

当シナリオ・テストにおける定量的な数値の記載の仕方については、ストレス・シナリオ下におけるリスク量の複数年予測と、同期間に対応する自己資本の金額の記載を予定している保険会社グループのほか、ストレス・シナリオ下における自己資本の残高やフリー・アセットの記載を予定している保険会社グループもあり、なかにはストレス・シナリオ下における資産・負債・純資産およびソルベンシー比率の将来予測の記載を予定している保険会社グループもあった。しかしながら、表のレイアウトだけ示し、検討過程にあることをうかがわせる内容を記載しようとしている保険会社グループもあり、何をどのように報告書に記載すべきかについてのむずかしさが感じとれた。

なお、シナリオ・テストとしては、先行保険会社グループでは以下の記載を予定していた。
- ハリケーン・台風
- 地震や津波
- 風害
- 洪水
- パンデミック
- テロ
- 金融危機
- 株価の急落
- 不動産価格の急落
- 通貨危機
- 複数年にわたるインフレーション・デフレーション
- 深刻な不況
- 政治的危機
- 大量の解約

また、当セクションにおいては、保険会社を破綻させる可能性が最も高い

シナリオを特定するリバース・ストレス・テストの実施についての記載を予定していた。

　3点目の資本の質、移転可能性および代替可能性については、前述の「(2)期末日のリスクおよび資本の評価」のセクションで記載した内容について、将来予測期間に渡る分析を記載する想定であった。保険会社グループのなかには、記載する内容が重なることから、期末日と将来予測期間における記載を別々のセクションに分けることはせず、同じセクションでまとめて記載する予定のところもあった。

　4点目の流動性確保策およびコンティンジェンシー・プランについても上記3点目と同様の記載であった。
　ただし、下記のICPやEIOPAの記載にあるような点を先行保険会社グループでは考慮した記載を想定しているようであった。
・保険会社に損失が発生し、その損失が利用可能な資本リソースで吸収された場合、現行規制上の資本要件を満たし、かつ事業戦略を維持するためには、新たな資本を調達する必要があるかもしれない。資本は必要なときに容易に調達可能になると仮定することはできない。したがって、保険会社による自社の資本の質の評価では、資本再調達の問題、特に継続事業ベースで資本が損失を吸収する能力および保険会社が使用する金融商品および資本構造が将来の資本再調達を促進または妨げる程度についても考慮されるべきである。たとえば、保険会社が将来の利益が即座に現金化される資金調達契約を締結した場合、将来の潜在収益性が減じることにより、この保険会社が将来資本リソースを調達することはいっそう困難になるかもしれない。（ICP 16.14.6）
・財務ストレス下における保険会社の資本再調達が可能になるためには、ソルベンシー、資本管理、投資家向け広報活動（IR）、頑健なガバナンスの構造・実践および公正なマーケット・コンダクトの実践を通じて、常に市場の信頼を維持することが重要である。たとえば、保険会社が議

決権のない優先株式を発行する場合、これにより保険会社のガバナンス構造と実践の頑健性は影響を受けるかもしれない。普通株式に付帯する議決権は、保険会社の経営管理に対する市場の規律の重要なソースを提供する可能性がある。また、保険会社が低い額面利息と低い手数料で金融商品を発行し、既存株主および社債保有者の経済価値を犠牲にする場合もありうる。(ICP 16.14.7)

・市場の状況が良好な場合には、多くの保険会社が十分な金額の良質な金融商品を合理的な水準のコストで容易に発行できるはずである。しかし、市場がストレス下にある場合、保有している資本リソースの質および量の両面において資本が充実した保険会社のみが、良質の金融商品を発行できることになるだろう。他の保険会社は限定的な金額の質が劣る資本を、より高いコストで調達できるのみかもしれない。したがって監督者は、保険会社がこのような市場状況の変化にも注意を払い、資本リソースの質および量を、将来を見越した方法で管理していることを確実にしなければならない。この点において、普通株式などの良質の金融商品は、通常の市場環境では資本リソースの相当な部分を占めるべきであり、これにより保険会社はストレス下の状況でも金融商品を発行できることになるだろう。このような資本管理アプローチは、特にリスク・ベースのソルベンシー要件において発生する可能性があるプロシクリカリティ問題への対処にも役立つ。(ICP 16.14.8)

・継続性分析において、保険グループは、グループ内キャッシュ・フロー、すなわち、保険グループが利用可能なキャッシュ・フロー（たとえば、長期資金から流動化された余剰金、他の子会社からの配当金など）を有しているかどうか、および、融資に関する利息または元金の支払に充当し、新規の事業に資金を提供し、支払期限が到来する他の予想される債務の支払を行うために、グループ企業間でキャッシュ・フローが移転可能か否かということに特に注意を払うべきである。保険グループは、ストレス・シナリオによる潜在的なキャッシュ・フローの影響を管理するためにグループがとるマネジメント・アクション（新規事業の削減、配当金の

カットなど)の概要を規定しなければならない。(ICP 16.15.11)
・将来の自己資本要件を検討するにあたっては、保険会社は下記について検討しなければならない。
    a) 資本性金融商品の発行、償還、返済、配当および、その他利益または資本の分配、補助的な自己資本に対する払込みなどの資本管理。これには、ストレス下における予測の変更とコンティンジェンシー・プランを含めなければならない。(EIOPAガイドライン10　説明文書1.88)

5点目のORSA結果をふまえた事業計画、事業戦略、資本戦略、投資戦略、再保険戦略などの決定については、前述のとおり、ORSAは事業計画や事業戦略、資本戦略、投資戦略、再保険戦略などの戦略上の意思決定プロセス、業務プロセスや経営管理プロセスなどに組み込むことが求められており、たとえば、ICPやEIOPAにおいて、以下の記載がされている。

・継続性分析を用いることにより、保険会社は現在の財務ポジションと、将来の事業計画上の予測を比較しやすくなり、また、将来においても財務ポジションを維持する能力を確保しやすくなる。このようにして、保険会社はさらにERMを現在および将来の業務に組み込む。(ICP 16.15.7)
・事業戦略に欠かせない要素として、保険会社は全般的な資本必要額と規制資本要件を管理し、保険会社がさらされているすべての重要なリスクの管理と事業戦略を一体化させるための独自の方針を整備する必要がある。したがって、ORSAは経営管理、なかでも戦略的意思決定、オペレーショナル・プロセスや管理プロセスに組み込まれることになる。(EIOPAガイドライン13　説明文書1.105)

先行保険会社グループでは、ORSAもしくはORSAの結果による将来予測期間にわたるソルベンシーを確保するための事業戦略の見直しに関する記述、リスク削減策として採用されたアクション・プランの記述およびキャピタル・マネジメントの変更に関して採用されたアクション・プランなどの記載を予定していた。

また、保険会社グループのなかには、下記「(4)　リスク管理フレームワークおよびORSAプロセス」に関する記述のなかでこのようなORSAの意思決定プロセスや業務プロセスなどへの組込みに関する記載を行う予定のところもあった。たとえば、「リスク管理方針と事業戦略とのリンク」というセクションを設け、事業戦略とリスク管理方針との整合性が戦略計画立案プロセスのなかで確保されていることについて説明することを想定している保険会社グループもあった。

(4)　リスク管理フレームワークおよびORSAプロセス

　先行保険会社グループのORSA報告書では、リスク管理フレームワークやORSAプロセスなどの記載を予定していた。ただし、前述したように、このようなリスク管理フレームワークやORSAプロセスなどはORSAの結果に関する報告書とは別のORSA報告書にする予定のグループもある。また、記載の仕方や各項目へ記載する予定の分量については、各グループによってさまざまなものが想定されていた。一つのORSA報告書にこれらの記載を含める場合において、これらの情報はORSA報告書に必要な情報と考えられているものの、本文に記載するよりも付属資料や参考資料にもっていくのが適切と考えている保険会社グループもあるようであった。なお、ORSAプロセスについては、そのイメージを示すための図表をORSA報告書のなかに含めようとしている保険会社グループもあった。

　まず、一つのORSA報告書に、リスク管理フレームワークやORSAプロセスなどの記載を含める予定のグループでは、図表4－14のような項目を記載する予定であった。

　また、ORSAの結果に関する報告書とは別のORSA報告書でリスク管理フレームワークやORSAプロセスなどの記載を行う予定のグループでは、図表4－15のような項目の記載を予定していた。ORSAの結果に関する報告書とプロセスに関する報告書とを一体とする予定の保険会社グループとの比較では、分量が多く、より詳細な記載を予定しているという印象を受けた。

図表4－14　リスク管理フレームワークやORSAプロセスなどの記載項目例（1）

1	リスク管理原則
2	リスク文化および戦略
3	リスク・アペタイト、リスク・トレランスおよびリスク・リミット
4	リスクの定義
5	リスク管理の組織体制（主要部署、委員会などの役割や責任）
6	リスク量の管理手法（定量、定性）
7	3ライン・ディフェンス
8	リスク管理プロセス（リスクの特定、評価、監視、管理、報告のプロセス）
9	ORSAポリシー
10	関連するリスク管理規程やガイドラインなど
11	事業計画とのリンク
12	資本配分と管理
13	データの品質（正確性、適切性、完全性）

図表4－15　リスク管理フレームワークやORSAプロセスなどの記載項目例（2）

1	リスク管理のアプローチ リスクの共通の理解、責任、重要指標、リスク管理プロセスの明確化、リスク関連のコミュニケーション、文書化など
2	ORSAプロセス ORSAの概要とガバナンス、戦略的計画立案プロセス、重要リスク評価のフレームワーク、ORSAに関する報告など
3	リスク管理方針および事業戦略とのリンク リスク許容度の設定や限度額などの管理目標数値の明確化、事業計画立案プロセスへの組込みなど
4	リスク戦略および事業計画 リスク負担の引受能力、リスク許容度、目標自己資本比率およびストレス・テストなど
5	リスク関連の意思決定に関する体制および役割 取締役会や各種委員会の役割や責任についての説明
6	3ライン・ディフェンス 3段階の監視体制における各部署などの位置付けや役割についての説明
7	リスクの重要度

	重要リスクの認識、評価、管理、軽減、監視するためのフレームワークの説明
8	リスクの定義および管理手法 保険リスク、市場リスク、信用リスク、オペレーショナル・リスク、流動性リスク、風評リスク、戦略リスク、グループ・リスク、エマージング・リスクなどのリスクごとの説明
9	内部モデルおよび内部モデル対象外リスクの管理 内部モデルの対象リスクや事業、ビジネス・プロファイルに対するモデルの適切性、内部モデルの管理など
10	内部統制のフレームワーク 報告に関する内部統制、内部モデルのガバナンスのフレームワークなど

(5) 独立したレビュー

ORSAにおいては、ORSAプロセスから独立した第三者（部署）によるプロセスおよび結果のレビューが求められており、たとえばICPやEIOPAにおいて、下記の記載がされている。

- ORSA の有効性は、取締役会に直接報告を行うか、自らが取締役会のメンバーである最高リスク管理責任者などの、適切な経験を有する個人による内部または外部の独立した全般的なレビューよって確保されるべきである。(ICP 16.12.1)
- 内部レビューだけでなく、保険会社は、たとえば、内部レビューが、適切なレベルの独立性を有していない場合、または保険会社の経営陣がモデルの妥当性について内部レビューによるよりも高い確証を得ることを希望する場合には、適切な専門家による内部モデルの外部レビューを検討することを望むかもしれない。(ICP 16.14.17)
- 保険会社は各ORSAの実施と、SCR算定の裏付けとなる前提条件とリスク・プロファイルとの乖離に関する評価について、第三者がその評価結果を判断できる程度まで詳細に記録する（EIOPAガイドライン5説明文書1.55）。

先行保険会社グループでは、ORSAプロセスおよび結果のレビューは内部監査部門によって行われていることを記載する予定であった（後述する「4.2.7

ORSAにおける役割および責任」も参照願いたい)。そして、このレビューについては、図表4-16の項目から想定されるように、結果の妥当性を専門的な観点から検証するというよりは、ガバナンス態勢の構築や運用面におけるプロセスの妥当性により焦点をあてたアプローチが想定されているようであった。

先行保険会社グループのORSA報告書では、図表4-16のような項目を当レビューのセクションで記載する予定であった。

また、独立したレビューでは、内部モデルの検証に外部第三者を利用していることの記載を予定している保険会社グループもあった。独立した第三者レビューは、大手会計事務所、アクチュアリー・コンサルティング会社、大学教授あるいはこれらの混合による実施が想定されているようであった。このような保険会社グループのORSA報告書では、図表4-17のような項目を第三者による内部モデル検証のセクションで記載する予定であった。

図表4-16 独立したレビューの記載項目例

1	ORSAフレームワークの適切性
2	リスク・プロファイリングプロセス、リスク定量化、自己資本十分性の報告などの適切性
3	リスク選好の適切性(ERMフレームワークのなかで明確に定義されていること)
4	リスク・ガバナンスのフレームワークの適切性(定義された役割と責任を含む)
5	スタッフ認識を促進するためのリスク報告およびコミュニケーションの適切性
6	リスク管理ガイドラインへの準拠性
7	内部モデル変更があった場合の承認・検証プロセスの妥当性
8	発見・検出事項に対するマネジメント・アクションの実行性
9	内部監査部門のレビュー対象活動からの独立性と客観性
10	内部監査計画の妥当性

図表4-17　独立した第三者による内部モデル検証の記載項目例

1	検証対象内部モデル
2	方法と仮定（経営管理者が採用した仮定や専門家の判断、仮定の相関など）
3	使用データの質（正確性、適切性、完全性）
4	モデル・キャリブレーション
5	モデルのリ・ラン
6	バック・テスト
7	PL要因分析
8	ストレスおよび感応度テストの過程、方法および結果の考察
9	モデルの限界とモデルの改善計画
10	外部モデルの一部を利用している場合の当該部分の検証
11	内部モデル・ガバナンス
12	内部モデルに関する文書化
13	発見事項および改善提案

(6) **付属資料および参照資料など**

　ORSA報告書の構成や各項目での記載する内容によって異なるようであったが、ORSA報告書の本文へ記載をしていないが、記載する重要性や有用性があると判断された情報や資料などについては、付属資料や参照資料といった位置付けでORSA報告書に含めることを想定している保険会社グループが多かった。上述した各項目と重複する事項もあるが、先行保険会社グループでは図表4-18のような項目を付属資料や参照資料などとして記載する予定であった。

図表4-18　付属資料や参照資料の例

1	ORSA対象会社や対象セグメントの詳細
2	主要ORSA対象会社のORSA結果の要約
3	内部モデルの詳細内容
4	内部モデル利用会社および標準モデル利用会社のリスト
5	内部モデルのユース・テスト

6	ORSA対象リスクの詳細
7	経済価値ベースの財務諸表の資産および負債の詳細分析
8	主要業績指標(KPI)の詳細分析
9	リスク管理フレームワークの説明文書資料など
10	主要リスクの管理方針(対象ガイドライン、管理部署、レビュー頻度、承認者など)
11	上級管理者および経営管理者によるORSAのレビューおよび承認プロセス
12	リスク・アペタイトとリスク・リミットの利用度分析
13	内部監査および外部による独立したレビューのレポートの要約
14	用語集、略語

4.2.4 グループORSA報告書

　先行保険会社グループでは、本国で作成した単体のORSA報告書をグループ(間に中間持株会社を介する場合もあり)でまとめて、グループORSA報告書をつくろうとしているところが多いように見受けられた。

　また、前述したとおり、ORSAの取組状況は各国によって進捗に差があり、また、各国の監督当局の要求についても進捗や程度に差が生じている。国際的に事業を展開しており、また子会社数が多い先行保険会社グループでは、グループでのORSA報告書の構成や記載項目の統一や均一性を保持するため、あるいはグループORSA報告書の作成を容易にするため、ORSAスケルトンを作成したり、ORSAポリシーのなかで構成を示したりすることを想定していた。

　これらのORSAスケルトンやORSAポリシーのなかで構成を示すことを想定している保険会社グループでは、ORSA報告書の各構成項目において、記載の目的、含める項目の列挙、内容説明、表の例示などを示そうとしていた。この点については、下記「4.2.6　ORSAポリシー」の記述において詳しく述べることとする。

4.2.5 臨時ORSA報告書

　先行保険会社グループにおいて、臨時ORSAをいつ実施すべきかについて、トリガーとなる事象についての例示の記載を予定している保険会社グループもあれば、検討中あるいは検討に着手したばかりという状況のグループもあった。トリガーを何にするかについての監督当局の関心も強いと思われ、まだ実務としては明確にされていない分野だという印象を受けた。

　図表4－19、4－20において、先行保険会社グループにおいて想定されているトリガー事象について記載する。

　また、グループ内の事業体のリスク・プロファイルがグループ・レベルで重要でない場合には、事業体レベルでの臨時ORSAによって、グループ・レベルでの臨時ORSAの実施が必要となるものではない、という方針を明確にしようとしている保険会社グループもあり、臨時ORSAを実施するかどうかの判断やその実施範囲（全体あるいは一部）などの責務は各事業体にあるという方針を明確にしようとしている保険会社グループもあった。

　なお、臨時ORSAをどのような状況で実施するかについては、ORSAポリシーなどにおいて明確に定める必要があるとされている（下記「4.2.6 ORSAポリシー」を参照）。

図表4－19　臨時ORSA報告書のトリガー例（内部決定と外部要因で分けた記載例）

トリガーとなりうる主な内部決定	
	重要な子会社の取得または売却
	重要な商品の販売または市場参入
	投資、価格設定または準備金に関する方針の重要な転換
	資金調達構成の重要な変化
トリガーとなりうる主な外部要因	
	金融または不動産危機
	再保険カバーを上回る自然災害

図表4-20　臨時ORSA報告書のトリガー例（列挙されている項目例）

重要な自然災害事象
事業状況の重要な変化
著しい資本市場の混乱
深刻な評判の低下
内部の組織再編
重要な訴訟など
重要なグループ間取引
買収、商品の販売や市場環境などのリスク・プロファイルの重要な変化
内部モデルの重要な変化
規制当局または監督当局の要求

＊列挙しようとしている例の数は会社／グループによって異なっていた。五つ前後が多いようであったが、なかには10前後の例の記載を予定している保険会社グループもあった。

4.2.6　ORSAポリシー

EIOPAのガイドライン4では、ORSAポリシーは、一般的なガバナンス・ポリシーに基づいて整備されたガイドラインに準拠したものであることに加え、少なくとも下記を含むものとしなければならない、としている。

- 将来の見通しに関する視点がどのように取り入れられているかを含む、ORSA実施のために整備されたプロセスおよび手順の説明
- リスク・プロファイル、承認されたリスク許容限度、および全般的な資本必要額との間の関連性の考慮
- ストレス・テスト、感応度分析、およびリバース・ストレス・テストの実施方法、ならびにその頻度
- データの品質要件
- （定期的な）ORSAの実施の頻度およびその実施時期、ならびに臨時ORSAの実施が必要となる状況

上記のORSAポリシーに該当するものとして、先行保険会社グループでは、ORSAポリシー、ORSA評価ポリシー、ORSA基準、ORSA最低基準、

ORSA評価メソドロジー、ORSAアプローチ、ORSAガイダンスなどを作成する予定であった。名称がさまざまであるように、その記載内容についてもさまざまなものが想定されているようであった。

このようなORSAポリシーをどこまでORSA報告書に記載をするかについては、保険会社グループによってさまざまな考え方があるようであったが、ORSAポリシーを保持し、その（一部の）内容をORSA報告書に反映させようとしている点では同じ考えのようであった。

図表4－21は、ORSA基準という位置付けでORSAポリシーを保持しようとしている保険会社グループの項目の例である。

図表4－21　ORSA基準の記載項目例

1	イントロダクション 背景、対象となる事業体、グループORSAとシングルORSA、承認期間、改訂時の取扱いなど
2	役割と責任 取締役会、CRO、リスク委員会、リスク管理部門、内部監査部門など
3	ORSAプロセスおよびガバナンス リスク戦略、重要リスク評価、内部モデル報告プロセス、内部モデルに基づくソルベンシー状況の評価、内部モデル・ガバナンス、ORSAプロセス結果の資本戦略への組込み、文書化など
4	臨時ORSA 臨時ORSAが必要となるトリガー例、トリガー例が生じた場合の対処方法など
5	ORSA報告書 報告書の構成項目および各記載内容、ORSA報告書の提出先や提出期限など
6	事業体（中間持株会社や子会社）への追加的要求事項 各事業体からグループへのORSA報告書の提出期限、事業体のORSAの承認プロセスなど

また、前述したとおり、グループでのORSA報告書の構成や記載項目の統一や均一性を保持するため、あるいはグループORSA報告書の作成を容易にするため、ORSAポリシーのなかで構成を示そうとする保険会社グループも

あった。

図表4-22は、上記の保険会社グループのORSAポリシーの項目例である。

そして、ORSA報告書の構成については、付属資料において、図表4-23のような構成と各構成に含める記載項目についての例を箇条書きで示そうとしていた。

図表4-22　ORSAポリシーの記載項目例（1）

1	イントロダクション 背景、目的、範囲、グループの要求、ポリシー・ガバナンスなど
2	ORSAガバナンス 役割および責任、ORSAの頻度など
3	ORSAプロセス 包括的な資本要件の評価、規制資本への準拠、標準モデルと異なるリスク・プロファイルの評価、規制資本要件と目標資本要件の評価、レビューおよび検証など
4	報告および文書化 内部管理目的および監督当局提出目的のORSA報告書の作成時期や提出時期、各ORSAプロセスの文書化など
5	ORSA報告書の構成
6	データの品質

図表4-23　ORSAポリシーの記載項目例（2）

1	エグゼクティブ・サマリー
	当セクションの目的は、ORSAのハイ・レベルな要約を提供すること
	当セクションの記述には、当期のリスク・プロファイルに影響を与える主要な要因と採用したアクション、リスク・アペタイト・ステートメントに対する実績の要約、現在および将来の財務数値の要約、ORSAの結果としての提案、異常項目、ORSAポリシー準拠についての声明などを含める。
2	イントロダクション
	当セクションの目的は、ビジネスの主要な要素についての概要を提供すること。また、範囲や報告期間、ORSA報告書の承認について明確にすること
	当セクションの記述には、ORSA評価日と対象期間、リスク戦略や事業戦略ならびに組織構造などの変更、レビューおよび承認（独立したレビューへの

		承認を含む）、ORSAで考慮した主要指標などを含める。
	3	事業計画およびリスク・プロファイル
		当セクションの目的は、事業のリスク・プロファイルとそれによって影響を受ける主要な要因を記述すること。また、事業に関する経済状況に対する見通しや事業・運営計画のへ変更を記載する。
		当セクションの記述には、市場環境、ORSA期間にわたる経済の見通し、事業計画および前回ORSAからの変更、事業に影響を与える主要リスク、各リスク・プロファイルの変化、リスク・アペタイトに対する各リスクの評価、エマージング・リスクの評価などを含める。
	4	現在のソルベンシー・ポジション
		当セクションの目的は、現在のソルベンシー・ポジションを示すことであり、事業についての主要指標の分析を提供し、計算結果やその結論の妥当性や適切性に関する情報を提供することである。また、ストレス・テストによる、将来のソルベンシーを脅かすおそれのある主要リスクの分野に関する情報を提供することである。
		当セクションの記述には、ソルベンシー比率やリスクごとの要求資本額ならびに自己資本額などの結果、各リスクとリスク・アペタイトとの比較、リスク・アペタイト超過事由と採用したアクション、各資本要件や財務諸表数値などとの調整表、内部モデルの検証方法と発見事項、ストレス・テスト、シナリオ分析、リバース・ストレス・テストの結果、データ品質ポリシーへの準拠などを含める。
	5	ソルベンシー・ポジションの予測
		当セクションの目的は、将来のソルベンシー・ポジションを示すことであり、事業計画に組み込まれた将来の自己資本およびソルベンシーに焦点をあてた主要指標を記載する。また、ストレス・テストによる、事業計画におけるソルベンシーの観点からの主要な前提や仮定などを提供することである。
		当セクションの記述には、ソルベンシー比率やリスクごとの要求資本額ならびに自己資本額などの将来予測数値、事業計画期間のリスク・アペタイト指標の予測、規制資本要件や目標資本要件の予測、自己資本や収益・費用の予測における主要な前提や仮定、将来予測において考慮した内的・外的要因、新規事業や新商品とその影響、計画された経営者のアクションについての説明、採用したストレスおよびシナリオ・テストとその選定理由、予測数値についての検証などを含める。
	6	規制資本要件と目標資本要件の比較
		当セクションの目的は、規制による資本要件と内部モデルを用いた目標資本

		要件に関する比較情報を提供することであり、リスクの定量化の程度や定量化の有無に関する追加的な情報を提供する。
		当セクションの記述には、規制資本要件と目標資本要件の調整表、内部モデルのなかに含まれているリスクについての詳細説明、内部モデルに含まれていないリスクの管理方法などを含める。
	7	リスク評価（定量的評価および定性的評価）
		当セクションの目的は、ORSAにおける各リスクに対する資本がどのように計算されているかを記載することと、リスク定量化手法における専門的判断が含まれる領域やモデルの限界ならびに将来開発計画、採用されたリスク削減効果などについての情報を記載することである。また、定性的なリスク評価についての記載をすることである。
		当セクションの記述には、評価手法、専門的判断が含まれる主要領域、限界、リスク削減策、モデル較正、将来改良領域などを含める。
	8	結論および提案事項
		当セクションの目的は、ORSAの結果を示すとともに、リスク管理部門によるORSA結果に対する提案を記載する。また、事業戦略の決定において計画された資本や流動性戦略について記載する。
		当セクションの記述には、ORSAの結果に加え、提案された事項の詳細や、当該提案事項を実施した場合の影響やコストなどについての記載を含める。また、リスク削減戦略の変更、自己資本の質や量に対する要求の変更、ガバナンスや内部統制の変更などについての記載を含める。
	9	補足資料
		当セクションには、ORSAに関する追加的なサポート資料を含める。
		当セクションに該当するものとしては、ERMフレームワーク、重要リスク評価プロセスやアウトプット、ORSAプロセス、リスク・アペタイト・ステートメント、資本や流動性戦略計画や報告書、事業計画、投資戦略、アクチュアリーの意見書、内部統制ポリシー、内部モデル・ガバナンス、ストレスやシナリオ・テストのアウトプット、データ品質ポリシー、取締役会や委員会の議事録、用語集などである。

4.2.7 ORSAにおける役割および責任

　ORSAポリシーなどで各部署や委員会などの役割や責任について明確にすることを想定している保険会社グループが多かった。ORSAにおける各部署

や委員会などの役割や責任については、ORSA報告書のなかに記載予定の3ライン・ディフェンスの記載が参考になるため、図表4－24では3ライン・ディフェンスの例について紹介する。

　3ラインの1段目については、日々のコントロールによりリスクを特定し管理する部署が該当するといった記載が予定されていた。また、その意思決定に係るリスクとリターン双方に関する一義的な責任を負う部署として記載予定の保険会社グループもあった。さらに、従業員全員は、リスクの識別、査定、管理、緩和、監視による適切な役割があると記載予定の保険会社グループもあった。

　3ラインの2段目については、1段目の制御の有効性について監視および報告するために、経営者によってとられた二次的なコントロールを保持する部署や委員会が該当するといった記載が予定されていた。また、2段目の統制活動が1段目の統制活動についての支援や専門知識の提供を行うことにあるということを記載予定の保険会社グループもあった。さらに、リスクは把握できていないところから生じるため、リスク管理部門の役割は未知の領域を減少させることにあるという記載を予定している保険会社グループもあった。

　なお、ORSA報告書のドラフト作成や、ORSAプロセスの開発、ORSAプロセスの定期的な見直し、各国の監督当局との交渉などをリスク管理部門の役割として記載する予定の保険会社グループが多かった。

　3ラインの3段目については、内部監査部門が想定されていた。具体的な記載内容としては、グループ監査部門は、定期的にリスク・ガバナンスの実施状況をレビューし、リスク・プロセスに関する品質レビューを行い、リスク基準への遵守状況をレビューするといった記載を予定している保険会社グループがあった。また、グループのポリシーが遵守され、統制活動が有効であることに関する独立した保証を経営管理者に提供する責任があるということを記載する予定の保険会社グループがあった。さらに、内部監査の目的として、ガバナンス責任の有効な実現のためにすべてのレベルの管理に尽力し、コントロール環境の妥当性と有効性の評価における経営管理者を支援す

図表4-24　3ライン・ディフェンスの例

1	1段目*
	・従業員（保険の引受部門、支払部門、商品部門、バック・オフィス従業員など）
	・役員（CEO、COO、CFOなど）
	・委員会（財務委員会、引受委員会、再保険委員会など）
	・各事業体
2	2段目*
	・CRO
	・リスク管理部門
	・グループ・リスク統括部門
	・法務およびコンプライアンス部門
	・委員会（リスク委員会、グループ・リスク委員会など）
	・アクチュアリー部門
	・財務部門
	・人事
3	3段目
	・内部監査部門

＊1段目および2段目にどの部署や委員会などを含めるかについては、保険会社グループによって違いがあるようだった。たとえば、下記の類型のうち、法務やコンプライアンス部門、財務部門や人事などは1段目の統制に含めようとしている保険会社グループもあった。また、1段目の統制のなかに、リスク管理的な機能をもたせるかどうかについて、議論されているようであった。

ることが、リスク管理における内部監査の重要な役割であるということを記載予定の保険会社グループもあった。

4.2.8　記載内容についての考察

前述したとおり、ORSA報告書の構成や最低限記載すべき項目などについての詳細は示されていないため、先行保険会社のORSA報告書の構成や記述の仕方、各項目の分量などについてはさまざまなものが想定されていた。各保険会社グループでは、構成や記載内容などについては今後改良や修正を加えていくといった状況がとられているようであった。

また、先行保険会社グループのORSA報告書では、ORSAに含める対象範囲（事業や会社）や対象リスク、当期末日におけるリスクおよび資本の評価、リスク管理フレームワークといった分野においては記載に向けた検討が進んでいるようであった。一方で、将来予測（ストレス・テスト下を含む）やORSAの経営管理プロセスなどへの組込み、独立したレビューといった分野ではまだ検討が十分に進んでいない保険会社グループもあるようであり、特に将来予測（ストレス・テスト下を含む）やORSAの経営管理プロセスなどへの組込みといった点は、検討に時間を要する項目であるという印象を受けた。

　さらに、先行保険会社グループでは、ORSAについて改良すべき点を認識しており、検討を進めていくことが想定されていた。図表4－25では参考として、先行保険会社グループが認識しているようであったERM・ORSAに関する将来改善計画についての例である。

図表4－25　将来改善計画の例

1	将来予測期間や将来予測方法の改良
2	ストレスおよびシナリオ・テストの枠組みの強化
3	流動性リスク管理におけるコンティンジェンシー・プランの見直し
4	定量化できていないリスク管理フレームワークの改良
5	リスク管理組織体制の変更およびガバナンス態勢の強化
6	委員会間の連携の改良（下位の委員会で議論された内容や提言を上位の委員会での正式な議案に含めるなど）
7	オペレーショナル・リスク管理の強化や内部統制システムの強化
8	グループ・リスク、風評リスクや戦略リスク管理ポリシーの開発
9	内部モデルの改良、利用範囲の拡大
10	ERM専門能力をもった人材の確保・育成
11	内部モデルの第三者によるレビューの範囲の拡大（内部監査部門の人員増や専門能力の向上なども含む）

第5章

ORSA導入における今後の課題

本章では、これまでのORSAフレームワークおよび先行保険会社グループ等のORSA・ERM態勢整備に関する実践状況をふまえ、国際規制当局が求めるERM態勢・ORSA導入に向けた主要課題等について、実務的観点から整理をしていく。

5.1 ERM態勢整備への影響と今後の課題

　ORSAフレームワーク、海外等におけるORSA動向、およびORSA報告書の検討と取組状況についてはこれまで説明をしてきたが、ERM態勢整備においてORSAフレームワークを活かした取組みをどのように実践していくかが、今後の保険会社における課題となるであろう。

　したがって、ERM（統合リスク管理）態勢とORSA（Own Risk and Solvency Assessment：リスクとソルベンシーの自己評価）とは不可分であり、欧米保険会社等がORSA実施に取り組んできている現状をふまえると、今後ORSAの枠組みを活用しながら、どのようにERM態勢を体系付けていくのかを把握しておくことが重要である。

　さらに、保険会社経営を支える保険会計制度の変革への対応、すなわち「保険IFRS（国際財務報告基準）」との関係についても今後の課題となるであろう。財務報告と関連する「経済価値ベースのERM態勢」「内部モデル構築」等についても然りである。

5.1.1　保険ERM態勢整備へのアプローチ

(1) 経営者の視点

　❶　ソルベンシー目的のERM

　第2章で言及したとおり、2011年10月にIAISが採択した「保険コア・プリンシプル（ICP：Insurance Core Principle）」において、16項目に「ソルベンシー目的のERM」が含まれている等、「保険会社の財務健全性」確保と「保険契約者の適切な保護」を目的とした枠組みが確立されている。ICPの概要については、第2章を参照願いたい。

　保険会社にとって「ERM態勢」の整備は規制当局やステーク・ホルダーからの期待水準を充足するために必要不可欠な取組みであり、特に保険会社経営者自らが自らの説明責任を果たすために実践しなければならない課題である。保険会社の経営者は、保険会社としての健全性、すなわち支払能力を

確保しつつ、戦略的運営を達成するために「ERM態勢」を整備する必要があり、自社を市場競争優位なポジションに誘導していくことがこれからの経営者に必要な視点になるものと考えられる。

❷　ステーク・ホルダー・マネジメント

ソルベンシー目的のERMとしての視点は、保険会社としての最低要件（支払能力の確保）を充足するためのものにすぎない。保険会社の経営者は、経済価値としての企業価値を極大化することをもふまえたERM態勢を意識した運営が求められていると考えるべきである。さらに、上場会社等は、自社の取得格付が絶えず市場の評価に直結することを忘れずに、格付機関等のステーク・ホルダーに対しても積極的な情報発信をしていかなければならない。

したがって、「規制当局」「株主」「格付機関等」のステーク・ホルダーそれぞれの特長（図表5－1参照）をふまえて、経営管理として優先的に考えるべき視点を整理したうえでのERM態勢整備が必要となってくる。

図表5－1　ステーク・ホルダー別の視点の特長例

ステーク・ホルダー	保険会社に対する評価視点の例
規制当局等	財務の健全性（支払能力）、業務の適切性
株主	株価（解散価値）、1株当り純資産額、経営陣、グループ会社・取引先
格付機関	事業基盤・比較優位性、経営陣・経営戦略、業績・収益力、自己資本、流動性・資産運用、財務の柔軟性

❸　「リスク管理」－「資本管理」－「収益管理」の連携

これまでのリスク管理態勢整備においては、「リスク管理」と「資本管理」の二つに重点を置いた内部管理態勢の整備が中心であった。したがって、ERM態勢整備も主に「リスク管理」を所管する「リスク管理部門」と「資本管理」を所管する「経営企画部門」等を中心に実践されてきたようであるが、今後はそれらに加えて「収益管理」を所管する「収益管理部門」等とも連携をとったかたちでのERM態勢整備が必要となるであろう。

図表5-2　これからのERM態勢

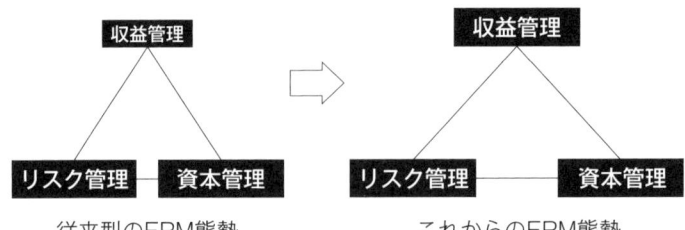

従来型のERM態勢　　　　　これからのERM態勢

　その際にORSAフレームワークの適用が、これら三つの要素を取り込んだかたちでERM態勢（図表5-2参照）を整備しやすいアプローチになっていることから、欧米の先行保険会社グループでは、ORSAの導入をERM態勢整備の中核に位置付けて、実務的にERM態勢整備を進める保険会社もみられる。

❹　不確実性への対応

　ERM態勢において、特に欧米で昨今取組みが進みつつある課題の一つに「エマージング・リスク（新興リスク）」管理態勢の整備があげられる。格付機関等もERM格付の付与に際し、エマージング・リスクの管理状況や重要リスクの識別・管理状況、およびリスク情報の経営管理への活用等について重要であると指摘している。

　経営者は、保険会社を取り巻く内部環境・外部環境に留意し、新たなリスク・不確実性を直視し、経営の舵取りをしなければならないであろう。エマージング・リスクに関する各国国際機関等における調査・研究としては図表5-3の資料等を参照願いたい。

図表5-3　エマージング・リスク等に関する調査・研究資料例

主　体	資料名	主な特長
世界経済フォーラム（WEF）	Global Risks 2012 Seventh Edition	・スイス・ジュネーブにある団体が作成したレポート ・エマージング・リスクのインパクトおよび発生可能性を50のグローバルリスクに整理し、さらに五つのリスク・カテゴリー

		（経済リスク、環境リスク、地政リスク、社会リスク、技術革新リスク）に分類 ・五つのリスク・カテゴリーの重心点をつなぐ接続点を特定し、リスク間のシグナルを識別
英国金融サービス機構 （UKFSA）	Retail Conduct Risk Outlook 2012	・年次公表資料で経済・環境の視点から業務リスクに関する見通しを取りまとめ ・15のリスク・カテゴリーに基づき、「現状課題」「エマージング・リスク」「潜在的影響」の三つに再区分
カナダ・アクチュアリー会等	Emerging Risks Survey April 2012	・リスク・カテゴリーは、世界経済フォーラムと同様の五つ ・実務者への質問・アンケート収集を実施し、エマージング・リスクに関する経営者の意識を調査
国際金融公社 （IFC）	Emerging Risk Impacts of Key Environmental Trends in Emerging Asia	・日本が相当の資金支援をしている世界銀行グループの団体（国際金融公社）が支援するWorld Resources Instituteによるアジアのエマージング・リスク調査報告 ・インド・インドネシア・マレーシア・フィリピン・タイ・ベトナムについて環境トレンドとリスクを分析・評価

(2) **管理者の視点**

　ビジネス・ラインの管理責任者にとって、ERM態勢およびORSAの運営を推進していくうえで、基本的なPDCAプロセスを前提に自社の経営資源等との関係を十分考慮したうえで、たとえば図表5－4のような、実効性ある管理態勢を整備および確立していかなければならない。

　❶　経営管理への活用（Plan：計画）

　2011年5月24日付金融庁公表の「経済価値ベースのソルベンシー規制の導入に係るフィールドテスト」の結果概要を精査・分析すると、保険会社が保有するリスク量を内部モデル等で定量化し、経営者にみえるかたちでのリスク量算定およびリスク資本配分等、経営管理への活用に役立てる枠組みづく

りが求められることになるであろう。保険検査マニュアルの「経営管理（ガバナンス）態勢の確認検査用チェックリスト」でも、経営方針に基づく戦略目標と整合的なリスク管理態勢の整備を求めており、戦略目標と整合的なERM態勢およびORSA運営を実践しなければならない。当然に、計測されたリスク量、識別されたリスク・プロファイル結果等については、経営管理に活用することが重要である。

❷ 業務点検（準拠性チェック・正確性チェック）（Do：実行）

職務分掌規程や職務記述書等に定められている責任および権限に則って各種業務が遂行されているか（準拠性）、また、業務マニュアル等に定められている手続どおりに正確に業務が遂行されているか（正確性）という視点で日々の業務点検を継続的に実施することが重要である。

ルール違反（非準拠）や事務ミス・不注意（不正確）は象徴的なオペレー

図表5－4　管理者の視点・アプローチ

PDCAプロセス	主な取組項目	所管部門等
経営管理への活用 （Plan：計画）	・リスク量計測・報告	リスク管理部門　等
	・リスク資本配賦・資本予算管理、費消状況管理	経営企画部門　等
	・新商品・新規業務の開発・検討	経営企画部門、商品開発部門、海外企画部門　等
	・事業戦略の検討	経営企画部門、海外企画部門　等
業務点検 （Do：実行）	・自店検査制度	各所管部門　等
	・事務過誤・不備状況点検制度	事務管理部門　等
ERM態勢のモニタリング・改善 （Check：監視）	・ERM関連内部監査	内部監査部門　等
	・業務改善プロジェクト	プロジェクト・チーム、タスク・フォース　等
リスク管理意識の向上と人材育成 （Action：改善）	・ERM研修	人事部門、リスク管理部門　等
	・専門的な人材育成	リスク管理部門、数理部門、主計部門　等

ショナル・リスクである。規制当局が示すERM態勢では、このような必ずしもリスク量が計測できない定性的なリスク・カテゴリーについても、適切な管理を行うよう求めており、ORSAの運営もそのような定性的リスク管理や新興リスク（エマージング・リスク）についても、適切な管理態勢を整備するよう期待しているようである。

典型的・象徴的なリスク事例が対外・対内で発生した際、その事例を自社内で参照し「リスク管理・コンプライアンス研修」等のメニューに役立てている事例がみられる。この教訓学習的な（Lesson learned）研修実施を重要視している保険会社もみられ、とりわけ自社で経験したことのない「リスク事象・コンプライアンス事象の顕在化事例」（ほとんどが他社で発生した不祥事件や巨額損失事例である）について、自社業務に照らし合わせ教訓とするものである。

このような教訓学習的な（Lesson learned）研修プログラムへの全員参加はERM態勢整備における、全職員のリスク管理への意識付けに有効と考えられる。

❸　ERM態勢のモニタリング・改善（Check：監視）

ERM態勢の実効性は、保険会社固有の組織体系・規程体系とその運用状況に大きく依存する。したがって、組織・規定の整備状況すなわち「リスク管理体制」に「運用状況」を含めた枠組み全体として、「リスク管理態勢」全体を継続的にモニタリングし問題点を改善する仕組みや手順が必要である。

ERM態勢強化のために、内部監査との連携は非常に重要な視点である。リスク管理に関する内部監査では、「業務効率性」の観点から「ERM態勢」全般の状況を精緻に監査すべきである。今後は、単なる手続の点検やリスク量の計測だけではなく、ERM態勢全般（組織のあり方、手続のあり方、規程のあり方、運用状況等）に関する問題点・改善点を洗い出し、経営者に課題を提起するような改善型の「内部監査」が求められるであろう。

❹　リスク管理意識の向上と専門人材の育成（Action：改善）

保険会社におけるERM態勢・整備への取組みを奏功するのは、役職員全

員の「リスク・センシティブな意識」である。優れた規程・手続が存在しても、日々のリスク管理を実践する者の意識が醸成されていなければ、ERM態勢は機能しない。

また、定性的リスク管理として、オペレーショナル・リスク管理（事務リスク管理態勢リスク管理など）の最終的な目標を「業務改善」に設定している保険会社は多い。リスク管理が、「他人にやらされるもの」（＝何かあら探しされるもの）でなく、「自らやるもの」（＝何か改善するもの）である、といった目的意識を共有し、業務改善のインセンティブをもたせたかたちで定性的リスク管理を浸透させることが有効と考える。

また、信頼性の高いリスク量を算出するために数理的素養（アクチュアリー・クォンツ専門人材等）や技術を有する人的資源の確保が必要と考えられるため、保険会社における人材育成が喫緊の課題となる可能性があろう。

5.1.2 ORSAを活用したERM態勢整備

(1) 保険会社ERMとORSAの関連性

保険会社規制においてERMとORSAは相互関連性が高い。金融庁が2012年9月に公表した「ERMヒアリングの結果について」において主に記述されている項目は、「リスク選好」「リスク管理方針・内部規程」「リスク管理データ」「リスク・プロファイル」「リスク報告」「統合リスク管理ツール」「ストレス・テスト」「中期的な経営計画」等である。

一方で、欧米規制当局等が示すORSAガイダンス等において主に記述されている項目は、「リスク戦略・リスク選好」「ソルベンシーの定義」「通常時・ストレス時における必要資本」「リスク管理定量結果」「将来の事業計画および制約条件」「グループおよび個社の重要リスク」「リスク・モデルの効果および限界」等である。

これらの関連性を簡便に紐付けてみたのが、図表5-5である。これをみるとERMとORSAが求める枠組みが非常に関連していることがよくわかるであろう。

図表5－5　ERMとORSAとの関連性の分析表

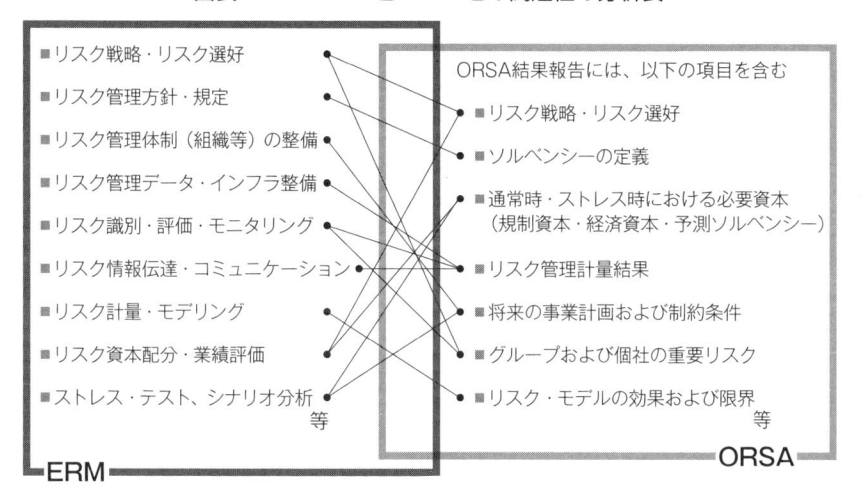

ERM
- リスク戦略・リスク選好
- リスク管理方針・規定
- リスク管理体制（組織等）の整備
- リスク管理データ・インフラ整備
- リスク識別・評価・モニタリング
- リスク情報伝達・コミュニケーション
- リスク計量・モデリング
- リスク資本配分・業績評価
- ストレス・テスト、シナリオ分析
等

ORSA
ORSA結果報告には、以下の項目を含む
- リスク戦略・リスク選好
- ソルベンシーの定義
- 通常時・ストレス時における必要資本（規制資本・経済資本・予測ソルベンシー）
- リスク管理計量結果
- 将来の事業計画および制約条件
- グループおよび個社の重要リスク
- リスク・モデルの効果および限界
等

(2) グローバル保険会社におけるERMフレームワーク

　欧米の先行保険会社グループでは数年前からORSA報告書を作成するなど、ORSAフレームワークを活用したかたちでERM態勢整備に取り組んできている。さらに、格付機関や規制当局等のステーク・ホルダーに対する説明力の高い「ERMフレームワーク」を考慮したかたちで実効性あるERM態勢整備を高度化している。

　ERMフレームワークにおける取組事項例については、図表5－6のとおりである。

　1点目の「ERMガバナンス態勢整備」については、たとえば、グループにおけるリスク管理態勢を確立したり、保険会社グループとしての監督方法を決めたりすることである。経営者の視点や期待機能を反映したかたちで、実効性あるリスク・ガバナンス態勢を整備しなければならない。

　2点目の「経営意思決定および計画策定」については、設計されたERMガバナンス態勢を前提に、経営者は高度な事業判断や意思決定を実行したり、内部環境・外部環境をふまえた中期経営計画を策定したりしなければならない。

3点目の「リスクの特定・リスクの評価および測定・リスクのモニタリングおよび管理」については、経営者および管理者は、日常的なERM管理の一環としてリスク・プロファイリング、リスク・アセスメント、モニタリング手続を整備・遂行しなければならない。

4点目の「リスク情報の報告および経営管理層への情報提供」については、経営者にリスク管理情報を報告したり、リスク情報を経営管理へ活用したりするための取組みがあげられる。

5点目の「データ・IT・インフラ」については、リスク管理のためのデータ品質の確保・高度化およびIT等のインフラを整備・運用することである。

図表5－6　ERMフレームワークにおける取組事項例

項　目	取組事項（例）
1．ERMガバナンス態勢整備	・グループにおけるリスク管理態勢の確立 ・持株会社による監督方法の決定
2．経営意思決定および計画策定	・グループのリスク戦略とリスク選好の決定 ・グループにおける資源配分
3．リスクの特定・リスクの評価および測定・リスクのモニタリングおよび管理	・（すべての種類のリスクをカバーするための）リスクの特定 ・エマージング・リスクの特定 ・実態を反映したリスクの評価結果の提供 ・実態を反映したリスクの測定結果の提供 ・業種を反映したリスク分析の成果の提供
4．リスク情報の報告および経営管理層への情報提供	・業務上の意思決定に影響を与える情報の提供 ・明確、簡潔、かつ考察を伴う現状分析の結果の提供
5．データ・IT・インフラ	・リスク・システムおよび財務システムの統合 ・一貫し網羅的で正確かつ監査可能なデータの提供
6．方針および基準の設定・人的資源・文化の構築	・リスクに係る業務と活動のオーナーシップの明確化 ・首尾一貫した方針と基準の設定

6点目の「方針および基準の設定・人的資源・文化の構築」については、経営者は高い次元でERM態勢整備に関する各種方針および基準を確立し、それらを適切に遂行するために人的資源を確保し、ERM風土の醸成や全社的な意識付けを促すことである。

　このようなERMフレームワーク（図表5-6参照）を参照し、保険会社自らが実効性あるERM態勢を整備・高度化していかなければばらない。

5.2 保険会社経営への影響と今後の課題

　この項では、ERMおよびORSAが保険会社経営に与える影響と今後の課題について考察する。最初に確認したいのは、ERMおよびORSAが保険会社経営に影響を与えるのか、それともあるべき保険会社経営のためにERMおよびORSAが求められるのかという点である。実務レベルでは前者、すなわち監督規制や株主等の外部からの要請や格付取得の必要性等に基づいて対応を進めているというのが実態かもしれない。これは、わが国固有の話ではなく、欧州ではソルベンシーⅡ、米国ではNAICによるORSAガイダンス・マニュアルやORSAモデル法がERMおよびORSA推進のドライバーとなっているようである。また、これらの各国の監督規制の改訂も保険監督者機構（IAIS）が制定している保険コア・プリンシプル（ICP）やICPをベンチマークとした国際通貨基金（IMF）の金融セクター評価プログラム（FSAP）が影響を与えている。

　しかし、これらの監督規制の改訂が、米国の金融危機、欧州での債務危機、わが国における1990年代から2000年代初頭における金融危機などをふまえた金融機関経営における教訓・反省の流れのなかに位置付けられるものであることを考えれば、ERMおよびORSA対応は、経営管理、ガバナンスの一環として経営者が主体的に取り組むべきものである。さもなければERMおよびORSAは外部からの要請事項を満たすだけの形式的な取組みとなり、昨今の金融危機の教訓・反省は活かされることなく、むしろ同じ轍を踏む可能性を助長することにさえなりかねないであろう。

　一方、ERMおよびORSAの枠組みが完全に確立されていないのも事実であり、その前提ともいえる監督会計基準も将来の方向性が確定していない。債務危機とそれに続く低金利環境の出現等により欧州のソルベンシーⅡは遅延しており、米国はソルベンシーⅡと同様の監督規制を導入するのではなく現行のRBC（Risk Based Capital）規制を継続、修正していく方向で検討が進められている。国際会計基準審議会（IASB）における保険契約の会計基準

の検討（いわゆるIFRS 4 Phase Ⅱ）も遅延している。

　ERMおよびORSAの導入、さらなる高度化に向けた不断の取組みが重要であることに異論はないが、ERMおよびORSAの最終目的が適切な保険会社経営にあり、ERMおよびORSAの成果は、具体的な経営判断、意思決定に求められるものだとすれば、その根拠となるERMおよびORSAは本来頻繁に変更されるものではない。また、ERMおよびORSAの導入は、新しいプロセスやシステムの導入だけでなく、人事制度やガバナンス、経営のあり方にまで影響を与えうる広範囲かつ複雑なプロジェクトである。規制や会計動向を見据えたうえで、導入にかかる時間やコストの多寡を適切に評価し、各保険会社の規模、特性をふまえて経営者主導のもと計画的、継続的に取り組むことが適切であろう。

5.2.1　規制および会計の動向

　わが国における規制等の動向についてあらためて整理する。ソルベンシー・マージン比率規制（以下「SMR規制」という）に関しては、2007年4月に「ソルベンシー・マージン比率の算出基準等の検討チーム」が公表した報告書（以下「SMR検討報告書」という）に基づいて、2012年3月期からリスク計数の信頼水準の見直し、連結規制導入などの短期見直しが行われた。また、2010年には中期見直しに向けたフィールドテストが行われ、その後も金融庁と日本アクチュアリー会などとの間で定量化の方法などについて検討が行われている（ソルベンシー・ジョイント・スタディー・グループ：SJSG）。

　ERMに関しても、前出のSMR検討報告書を受けて、2007年11月に公表された平成19事務年度の監督方針からリスク管理の高度化、経済価値ベースでのソルベンシー評価について言及が始まり、検査マニュアルも2011年の改正時に、統合的なリスク管理態勢（ERM態勢）としての整理が行われた。また、2010～12年にかけてERMヒアリングが行われ、その結果は、金融庁から2011年5月に「経済価値ベースのソルベンシー・マージン規制の導入に係るフィールドテストの結果について」のなかで一部公表されるとともに、2012年9月には「保険会社に対するERMヒアリングの結果について」として公

表されている。ERMヒアリングはORSAの監督当局向け報告を見据えたものともいわれており、2012年8月に公表された保険会社等向けの監督方針では、「ORSA」についても言及されている。2012年8月には国際通貨基金（IMF）の金融セクター評価プログラム（FSAP）に基づく評価結果が公表された。FSAPはIAISが制定したICPに照らして評価が行われるが、日本が2011年10月に改訂されたICPの初の適用国となった。

　会計に関しては、保険契約と金融商品に関するIFRSが大詰めを迎えつつあるが、一方で、フレームワークの議論が再開されており、最終的なIFRSのあり方や日本基準、IFRSのわが国における適用については不透明感が増しているようにみえる（図表5－7参照）。また、最近の経済環境や欧州・米国の動向等からわが国におけるSMR規制の方向性や、いわゆる将来の業法

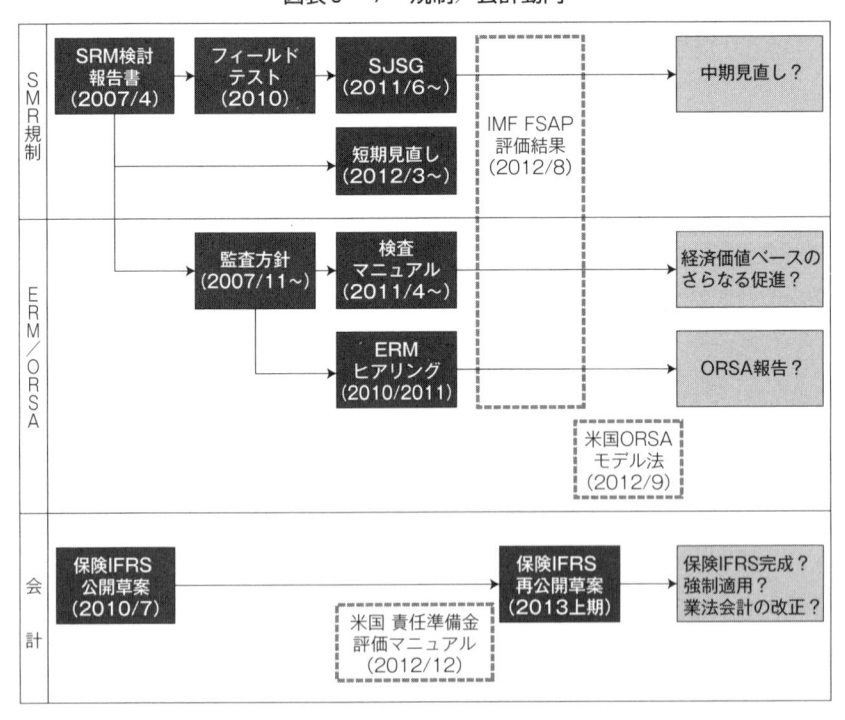

図表5－7　規制／会計動向

SMR規制	SRM検討報告書(2007/4)	フィールドテスト(2010)	SJSG(2011/6〜)	IMF FSAP評価結果(2012/8)	中期見直し？
		短期見直し(2012/3〜)			
ERM/ORSA	監督方針(2007/11〜)	検査マニュアル(2011/4〜)			経済価値ベースのさらなる促進？
		ERMヒアリング(2010/2011)		米国ORSAモデル法(2012/9)	ORSA報告？
会計	保険IFRS公開草案(2010/7)		保険IFRS再公開草案(2013上期)	米国 責任準備金評価マニュアル(2012/12)	保険IFRS完成？強制適用？業法会計の改正？

会計のありようについては議論も始まっていないようにみえる。なお、米国では、2012年12月に責任準備金評価マニュアルが確定し法定会計における責任準備金評価方法の見直しが進められている。

5.2.2 金融危機の教訓・反省

金融危機で得られた教訓・反省は、国、業種、立場等によってさまざまであろうが、全体的には金融機関の脆弱なガバナンス、リスク・マネジメントとそれに依存した監督にあったという意見のようである。洗練されたERMを持つとされた金融機関においてさえも、自社が抱えるリスクを十分に把握できておらず、特に、ストレス環境下におけるリスク量やその性質の変化、自社がとるべき対応等の検討が十分に行われていなかった。リスクを十分に反映していない規制資本を主たるベンチマークとしたERMが、真のリスクの把握をおざなりなものとするだけでなく、アップ・サイドを極端に志向したリスク選好の根拠として利用されたとの意見もある。

ERMおよびORSAの導入はこれらの教訓・反省をふまえた一連の流れのなかに位置付けられるべきものであり、ERMおよびORSAは経営管理上の重要なツールとして経営者の意思決定やガバナンスにおいて機能されることが期待される。

「定量化はどの範囲を対象とするのか」「どのように定量化するのか」「定量化しない部分はどのように対応するのか」「どのような頻度で誰に報告するのか」「リスク選好のための指標はどのようなものにすべきか」、ERM導入に際してのこれらの問いに対する一つの回答は「経営者による適切な意思決定の可否」に照らすことである。

5.2.3 ERMフレームワーク

適切な意思決定を行うためには、「正確、網羅的かつ適時な情報収集プロセス」、「適切な判断プロセス（ガバナンス）」とこれらを支える「誠実な選択・行動（リスク・カルチャー）」が必要である。ERMのフレームワークにはさまざまなものがあるが図表5－8はその一つである。

図表5-8 ERMフレームワーク例

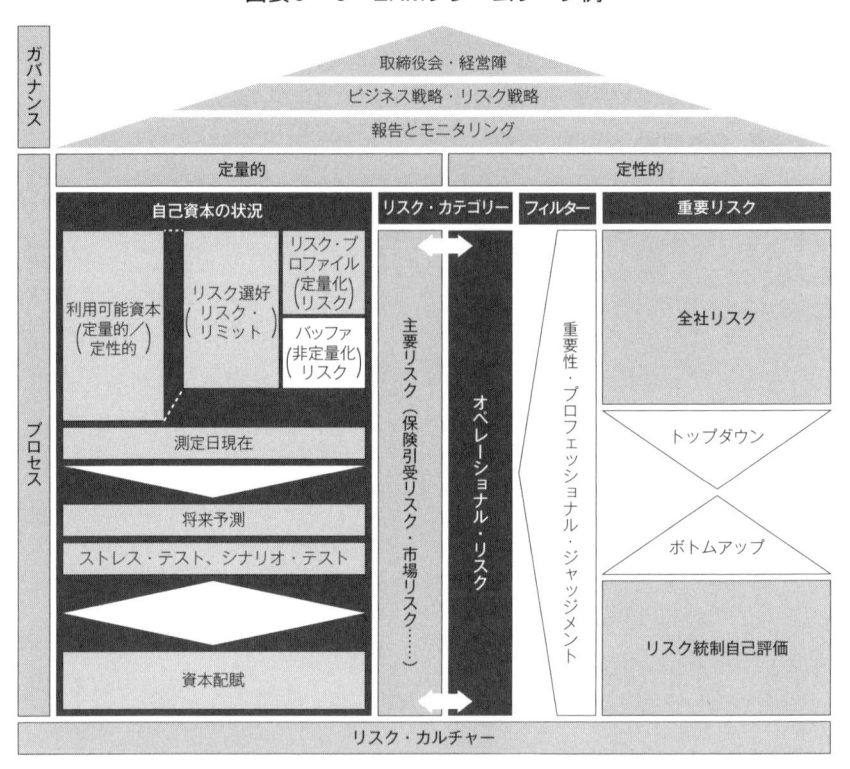

ガバナンス
- 取締役会・経営陣
- ビジネス戦略・リスク戦略
- 報告とモニタリング

プロセス

定量的
- 自己資本の状況
  - 利用可能資本（定量的／定性的）
  - リスク選好（リスク・リミット）
  - リスク・プロファイル（定量化リスク）
  - バッファ（非定量化リスク）
- 測定日現在
- 将来予測
- ストレス・テスト、シナリオ・テスト
- 資本配賦

リスク・カテゴリー
- 主要リスク（保険引受リスク・市場リスク……）
- オペレーショナル・リスク

フィルター
- 重要性・プロフェッショナル・ジャッジメント

定性的
- 重要リスク
  - 全社リスク
  - トップダウン
  - ボトムアップ
  - リスク統制自己評価

リスク・カルチャー

　ERMフレームワークを家にたとえると、リスク・カルチャーという土台の上にリスク定量化モデルやリスク選好・リミット、資本配賦、新興リスクの把握等のプロセスがあり、これらのプロセスという柱の上にガバナンスという屋根がある。最先端のリスク定量化モデルや堅牢なリスク管理プロセスがあったとしても、誠実かつ健全なリスク・カルチャーがなければプロセスは適切に機能しない。また、健全で聡明なガバナンスがなければ、毎日が小春日和であればよいが、雨の日を快適に過ごすことはできないであろう。

　ERMフレームワークは、情報システムでたとえられることもある。ERMフレームワークも情報システムもハードウェアの上にソフトウェアが構築され、ハードウェアを適切に機能させるためにはソフトウェアが必要である。

ERMフレームワークの場合、ハードウェアとは、定量化システム、組織体制、リスク管理プロセスである。一方、ソフトウェアは、これらのハードウェアを機能させる人員であり、リスク・カルチャーやガバナンスである。適切なシステム、プロセスがなければ効果的なERMを達成することはできないが、ERMの効果を最終的に決定付けるのはガバナンスとリスク・カルチャーである。経営者は、ERMおよびORSAプロセスの導入や高度化の推進にあり、ガバナンスやリスク・カルチャーについても考慮すべきである。ガバナンスやリスク・カルチャーはERMの効果を最終的に決定付けるにもかかわらず、その醸成、浸透、推進、維持には時間がかかる。これらは経営陣が率先して行うことが効果的であり、経営陣以外が行うことは通常、困難である。

5.2.4 企業文化（リスク・カルチャー）

　企業文化はリスク・マネジメント、ガバナンスの根本となるものであり、ERMの効果を最終的に決定付けるものである。健全な企業文化は、ERMプロセスの脆弱性を補強するであろうが、堅牢のERMプロセスを保持していても不適切な企業文化のもとではそのプロセスは何の成果ももたらさない可能性さえある。

　企業文化は直接、目にみえるものでも測定できるものでもないが、組織に深く根付いたものであり、多くの場合、組織の構成員は意識・無意識のうちに自社の企業文化を理解している。社外取締役、外部監査人、監督当局等の外部者であっても継続的に注意深く観察することで一定の理解が可能である。

　企業文化の構成要素の一例を図表5－9に記載した。企業文化のコアとなるのは正直さや誠実さ、行動の動機付けといった組織に所属する個人の価値観と、自主性、他人を尊重する謙虚さ、寛容さ、などの個人間の関係性に関する価値観から構成される。これらの価値観は、生来のものもあれば、組織からの動機付けで醸成されたものもある。これらの価値観が企業戦略・方針と組み合わされることで具体的な行動を伴う企業文化が形成される。企業文

図表5-9　企業文化の構成要素例

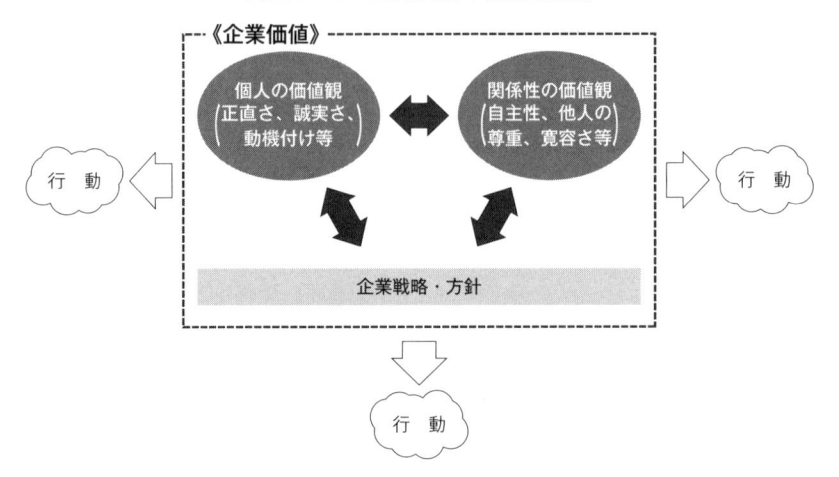

《企業価値》
- 個人の価値観（正直さ、誠実さ、動機付け等）
- 関係性の価値観（自主性、他人の尊重、寛容さ等）
- 企業戦略・方針

行動

化は、それが発揮される局面を強調して「リスク・カルチャー」「パフォーマンス・カルチャー」「顧客中心主義」「社会的責任」などと呼ばれることもあるが、ERMフレームワークで考慮すべきなのはリスク・カルチャーだけではない。リスク・カルチャーに影響を与えうるその他の局面にも留意すべきである。パフォーマンス・カルチャーは業績追求や業績評価に関するカルチャーであるが、不適切なパフォーマンス・カルチャーは時として他の局面を犠牲にすることがある。

　企業文化は特定の組織固有のものであるが、現実的には各構成員の内面に存在するものであるため、その醸成、浸透、維持するためには、繰り返し注意喚起や価値観の伝達を行う必要がある。企業文化を向上させるため施策例を図表5-10に記載したが、最も適切な施策は経営者、上席者が自らの行動で示すことである。経営者等の正しい行動、間違いを正す行動が企業文化の行方を決定的に左右する。また、施策は人事考課や経営管理指標に織り込み定性的な評価を、格付を通じて定量化することで、経営者は企業文化を定期的に評価することが可能となる（図表5-11参照）。人事考課に占めるウェイトは高い必要はなく、多くの場合、評価項目に含められているという事実が、企業文化の醸成、浸透に効果を発揮する。

図表5-10　企業文化向上のための施策例

施策例	ポイント
企業理念の設定と周知	漠然としたものでなく具体的であるほうが効果的である。構成員が自らコントロール可能なもので、具体的な行動（たとえば、「悪い情報であっても正直、適時に上司に報告しているか」）として示すことができるものが適切である。
研修の実施	継続的、実践的であるほうが効果的である。重要なのは知っているか知らないかではなく、個々人の行動とリンクしているかである。一度きりの研修ではなく反復することにより浸透が図られる。行動とリンクするためには納得感が必要である。具体的な適用例（適切に行動したことで何が起きたか、不適切な行動は何をもたらしたか）をもとにすることで具体的な行動とのリンクが図られる。
役割・職務としての明確化	各役職に求められる能力や、各種会議体の目的等として明確化することが効果的である。たとえば、各種会議体における議論のポイントとして「収益性はリスク対比で検討されているか」等を明示することが考えられる。
人事考課・業績管理指標	人事考課に占めるウェイトの多寡より、人事考課の対象とすることが重要である。レーティングを通じて定量化することでより効果が期待される。評価対象とすることが不実な報告を行う等のインセンティブとならないように留意する必要がある。 昇進、昇格も重要な影響を与える。きわめて優秀な成績をあげているが行動に問題がある人と、成績は優秀で模範的な行動を行っている人のどちらを昇格させるかは、経営者から従業員に対する重要なメッセージとなりうる。

図表5-11　人事考課における企業文化（リスク・カルチャー）の定性評価例

対象部門	1．基礎レベル	2．中級レベル	3．卓越レベル
リスク管理部門以外	会社のリスク・カルチャー規範を理解し実践するよう努めている。 たとえば、悪い情報も適時に伝達して	会社のリスク・カルチャー規範を実践し、部門内の他のメンバーにも適切な影響を与えている。 たとえば、結果だ	会社のリスク・カルチャー規範を自ら実践し部門をリードするとともに、他部門にも適切な影響を与えている。

	いるか、ルールを守るだけでなくルールが適当であるか検討する姿勢があるか……	けでなくプロセス、プロアクティブな視点も重視しているか、活発な意見交換が重要であることを認識し他者を尊重しているか……	たとえば、部門をまたがるリスクに適切に対処しているか、有用な自らの経験、見識を組織で共有しているか……
リスク管理部門および経営者	—	自社のERMフレームワークとその限界を適切に理解しアップデートに努めている。	自社のERMフレームワークとその限界を理解し、自らの経験等とともに意思決定を行っているか。

5.2.5 意思決定への活用

　ERMの目的としては、財務安定性の確保や持続的な成長などがあげられるが、いかに先進的な手法でリスクが定量化されたとしても、模範となる企業文化が醸成されていたとしても、日常の意思決定に活かされなければその目的は達成されないであろう。ERMで取扱うべき意思決定は多岐にわたるが、リスク選好の選択、リスク・リミットの設定といったものだけでなく、組織形態を含むビジネス・モデルの選択、M&A、投資判断などや、時には取締役会等による経営陣の選択も含むものであろう。一方で、ERM導入における課題として「ERMの意思決定での活用」や「内部モデルの経営者による承認」等があげられることがよくあるが原因として以下が考えられる。

(1) ビジネス・モデル・業績管理指標との親和性

　第一に考えられるのはビジネス・モデルおよびそれを基礎にした業績管理指標との親和性である。ERMの中心となるのはリスク量であり、その多くは市場整合的な経済価値をベースにしているものも多いが、これらはビジネス・モデルや業績管理指標と親和性がない場合がある。たとえば、無配当保

険契約のみを取り扱う上場生命保険会社であれば、エンベデッド・バリューの向上が主たる業績管理指標であるかもしれないが、多数の有配当契約を保有する相互会社においては、確実な保険金支払、契約者への衡平かつ充実した配当が重視され、主たる管理指標も財務会計上の内部留保額や基礎利益、帳簿価額をベースとした運用利回りが重視されるかもしれない。

(2) 監督指標との整合性

　第二は、監督指標等との整合性である。現在、行政監督上の指標は現行会計を基礎としているためERMに基づいた運営と監督指標に与える影響が不整合となる場合がある。たとえば、金利リスク削減を目的とした、債券デュレーションの長期化は、金利上昇時の会計上の自己資本や監督指標に対するリスクを増加させる可能性がある。

　現在検討されている経済価値ベースのソルベンシー・マージン規制が導入されれば解決する可能性はあるが、その"経済価値"の具体的な内容や導入までの時間軸には不透明な点もある。このような状況においては、償却原価評価が認められる責任準備金対応債券の利用が今後も拡大するであろう。

(3) 定量化モデル（その限界を含む）の理解の困難性

　第三は、定量化モデルをその限界とともに理解するというのは困難であるかもしれない点である。リスク管理の専門家でさえ、金融危機前にはその限界を十分に理解できなかったことをかんがみれば、膨大な情報処理と判断に迫られる経営者にはいっそう困難であるかもしれない。しかし仮にそうであっても、ERMを「財務健全性の最低要件」という役割のみに追いやってよいわけではない。リスクは定量化できないものもあれば、補足することさえも困難なものもある。どれほどに洗練されたリスク管理態勢であってもリスクである以上、確実に不確実性が存在する。経営者に求められるのは、このような前提のもとでリスクを的確に認識し、リスク対比で妥当な意志決定を検討することであろう。それは主観的、感覚的なものかもしれないが、財務健全性の最低要件を満たしてさえいればリスクは考慮しなくてよい、とい

うことではないはずである。

リスク管理担当者は、リスクの状況等を経営者に対してわかりやすく説明する必要があるし、また意思決定と関連性が強調されるべきである。

一方、経営者はリスクをリスク管理の専門家に任せるのではなく主体的に判断すべきである。経営者はリスクの管理方法やリスクの状況について説明を受ける権利があるとともに、自らリスクを考慮して意志決定する義務があると考えることが適当であろう。

(4) 経営者の直観に反する結果

第四は、定量化されたデータが経営者の直感と反することがあるという点である。たとえば、なんら実態が変わらないにもかかわらず定量化におけるアサンプションの捕捉期間が変わったことでリスク量が大きく変化することもある。規制資本を主たる指標としている場合には、その他有価証券から責任準備金対応債券への入替えは（実態に変化がない場合であっても）リスク量を削減するかもしれない。このような状況は適切に経営者に理解されないとERMを「財務健全性の最低要件」という役割のみに追いやるだけでなく、必要とされる水準を意図的に過小評価する誘因となりうる。

リスクと収益性は通常トレード・オフの関係にあり、経営者は、「リスク管理上問題ない」という状況でリスクを考慮せずに意思決定するのではなく、常にリスク量と収益性のバランスのなかで意思決定すべきである。

また、意思決定への活用という観点からは"損失"という狭義のリスクだけでなく利益獲得の機会をも含む広義のリスクを報告するように努めるべきである。

(5) 業務関連所管とリスク管理部門との連携不足

第五は、業務関連所管とリスク管理部門との連携不足である。リスク管理部門の主たる業務は事後的なリスク量の把握と報告だけではない。リスクの発生や拡大を防止する役割も期待される。たとえば、多額な資産を購入するときなどには、リスク管理所管は、業務関連所管がリスクを的確かつ網羅的

に認識しているか、購入によりリスク・プロファイルはどのような影響を受けるかといった観点からも適時に関与すべきであろう。

　昨今の経済危機等における反省、教訓をふまえるとERMはガバナンス、企業文化をも含むものとして継続的に向上が図られるべきである。ERMは最低限守るべきものと位置付けられるのではなくリスクと収益性の対比という観点から常に意思決定の中心に位置付けられるべきものである。不確実性のもとでの意思決定を前提とする以上、パフォーマンスはリスク対比で図られるべきであるし、過去の意思決定の結果についても、起こりえた事象の一つとして過大にも過小にも評価されることのないように努めるべきである。
　ERMが適切に意思決定に活用されることにより、規律ある経営が実現するとともに、健全な保険業界の発展につながるものと考える。

第6章

参考資料

6.1 EIOPAのORSA最終報告とNAICのガイダンス・マニュアルの参考訳

　2012年7月にEIOPAによって公表された最終報告（EIOPA, Final Report on Public Consultation No. 11/008 On the Proposal for Guidelines On Own Risk and Solvency Assessment）の4.2. Annex Ⅱと、NAICのORSAガイダンス・マニュアル公開草案（2012年12月）について、読者の参考となるよう、日本語訳を添付する。

　なお、ICPについては、日本損害保険協会のホームページ（http://www.sonpo.or.jp）あるいは生命保険協会のホームページ（http://www.seiho.or.jp）において、日本語訳が入手できるため、それらを参照願いたい。

6.2 EIOPAのORSA最終報告

目　次
1．リスクとソルベンシーの自己評価（ORSA）に関するガイドライン
　　はじめに
　　セクションⅠ：総則
　　セクションⅡ：ORSAポリシー
　　セクションⅢ：各ORSAの記録
　　セクションⅣ：ORSAに関する内部向け報告書
　　セクションⅤ：ORSA実施に関する具体的特徴
　　セクションⅥ：グループORSAの特徴
　　コンプライアンスと報告

2．説明文書
　　セクションⅠ：総則
　　セクションⅡ：ORSAポリシー
　　セクションⅢ：各ORSAの記録
　　セクションⅣ：ORSAに関する内部向け報告書
　　セクションⅤ：ORSA実施に関する具体的特徴
　　セクションⅥ：グループORSAの特徴

1　リスクとソルベンシーの自己評価（ORSA）に関するガイドライン

はじめに

1.1.　保険と再保険業務に関する2009年11月25日付の欧州議会および理事会指令2009/138/EC（以下、「枠組指令」または「ソルベンシーⅡ枠組指令」という）の前文36項、本文第45条および第246条(4)ならびにORSAの要件に留意したうえで、本ガイドラインは、枠組指令で求

められているORSAをどう解釈すべきかに関し、追加で詳細を説明することを意図している。

1.2. 本ガイドラインは、ORSAをどのように実施すべきという方法ではなく、ORSAによって何を達成すべきかというその目標に重きを置いている。全般的な資本必要額の評価には、リスク・プロファイルや自己資本必要額に関する保険会社の見解だけでなく、それらのリスクに適切に対処するために必要な他の施策も含まれているため、当該保険会社は、そのリスクの特性、規模および複雑性の観点から、どうすればこの評価を適切に実施できるか、その方法を独自に決定しなければならない。

1.3. 本ガイドラインは個々の保険会社、保険会社グループ、再保険会社または保険持株会社のすべてに対し、グループ・レベルとグループ内の各レベルの保険会社に適用される。また別のセクションでは、本ガイドラインは、グループの特性に関連するORSA実施上の問題、なかでもグループ固有のリスクや、単体ではグループ・レベルほどに関連性のないリスクなどの問題にも言及している。

1.4. 本ガイドラインは標準フォーミュラの利用者だけでなく、全面的または部分的に内部モデルを利用する利用者に対しても同様に適用される。また内部モデル利用者に対しては、追加の説明も行われている。

1.5. 本ガイドラインは、比例原則、管理部門、経営部門および監督部門（AMSB）の役割、ORSAの文書化などの一般的な問題だけでなく、全般的な資本必要額、規制資本や技術的準備金に関する要件の継続的な遵守、ソルベンシー資本要件（SCR）算定の裏付けとなる前提条件からの乖離の評価などの保険固有の問題もカバーしている。ただし、監督当局の役割については本ガイドラインでは触れておらず、監督者によるレビュー・プロセスに関するガイドラインで対応されている。

1.6. EIOPAは、リスクとソルベンシーの自己評価に関し、欧州連合以

外での世界的な規模で各国レベルにおける基準設定が進んでいることを理解し、支援している。リスクがSCR算定に含まれているかどうか、およびそれが容易に定量化できるかどうかを問わず、AMSBが、当該保険会社が直面するすべての重要なリスクを認識していることに加え、ORSAの実施に関して方向付けを行ったり内容を検証したりすることにより、AMSBがORSAにおける主体的な役割を担うことも重要である。

1.7. 全般的な資本必要額に関しては、必ずしも複雑な手法による評価を行う必要はない。ただし、各社固有のリスク・プロファイルを効果的に反映させられるよう、十分に包括的なものでなくてはならない。

1.8. 保険会社特有のリスク・プロファイルと、SCR算定の裏付けとなる前提条件との間の乖離の重要性を評価するにあたっては、ORSAで明確化された保険会社のリスク・プロファイルと、SCR算定の一部としてのリスク・プロファイルに対し、同じ日を基準日として検討対象とすることが求められている。

1.9. 内部モデル利用者は、自社のリスク・プロファイルを反映させるにあたって、モデルが引き続き適切であるかどうかを検証したうえで、ORSAの実施でモデルを利用すべきである。

1.10. 一体型のORSA文書を提出する場合には、グループにわたって整合性が高いプロセスが導入されていることに加え、単体レベルではソルベンシーⅡの第45条、グループではソルベンシーⅡの第246条(4)に規定される要件を全面的に遵守していることの証跡が求められる。

1.11. 個々の保険会社に関するガイドラインは、変更すべき箇所は変更したうえで、グループORSAにも援用される。またグループは、グループ固有のガイドラインについても考慮する必要がある。

1.12. 本ガイドラインは［XX年XX月XX日］から適用されるものとする。

1.13. 本ガイドラインでは、下記のとおり用語を定義する。

- 「グループ・レベル」とは、ガバナンスのシステムに関するガイドラインで言及されているとおり、グループ内のすべての事業体で構成された、まとまりのある一つの経済事業体（全体的な視点）を意味する。
- 「グループORSA」とは、グループ・レベルで実施されるORSAをいう。
- 「一体型のORSA文書」とは、監督当局との合意に基づいて行われる、同一の基準日および期間に、グループ・レベルとそのグループの子会社レベルで実施され、その結果が一つの文書のなかにまとめられたORSAをいう。

セクションⅠ：総則

ガイドライン1－比例原則
1.14. 保険会社は、事業に固有のリスクの特性、規模および複雑性を勘案したうえで、全般的な資本必要額を評価する適切かつ十分な技法を用い、自社の組織構造とリスク管理態勢にあわせてカスタマイズした、独自のORSAプロセスを整備しなければならない。

ガイドライン2－管理部門、経営部門および監督部門の役割（トップダウン・アプローチ）
1.15. 管理部門、経営部門および監督部門は、どのように評価を実施するかに関し、方法の検討やその結果の検証も含め、ORSAに主体的にかかわらなくてはならない。

ガイドライン3－文書化
1.16. 保険会社は少なくともORSAに関し、下記の文書を整備しなければならない。
   a) ORSAポリシー
   b) ORSAにおける各活動の記録
   c) ORSA内部向け報告書
   d) ORSA監督当局向け報告書

セクションⅡ：ORSAポリシー

ガイドライン4－ORSAポリシー
1.17. ORSAポリシーは、一般的なガバナンス・ポリシーに基づいて整備されたガイドラインに準拠したものであることに加え、少なくとも下記を含むものとしなければならない。
- a) 将来の見通しに関する視点がどのように取り入れられているかを含む、ORSA実施のために整備されたプロセスおよび手順の説明
- b) リスク・プロファイル、承認されたリスク許容限度、および全般的な資本必要額との間の関連性の考慮
- c) 下記に係る情報
  - (i) ストレス・テスト、感応度分析、およびリバース・ストレス・テストの実施方法、ならびにその頻度
  - (ii) データ品質要件
  - (iii) （定期的な）ORSAの実施の頻度およびその実施時期、ならびに臨時ORSAの実施が必要となる状況

セクションⅢ：各ORSAの記録

ガイドライン5－一般規則
1.18. ORSAとその結果は、適宜証拠を付し、社内で文書化しなければならない。

セクションⅣ：ORSAに関する内部向け報告書

ガイドライン6－ORSAに関する内部向け報告書
1.19. ORSAのプロセスと結果が管理部門、経営部門および監督部門によって承認された後、ORSAの結果と結論に係る情報は、少なくとも関係者全員に対し報告されなければならない。

セクションⅤ：ORSA実施に関する具体的特徴

ガイドライン7－認識と評価
1.20. 保険会社が、全般的な資本必要額の評価にあたって、ソルベンシーⅡの基準とは異なる認識基準と評価基準を用いている場合には、健全で慎重な事業運営の要件を遵守しつつ、その異なる認識基準と評価基準によって、自社の具体的なリスク・プロファイルと承認ずみのリスク許容限度と事業戦略に関する検討がどのように確保されているかを説明しなければならない。

1.21. 保険会社はその異なる認識基準と評価基準が、全般的な資本必要額の評価に及ぼす影響を、定量的に見積もらなければならない。

ガイドライン8－全般的な資本必要額の評価
1.22. 保険会社は定量的観点と定性的な観点から全般的な資本必要額を決定したうえで、リスクに関する定性的な説明を通じて定量化を補う必要がある。

1.23. また全般的な資本必要額の評価に関する適切な基準を設定するために、保険会社は検出されたリスクについて、十分に広範なストレス・テストやシナリオ分析を行わなければならない。

ガイドライン9－将来に向けた展望
1.24. 全般的な資本必要額に関する保険会社の評価は、将来の見通しをふまえたものとしなければならない。

ガイドライン10－規制上の資本要件
1.25. 保険会社は、規制上の資本要件を継続的に遵守しているかどうかを確実に評価するために、少なくとも下記に関する評価をORSAに含めなければならない。
   a) 保険会社のリスク・プロファイル、およびストレスがかかった状況が将来的に変化する可能性
   b) 事業計画策定期間全体にわたる、自己資本の質と量
   c) 種類別の自己資本の構成、および事業計画策定期間中に償還、返済または満期の到来によってこの構成がどのように変化する可能性があるか

ガイドライン11－技術的準備金
1.26. ORSAの一環として保険会社は、技術的準備金の算定要件が継続的に遵

守され、その算定から生ずるリスクに関する情報が数理部門から得られるよう、確実を期さなくてはならない。

ガイドライン12－SCR算定の基礎となる前提条件からの乖離
1.27. 保険会社は最初に定性的な観点から、自社のリスク・プロファイルと、SCR算定の基礎となる前提条件との間の乖離を評価してもさしつかえない。この評価の結果、保険会社のリスク・プロファイルがSCR算定の基礎となる前提条件から著しく乖離していることが判明した場合には、当該保険会社はその乖離の重要性を定量化しなければならない。

ガイドライン13－戦略的経営プロセスと意思決定体制との連携
1.28. 保険会社は、ORSAの結果とそのプロセスから得られた知見を、少なくとも中長期的な資本管理、事業計画の策定、商品開発および商品設計といったガバナンス態勢に対する検討材料としなければならない。

ガイドライン14－ORSAの実施頻度
1.29. 保険会社は少なくとも年に1回はORSAを実施しなければならない。なかでも、リスク・プロファイルと自己資本の状況からみた全般的な資本必要額の変動性を勘案したうえで、評価の頻度を設定する必要がある。また保険会社は、評価頻度の適切性を説明できるようにしなければならない。

セクションVI：グループORSAの特徴

ガイドライン15－グループORSAの範囲
1.30. グループは、グループ体制の特質およびそのリスク・プロファイルを反映させた、グループORSAを整備する必要がある。グループの監督下にあるすべての事業体をその対象に含める必要がある。これには、EEA（欧州経済領域）内だけでなく、EEA外の、保険会社、再保険会社、ならびに規制対象と規制対象外の会社が含まれる。

ガイドライン16－監督当局への報告
1.31. グループORSAの結果とあわせ、グループの監督者へ提出した文書は、グループの規制監督当局向け報告と同じ言語で作成されなければならない。

1.32. 一体型のORSA文書の場合、子会社のいずれかが、公用語が一体型のORSA文書が報告される言語とは異なる加盟国にその本社を置いている場合には、監督当局は、グループの監督当局、監督当局の団体およびグループと協議したうえで、子会社に関するORSA情報の部分に関して当該加盟国の公用語に翻訳したものを含めるよう当該保険会社に求める場合がある。

ガイドライン17－全般的な資本必要額の評価

1.33. グループORSAは、グループ固有のリスクすべて、グループ内での相互関連性、およびグループのリスク・プロファイルにその相互関連性が及ぼす影響について、適切に特定し、測定し、監視し、管理し、報告しなければならない。
1.34. グループは、想定される分散効果を含め、全般的な資本必要額に関する主要要因を説明できるようにしなければならない。

ガイドライン18－グループORSAに関する原則

1.35. グループORSAの記録は、ガイドライン5に従い、将来の見通しに関する視点に基づいて、下記の要因をどのように考慮しているかの説明を含めなければならない。
    1．追加で新たに自己資本が必要になった場合の、グループ内での自己資本の源泉
    2．自己資本の入手可能性、移転可能性、および代替可能性に関する評価
    3．グループ内で計画されている自己資本の移転とその結果
    4．単体事業体の戦略と、グループ・レベルで設定された戦略との整合性
    5．グループがさらされる可能性がある固有のリスク

ガイドライン19－保険会社グループ、再保険会社、保険持株会社およびグループ内の子会社を網羅した一体型のORSA文書に対する具体的な要件

1.36. 一体型のORSA文書を提出しようとする際には、グループは、対象とする子会社をどのようにして決定するか、また子会社の管理部門、経営部門および監督部門が評価プロセスと結果の承認にどのようにかかわるかについて説明しなければならない。

ガイドライン20－内部モデル利用者

1.37. 内部モデルを利用している場合には、枠組指令第230条に従ってグループのソルベンシー資本要件のみを算定している場合も、枠組指令第231条に従ってグループの内部モデルとして利用している場合も、グループの対象範囲に含まれる関連保険会社のうち、必要資本の算定に内部モデルを利用していない会社と利用しない理由を、グループORSA報告書のなかに記載しなければならない。

ガイドライン21－関連する第三国の保険会社および再保険会社の統合

1.38. グループORSAのなかでは、EEA内での事業に関するリスクを評価する場合と同じ方法で、自己資本の移転可能性および代替可能性に留意しつつ、第三国における事業に関するリスクについて評価しなければならない。

コンプライアンスと報告

1.39. 本文書にはEIOPA規則の第16条に基づいて公表されたガイドラインが含まれている。EIOPA規則第16条(3)に従って、関係当局および金融機関はガイドラインを遵守するべく、最大限の努力を図らなければならない。

2　説明文書

セクションⅠ：総則

1.40. 第45条では、保険会社に対し、リスク管理態勢の一環として定期的なORSAを実施するよう求めている。ORSAの主な目的は、保険会社が自社のビジネスに内在するすべてのリスクを評価し、それに関連して自己資本がどの程度必要かを明らかにできるよう、確実を期すことである。このため保険会社は、リスクと全般的な資本必要額を評価し、監視し、測定するための適切で盤石なプロセスを整備しなければならない。一方で、その評価から得られた成果を当該保険会社の意思決定プロセスに組み込む必要がある。全般的な資本必要

額の評価を実施するにあたっては、会社全体から適切な情報を得ることが必要である。単に報告書を作成したり、テンプレートに記入したりすることだけでは、ORSAを遵守したことにはならない。

1.41. 「全般的な資本必要額」の評価とは、保険会社が、必要となる自己資本やリスク軽減策を通じて、自社が直面するリスクを管理しようと考える方法が反映されている。これには、リスク・プロファイルや承認ずみのリスク許容限度や経営方針を考慮する。全般的な資本必要額の決定を通じて、リスクを保持するか移転するかを評価し、保険会社の自己資本管理を最適化するにはどうすべきかを検討するほか、適切な保険料の水準を定め、他の戦略的決定に対する情報を提供できるようになることが期待されている。

1.42. ORSAを通じて、保険会社は自社の規制資本が適切かどうかを判断できるようになる。保険会社には常に、最低資本要件（MCR）とソルベンシー資本要件（SCR）により規制資本要件を満たすよう、確実を期すことが求められており、ORSAのなかで、その目的を果たしているかどうかを評価しなければならない。また標準フォーミュラか内部モデルのどちらかで算定したSCRが、当該保険会社のリスク・プロファイルに照らし合わせ妥当かどうかを検討することも求められている。

1.43. 保険会社はその事業とリスク・プロファイルに対し妥当であるかどうかを判断する手がかりとして規制資本要件だけを拠り所とすべきではない。保険会社には、リスク管理に欠かせない部分として、特定のリスク・エクスポージャーと事業目標の点からみて保有が必要な、自己資本（量、質など）に関して独自の評価を行うことが求められる。保険会社がさらされているリスクを資本必要額に置き換えるため、リスクと自己資本管理を別々に検討することは適切ではない。

1.44. 全般的な資本必要額の評価は、各保険会社独自の分析であるため、保険会社はその評価に柔軟な対応を盛り込んでもさしつかえない。

ただし、監督当局の期待は、規制資本と技術的準備金の要件の継続的な遵守、に加え、保険会社のリスク・プロファイルとSCRの算定の基礎となる前提条件との間の乖離の評価に関し、より具体的なものとなってきている。

1.45. ORSAでは、保険会社が他で関連する作業の実施をすでに要求されている可能性があるが、その場合には作業を重複して行うことは求められない。ただし、その作業結果はORSAのなかでも考慮の対象とする。

ガイドライン１－比例原則（枠組指令第45条２項）
　保険会社は、事業に固有のリスクの特性、規模および複雑性を勘案したうえで、全般的な資本必要額を評価する適切かつ十分な技法を用い、自社の組織構造とリスク管理態勢に合わせてカスタマイズした、独自のORSAプロセスを整備しなければならない。

1.46. 全般的な資本必要額の評価は、必ずしも複雑な手法で行うことが求められているわけではない。採用される手法は、（単純な）ストレス・テストから、より高度化された経済資本モデルに至るまで、多岐にわたる可能性がある。このような経済資本モデルが利用される場合には、第112条から第126条に従って、SCR算定に対し内部モデルの要件を満たす必要はない。

1.47. 比例原則は、使用される手法の複雑度だけではなく、当該保険会社が整備するORSAの頻度や、ORSAに含まれるさまざまな分析の細分化の程度にも反映されなければならない。

ガイドライン２－管理部門、経営部門および監督部門の役割（トップダウン・アプローチ）（枠組指令第45条）
　管理部門、経営部門および監督部門は、どのように評価を実施するかに関し、方法の検討やその結果の検証も含め、ORSAに主体的にかかわらなくてはなら

ない。

1.48. AMSBはORSAポリシーを承認し、ORSAが適切に整備され実施されるよう確実を期すものとする。

1.49. ORSAは、保険会社がさらされているリスクや、将来的に直面する可能性があるリスクを包括的に表すものであり、当該保険会社のAMSBにとって非常に重要なツールである。ORSAを通じて、AMSBはこれらのリスクだけでなく、そのリスクがどのように資本必要額に置き換わるか、またどのような軽減策が必要かを把握できるようになる。

1.50. AMSBはリスクの特定と評価に加え、検討対象となる要因に関して検証を行う。またAMSBは、一部のリスクが顕在化した場合にとるべきマネジメント・アクションに関する指示も行う。

1.51. ORSAの一環として、AMSBには、保険会社のリスクに関する評価の点から算定の基礎が適切であるよう確実を期すために、SCR算定の基礎となる前提条件に対しても検証を行うことが求められている。

1.52. ORSAを通じて得られた知見を活かし、自社として決定した事業戦略とリスク戦略を勘案したうえで、短・長期的な資本計画を承認することもAMSBの責任である。この対策には、予期しないきびしい状況に陥った際でも規制資本要件を満たせるような、代替案も含めるものとする。

ガイドライン３－文書化（枠組指令第45条２項）
保険会社は少なくともORSAに関し、下記の文書を整備しなければならない。
 a) ORSAポリシー
 b) ORSAにおける各活動の記録
 c) ORSA内部向け報告書
 d) ORSA監督当局向け報告書

1.53. 情報の文書化を行うにあたって、新しい報告書や文書を作成することは必須ではない。既存の文書のなかに関連性のある情報が含まれている場合には既存の文書を参照したうえで、全体像を表示するために必要な範囲に限って追加情報を記録することで要件を満たすものとする。

セクションⅡ：ORSAポリシー

> **ガイドライン４－ORSAポリシー　（枠組指令第45条２項）**
> ORSAポリシーは、一般的なガバナンス・ポリシーに基づいて整備されたガイドラインに準拠したものであることに加え、少なくとも下記を含むものとしなければならない。
> a) 将来の見通しに関する視点がどのように取り入れられているかを含む、ORSA実施のために整備されたプロセスおよび手順の説明
> b) リスク・プロファイル、承認されたリスク許容限度、および全般的な資本必要額との間の関連性の考慮
> c) 下記に係る情報
> 　(i) ストレス・テスト、感応度分析、およびリバース・ストレス・テストの実施方法、ならびにその頻度
> 　(ii) データ品質要件
> 　(iii)（定期的な）ORSAの実施の頻度およびその実施時期、ならびに臨時ORSAの実施が必要となる状況

1.54. 第41条(3)に従って、保険会社にはリスク管理方針を文書化することが求められている。リスク管理にはORSAが含まれているため、保険会社はリスク管理方針の一環として、ORSAポリシーを整備しなければならない。

セクションⅢ：各ORSAの記録

> **ガイドライン５－一般規則（枠組指令第45条）**
> ORSAとその結果は、適宜証拠を付し、社内で文書化しなければならない。

1.55. 保険会社は各ORSAの実施と、SCR算定の裏付けとなる前提条件とリスク・プロファイルとの乖離に関する評価について、第三者がその評価結果を判断できる程度まで詳細に記録する。

1.56. 各ORSAの記録に含まれるものは以下のとおりである。

 a) 検討対象としたリスクの内容と説明を含む、個々のリスクの分析

 b) リスク評価と資本配分プロセスとの関連性、および承認ずみのリスク許容限度がどのように検討されたかに関する説明

 c) 自己資本でカバーされていないリスクをどのように管理しているか、その方法に関する説明

 d) 採用したアプローチの基礎となる前提条件の一覧とその根拠、相互依存関係を明らかにするために使用したプロセスがあればその詳細、選択した信頼水準があればその根拠、採用したストレス・テストとシナリオ分析の内容とその結果を検討した際の方法、パラメータとデータの不確実性の評価方法に関する説明とあわせ、主な体制に関する詳細な内容を含んだ、ORSAの評価に使われているアプローチの詳細

 e) SCR算定に承認ずみの内部モデルを使用している保険会社に対しては、承認ずみの内部モデルに対して行った変更があれば、その詳細

 f) 事業計画期間の期末時点と一年間を通じた、全般的な資本必要額の金額・規模、ならびにこれらの年月にわたる必要資本を保険会社がどのようにして確保するか、その詳細

 g) 規制資本と技術的準備金の要件への継続的な遵守状況の評価に関する結論とその根拠の詳細

 h) 当該保険会社のリスク・プロファイルと、SCR算定の基礎となる前提条件との比較を通じて洗出しされた差異の特定と説明。いずれの方向に乖離しようと、重要であると考えられる場合には、内部文書で、当該保険会社がどのような対応を行っ

たか、または今後行う予定であるかを明らかにする。
- i) 評価に基づくアクション・プランとその根拠。これには、必要に応じ追加の自己資本を調達するための戦略と、当該保険会社の財政状態を改善するための対応策の実施予定時期を文書化することが求められる。
- j) 将来の見通しに関する視点で検討された内外の要因の詳細
- k) 予定されているマネジメント・アクションについて、その説明と根拠を含めた詳細な内容、およびそれが評価に及ぼす影響
- l) AMSBが検証を行ったプロセスの記録

セクションⅣ：ORSAに関する内部向け報告書

> **ガイドライン6－ORSAに関する内部向け報告書（枠組指令第45条）**
> ORSAのプロセスと結果が管理部門、経営部門および監督部門によって承認された後、ORSAの結果と結論に係る情報は、少なくとも関係者全員に対し報告されなければならない。

1.57. AMSBに報告される情報は、AMSBがそれを戦略的意思決定プロセスに利用できるだけでなく、必要なフォロー・アップがとられたことを他のスタッフが確認できるよう、十分に詳細なものでなければならない。

1.58. 保険会社が作成した内部向け報告書は、ORSAの監督当局向け報告書のよりどころとなる場合がある。内部向け報告書が監督当局向けの報告にも相応しいほど詳細なものになっていると考える場合には、保険会社が、同じ報告書を各国の監督当局向けに提出してもさしつかえないものとする。

セクションⅤ：ORSAの実施に関する特徴

> **ガイドライン7－認識と評価（枠組指令第45条1項(a)および2項）**
> 　保険会社が、全般的な資本必要額の評価にあたって、ソルベンシーⅡの基準とは異なる認識基準と評価基準を用いている場合には、健全で慎重な事業運営の要件を遵守しつつ、その異なる認識基準と評価基準によって、自社の具体的なリスク・プロファイルと承認ずみのリスク許容限度と事業戦略に関する検討がどのように確保されているかを説明しなければならない。
> 　保険会社はその異なる認識基準と評価基準が、全般的な資本必要額の評価に及ぼす影響を、定量的に見積もらなければならない。

1.59. 影響度に関する定量的な見積りには、貸借対照表上への影響をすべて含めるものとする。リスク間の分散効果（相関）も、この評価のなかで検討しなければならない。このなかで、保険会社には標準フォーミュラに組み込まれている相関を使うことは義務付けられておらず、固有のビジネスやリスク・プロファイルにより適していると考えられるものがあれば他の相関を利用してもよい。

> **ガイドライン8－全般的な資本必要額の評価（枠組指令第45条1項(a)）**
> 　保険会社は定量的観点と定性的観点から全般的な資本必要額を決定したうえで、リスクに関する定性的な説明を通じて定量化を補う必要がある。
> 　また全般的な資本必要額の評価に関する適切な基準を設定するために、保険会社は検出されたリスクについて、十分に広範なストレス・テストやシナリオ分析を行わなければならない。

1.60. 全般的な資本必要額の評価にあたって保険会社は、定量化可能なリスクすべてに対しバッファーとして自己資本を利用しないかわりにそれらのリスクを管理し軽減すると決定することも可能である。ただし、保険会社は依然として、すべての重要なリスクについて評価を行わなければならない。

1.61. この評価では、風評リスクや戦略リスクのように定量化できないリスクも含め、すべての重要なリスクを対象としている。この評価にはいくつかの形式がとられる可能性がある。すなわち、定量的な手法や評価額や一定の範囲の数値に基づいた「純然たる」定量化、もしくは前提条件またはシナリオに基づいて見積もられた定量化、あるいは多少なりとも判断の要素を含む評価もある。いずれにしても保険会社にその評価に関する根拠を示すことが求められている。

1.62. 保険会社がグループに属する場合には、そのORSAでは、単体の事業体に重要な影響を及ぼす可能性があるすべてのグループ・リスクを検討対象としなければならない。

1.63. リスク・プロファイルは保険会社が使用するリスク軽減手法に左右されるため、再保険による影響や有効性、また他のリスク軽減策に関する評価がORSAのなかで重要な役割を果たしている。有効なリスク移転がない場合には、全般的な資本必要額の評価のなかで検討しなければならない。

1.64. 自社がさらされているリスクをすべて特定したうえで、保険会社は、そのリスクをすべて自己資本でカバーするか、あるいはリスク軽減策で対応するか、またはその両方で対応するかについて決定する。

1.65. リスクを自己資本でカバーする場合には、リスクを見積り、重要性の水準を特定する必要がある。重要なリスクに対しては、当該保険会社は必要な自己資本を決定したうえで、リスクがどのように管理されるかを説明しなければならない。

1.66. リスク軽減策によってリスクに対応する場合には、当該保険会社は、どのリスクに対しどの手法で対応するか、またその根拠となる理由を説明する。

1.67. 保険会社が、リスクをカバーするための十分な財源または必要時に追加資本を調達できるような現実味のある計画をもっているかどうかについて、事業戦略や事業計画の評価を行う必要がある。財源の

十分性を評価するにあたっては、保険会社は異なるシナリオに基づいて、特にその損失吸収力の点から自己資本の質とボラティリティを考慮しなければならない。

1.68. 全般的な資本必要額を評価する際には、会社全体から適切に情報を得ることが求められる。全般的な資本必要額がSCR算定と異なる点の一つは、事業計画期間を通じて決定された期間にわたって当該保険会社が直面する可能性がある長期的なリスクを含め、すべての重要なリスクを検討するということである。SCRでは定量化可能なリスクしか考慮の対象とされないが、当該保険会社には、定量化できないリスクがどの程度まで自社のリスク・プロファイルの一部となるか、その程度を特定し評価すると同時に、それが適切に管理されるよう確実を期すことが期待されている。

1.69. 全般的な資本必要額に関する評価には、少なくとも下記を含めるものとする。

　　a) グループ保険会社間取引およびオフ・バランス・シート取引を含む、すべての資産および負債から生ずるリスクを評価に反映させること
　　b) 保険会社の管理実務、システムおよび統制を評価に反映させること
　　c) 業務や体制の不適切さや不備から生ずる可能性があるリスクを考慮したうえで、保険会社のガバナンス態勢の適切性、プロセスやインプットの質について評価すること
　　d) 事業計画と資本必要額を結びつけること
　　e) 潜在的な将来のシナリオを明らかにすること
　　f) 潜在的な外的ストレスに対処すること
　　g) 全般的な資本必要額の評価と首尾一貫した評価基準を用いること

1.70. 全般的な資本必要額を評価する際には、保険会社は不利な状況に陥った場合に適用される可能性がある、マネジメント・アクション

についても考慮に入れなければならない。このような将来に向けたマネジメント・アクションに依拠する場合には、保険会社は、財務上の影響も含めその施策を行うことによる影響を評価したうえで、リスク軽減措置としてのマネジメント・アクションの有効性に影響を及ぼす前提条件を考慮する。またこの評価は、資金が逼迫した場合に、どのようにマネジメント・アクションが実施されるかについても取り扱ったものとなっていなければならない。

1.71. SCR算定に内部モデルを利用する保険会社には、検証基準の一環として、定期的に独自のストレス・テストとシナリオ分析を整備し、実行することが求められている。保険会社はORSA向けに追加でストレスとシナリオを整備する必要性があり、その場合のストレスとシナリオの設定プロセスは、内部モデルの要件と整合したものでなくてはならない。

1.72. 保険会社が全般的な資本必要額の評価の基準として標準フォーミュラを利用している場合、保険会社には、その標準フォーミュラが自社の事業に固有のリスクに見合い、リスク・プロファイルを反映していることを実証することが期待されている。

1.73. SCR算定のために自社に特有のパラメータを使うことが承認されている場合には、保険会社が承認したそのパラメータと、全般的な資本必要額の評価に使われているパラメータは同じものでなければならない。

1.74. 内部モデル利用者の場合、ORSAに照らし合わせ適切なものである場合、内部モデルの承認に求められる説明と根拠を利用することが可能である。ただし、ORSAでは、SCR算定に利用される内部モデルではなく、異なった認識や評価基準を使っている場合には、その内容を具体的に説明する。

> **ガイドライン９－将来に向けた展望（枠組指令第45条）**
> 全般的な資本必要額に関する保険会社の評価は、将来の見通しをふまえたものとしなければならない。

1.75. 保険会社が企業として継続して存続する能力があるかどうかと、SCR算定よりも長いタイム・ホライズンにわたって必要となる財源を確保できるかどうかを分析することは、ORSAの重要な役割である。

1.76. 清算中でない限り、保険会社は、継続企業として存続することを確保する方法を検討しなければならない。そのためには、現在のリスクだけでなく、過去から将来まで長期にわたって直面する可能性があるリスクについても評価する必要がある。つまり、保険会社のビジネスの複雑さによっては、事業計画など保険会社の財務計画の重要部分となる事業の長期予測や、経済価値ベースのバランス・シート予測やそれを調整する変動分析などが必要になる可能性がある。これらの予測には、当該保険会社が全般的な資本必要額と自己資本に関する見解をまとめ、適宜、ORSAに反映させることが求められる。

1.77. 保険会社は、その事業計画期間にわたる資本必要額を予測する必要がある。この予測は、予測期間にわたって、リスク・プロファイルと事業戦略が変化する可能性、ならびに利用した前提条件に対する感応度を考慮することが求められる。

1.78. 事業計画期間は、保険会社によっても異なる。ただし、定期的に策定される事業計画や現行の事業計画に対する変更は、予測期間末になって見込まれる新しいリスク・プロファイル、事業規模や事業の組合せを勘案したうえで、ORSAに反映させる必要がある。意思決定に対して適切な判断基準を提供し、重要なリスクと事業計画のなかに内在するソルベンシーへの影響を特定するために、当該計画に対して予想されるさまざまなシナリオを検証しなければならない。

1.79. このため保険会社はその全般的な資本必要額や自己資本に対してマイナスの影響を及ぼす可能性がある外的要因を特定し、検討対象とする。そのような外的要因としては、経済情勢の変化、法務環境や財務環境の変化、あるいは保険業界の変化もしくは、保険会社の引受リスクに影響を及ぼすような技術面での進化、具体化する可能性が高く、具体化した場合適切な検討が必要とされるような事象がある。資本管理計画と資本予測では、予期しない外部要因の変化にどう対応するかを検討することが保険会社に対して求められる。

1.80. 資本計画には、計画対象期間にわたる資本要件と自己資本の予測が含まれる（また資本増強に関する必要性も含む）。その予測に用いられる合理的な方法、前提条件、パラメータ、相互依存性または信頼水準に関しては、保険会社ごとに決定するものとする。

1.81. 事業計画や資本計画の一環として、保険会社には定期的にストレス・テストやリバース・ストレス・テストやシナリオ分析を行い、ORSAに組み入れることが求められる。ストレス・テストの対象範囲と実施頻度は、保険会社の事業とリスク・プロファイルの特性、規模や複雑さをふまえたうえで、比例原則と整合したものでなければならない。

ガイドライン10－規制上の資本要件（枠組指令第45条1項(b)）

保険会社は、規制上の資本要件を継続的に遵守しているかどうかを確実に評価するために、少なくとも下記に関する評価をORSAに含めなければならない。
- a) 保険会社のリスク・プロファイル、およびストレスがかかった状況が将来的に変化する可能性
- b) 事業計画策定期間全体にわたる、自己資本の質と量
- c) 種類別の自己資本の構成、および事業計画策定期間中に償還、返済または満期の到来によってこの構成がどのように変化する可能性があるか

1.82. 規制資本と技術的準備金に関する要件を継続的に遵守しているかど

うかに関するORSAの評価では、認識と評価の基準は、ソルベンシーⅡの原則と一致していなければならない。

1.83. 継続的な遵守とは、常に規制資本要件を再計算する義務を課すものではない。従前にソルベンシー算定を全面的に実施したあとで、適格自己資本と資本要件の変動を十分に正確に見積もる際には、一部について算定を行い、その他については見積りを行うほうが適していることもある。算定と見積りのどちらを選択するかとその頻度は、資本要件と自己資本の変動だけでなく、ソルベンシーの水準にも左右される。この決定は保険会社の裁量に委ねられ、保険会社には、頻度と規制資本要件の算定を全面的に行うか、部分的に行うか、あるいは見積りで行うかを決定し、その根拠を明らかにすることが求められている。ただし、リスク・プロファイルが著しく変化した場合には、枠組指令第102条(1)のサブ・パラグラフ4に従って、いかなる場合でも全面的な算定が求められる。

1.84. 保険会社のリスク・プロファイルが変化すれば、MCRとSCRに影響を及ぼすため、資本管理のプロセスにも反映させる必要がある。保険会社のリスク管理を決定するにあたっては、全般的な資本必要額や規制資本要件、財源に加え、リスク・プロファイルの変化がそれらにどのような影響を及ぼす可能性があるかを検討する必要がある。

1.85. また評価においては、ストレスがかかった状況で発生する可能性がある自己資本への変化についても検討する必要がある。保険会社には、ビジネスの強靭力を評価するために、ストレス・テストとシナリオ分析の双方を実施することが望まれている。

1.86. 資本要件の変動に関連して自己資本を検討するにあたっては、保険会社は少なくとも下記について検討しなければならない。

　　a) 適格自己資本がSCRを上回る範囲と、SCRに抵触する前に、保険会社に生じうる損失

　　b) SCRの増加は、従前は限度額を超えていたため不適格であっ

た項目が、SCRが増加した結果適格となる場合も考えられるため、保険会社がSCRの増加に見合う十分な資金を保有しているかどうか。

1.87. 自己資本の量や質や構成を検討するにあたっては、保険会社は下記を検討しなければならない。

a) 基礎的な自己資本と補助的な自己資本の組合せ、およびその階層、相対的な品質と損失吸収力の組合せ

b) 現在のビジネスに係る、将来保険料に含まれる期待利益（EPIFP）を技術的準備金に含めたことによるネット・キャッシュ・フロー

c) （損失またはバリュエーションの変動により）自己資本の減少、または資本要件の増加を受けて、どのようにしてSCRとMCRの遵守を確保するか

1.88. 将来の自己資本要件を検討するにあたっては、保険会社は下記について検討しなければならない。

a) 資本性金融商品の発行、償還、返済、配当および、その他利益または資本の分配、補助的な自己資本に対する払込みなどの資本管理。これには、ストレス下における予測の変更とコンティンジェンシー・プランを含めなければならない。

b) 移行措置として保険会社が自己資本項目として算入できる程度、およびその規定が満了するまでの期間

c) 資本管理、リスク・プロファイル、予想されるストレスがかかった状況の変化との相互関係

d) 必要になった場合に、適切な質の自己資本を適時に調達できる能力。これは資本市場での調達力、市場環境、特定の投資家層、投資家またはそのグループの他のメンバーへの依存度、および同時期に資金調達を求める他の保険会社への影響

e) 自己資本の平均期間（契約上の期間、償還期限または払込請求期日など）がどのように自社の保険負債と将来の自己資本必要

　　　　　額と関連するか

　　　f)　現在のビジネスに係る、将来保険料に含まれる期待利益（EPIFP）を技術的準備金に含めたことによるネット・キャッシュ・フローを算定するために用いられる手法と主な前提条件、および、期待キャッシュ・フローの変動から生ずる、基本的な自己資本の変動に対し、保険会社がどのように対応するか

1.89.　保険会社は、将来のストレス事象が発生した後に自己資本の充実度やキャッシュ・フローを維持または改善することが現実的に可能な補完的な施策と相殺措置についても評価し、特定する。

1.90.　資本管理では、保険会社の事業の特徴に加え、ガイドライン第138条と第139条に従って、修正措置のために利用可能なスケジュールを考慮しなければならない。

ガイドライン11－技術的準備金（枠組指令第45条1項(b)）
　ORSAの一環として保険会社は、技術的準備金の算定要件が継続的に遵守され、その算定から生ずるリスクに関する情報が数理部門から得られるよう、確実を期さなくてはならない。

1.91.　技術的準備金に対する要件が継続的に遵守されているかどうかを評価するためには、技術的準備金の算定に関する定期的なレビューに係るプロセスと手続が整備されていなければならない。

1.92.　要件への遵守状況と技術的準備金の算定から生ずるリスクに関する情報は、保険数理部門の年次報告書に含まれる情報と一致していなければならない。

ガイドライン12－SCR算定の基礎となる前提条件からの乖離（枠組指令第45条1項(c)）
　保険会社は最初に定性的な観点から、自社のリスク・プロファイルと、SCR算定の基礎となる前提条件との間の乖離を評価してもさしつかえない。この評

> 価の結果、保険会社のリスク・プロファイルがSCR算定の基礎となる前提条件から著しく乖離していることが判明した場合には、当該保険会社はその乖離の重要性を定量化しなければならない。

1.93. 保険会社のリスク・プロファイルと、SCR算定の基礎となる前提条件との乖離の重要性に関する評価は、保険会社がSCR算定の基礎となる前提条件を把握しており、その前提条件が適切かどうかを検討できるよう確実を期すために重要なツールである。このため、保険会社はその前提条件とそのリスク・プロファイルへの理解を比較しなければならない。このプロセスでは、保険会社が事業上適切であるとして、規制資本要件のみに依拠することがないようにしなければならない。

1.94. 標準フォーミュラの利用者が評価を行えるように、SCR算定が基礎としている前提条件に関する情報は、保険会社にも利用可能とする。

1.95. 標準フォーミュラが利用されている場合、標準フォーミュラ、(サブ) モジュールと (サブ) モジュールの基本構成要素の関連性に従って、保険会社はSCRの算定の (サブ) モジュールの基礎となる関連する前提条件と固有のリスク・プロファイルとの間の重要な乖離を評価しなければならない。

1.96. 保険会社が入念な検討を必要とする、自社のリスク・プロファイルとSCRの算定の基礎となる前提条件との間に生ずる可能性がある差異の領域としては、標準フォーミュラで検討対象とならないリスクや、自社のリスク・プロファイルと比較して標準フォーミュラでは過少または過大に見積もられているリスクがある。その評価プロセスは下記のとおりである。

　　a) リスク・プロファイルの分析とリスクのランク付けを含む、標準フォーミュラが妥当なものであるという理由の評価

　　b) 再保険契約の影響、分散効果および他のリスク軽減策による

　　　　　効果を含めた、リスク・プロファイルの変化に対する、標準
　　　　　フォーミュラの感応度分析
　　　c) 保険会社固有のパラメータを含む主要パラメータに対する、
　　　　　SCRの感応度評価
　　　d) 標準フォーミュラのパラメータまたは保険会社特有のパラ
　　　　　メータの適切性に関する詳細
　　　e) リスクの特性、規模および複雑性の点から判断した、簡便的
　　　　　方法を用いた根拠の説明
　　　f) 標準フォーミュラによる結果がどのように意思決定プロセス
　　　　　で利用されているかに関する分析

1.97. 定性的評価および定量的評価の結果、保険会社のリスク・プロファイルとSCRとの間に著しい乖離があると判明した場合には、保険会社はその乖離への対処方法を検討しなければならない。保険会社には、それが認められる場合には自社特有のパラメータを利用してリスク・プロファイルを標準フォーミュラに擦り合わせるという選択肢があるほか、（部分的に）内部モデルを整備する選択肢も考えられる。また、リスク回避を行う方法も可能である。

1.98. 保険会社が、ORSAを通じて明らかになった全般的な資本必要額の金額とSCRとを比較することによって、自社のリスク・プロファイルが、SCRの裏付けとなる前提条件から著しく乖離しているかどうかを判断できる見込みは薄い。全般的な資本必要額の金額とSCRは異なる基準に基づいて算定されており、異なる項目が含められている場合もあるため、算出された金額は容易に比較可能なものではない。下記のとおり、リスク・プロファイルとの乖離とは関係ない差異であることの根拠は多数ある。

　　　a) 保険会社は、業務上、SCR算定の基礎となる前提条件と比較
　　　　　して、異なる信頼水準やリスク測定で事業を行う可能性がある
　　　　　こと。たとえば、保険会社が格付対策で自己資本の維持を選択
　　　　　する場合もある。これは、SCRの較正に用いられる場合よりも

信頼水準が高いことを意味している

　　b）保険会社が事業計画上、SCRの根拠となるタイム・ホライズンとは異なるタイム・ホライズンを用いる場合があること

　　c）ORSAを通じて、保険会社が自社のリスク・プロファイルに影響を及ぼす可能性がある、合意ずみのマネジメント・アクションを検討する場合もあること

内部モデル利用者

1.99. 保険会社がSCR算定に内部モデルを利用している場合には、当該保険会社は、ソルベンシーⅡ枠組指令第120条に規定されるとおり、内部モデルがORSAで重要な役割を果たしていることを実証しなければならない。

1.100. 内部モデルはそれ自体がORSAのためのツールである一方、ORSAの実施を通じてテストや基準への遵守を確保するための継続的な検証を行っているという意味では、ORSAが内部モデルのためのツールでもある。要件に従って、内部モデルの利用者は、ユース・テスト、統計上の品質基準、較正基準、損益の帰属テスト、検証基準および文書化基準を承認時点かつ継続的に遵守しなければならない。ORSAの各項目は、この検証のなかで重要な役割を果たす可能性がある。

内部モデル利用者－全般的な資本必要額

1.101. ユース・テストをパスするためには、ORSAでは承認ずみの内部モデルが重要な役割を担っている。これは、内部モデルを運用するだけでは全般的な資本必要額の評価にならないことを意味している。このため、ORSAでは、下記に係る評価も含めている。

　　a）部分的に内部モデルが使われている場合に、ソルベンシー・ポジションに対し、対象外の重要なリスクや主な保険種目が及ぼす影響

b） モデルの対象内のリスクと、対象外にあるリスクとの相互関係
c） 内部モデルによってカバーされているリスク以外のリスクの特定。これは内部モデルを変える契機となる可能性がある。

内部モデル利用者－SCR算定の裏付けとなる前提条件との乖離

1.102. 内部モデルは承認時点での保険会社のリスク・プロファイルを反映したものであるにもかかわらず、当該保険会社のリスク・プロファイルが変化するに伴い、時間が経つにつれて乖離する場合がある。AMSBに対しては内部モデルが継続的に適切なものであるよう確実を期すという要件が課されているにもかかわらず（第120条）、適時に更新や変更が行われなかった場合もある。

1.103. 保険会社は、前提条件が引き続き適切なものであり、内部モデルに継続して自社のリスク・プロファイルが適切に反映されるよう確実を期すために、内部モデルに従って、SCR算定の裏付けとなる前提条件を評価しなければならない。

ガイドライン13－戦略的経営プロセスと意思決定体制との連携（枠組指令第45条4項）

保険会社は、ORSAの結果とそのプロセスから得られた知見を、少なくとも中期的な資本管理、事業計画の策定、商品開発および商品設計といったガバナンス態勢に対する検討材料としなければならない。

1.104. 事業戦略を決定するにあたっては、保険会社はORSAからの結果を検討しなければならない。

1.105. 事業戦略に欠かせない要素として、保険会社は全般的な資本必要額と規制資本要件を管理し、保険会社がさらされているすべての重要なリスクの管理と事業戦略を一体化させるための独自の方針を整備する必要がある。したがって、ORSAは経営管理、なかでも戦略的

意思決定、オペレーショナル・プロセスや管理プロセスに組み込まれることになる。

1.106. ORSAには事業戦略を反映することが求められる。したがってORSAを実施する際には、保険会社は全般的な資本必要額に加え、事業戦略と、リスクの状況や規制資本要件に影響を及ぼす、戦略的意思決定を考慮に入れることになる。逆にいえば、AMSBは、戦略的意思決定が、保険会社のリスク・プロファイルと規制資本要件と全般的な資本必要額に及ぼす影響を把握したうえで、その影響が、自社の自己資本の質や量に照らし、望ましく、余裕があり、現実的であるかどうかを判断する必要がある。保険会社のリスクや自己資本に重要な影響を及ぼす可能性がある、戦略的意思決定やそれ以外の重要な決定に関しては、その決定前にORSAを通じて検討する必要がある。保険会社は、ある決定が行われた場合に、全般的な資本必要額に関する前回の評価結果がどのように変わるか、またそれらの決定が規制資本要件にどのような影響を及ぼすか検討を行う必要がある。

1.107. 保険会社が、システムと統制において、リスク軽減のために特定の管理プロセスに依拠している場合には、そのシステムと統制の、ストレス時の有効性を検討する。

ガイドライン14－ORSAの実施頻度（枠組指令第45条）
　保険会社は少なくとも年に1回はORSAを実施しなければならない。なかでも、リスク・プロファイルと自己資本の状況からみた全般的な資本必要額の変動性を勘案したうえで、評価の頻度を設定する必要がある。また保険会社は、評価頻度の適切性を説明できるようにしなければならない。

1.108. ORSAは定期的に実施されるほか、当該保険会社のリスク・プロファイルに重要な変化が生じた場合には、直ちに実施されるものとする。

1.109. 保険会社は、原則としてSCR算定と同日を基準日とする必要があることをふまえ、定期的なORSAをいつ実施するかを決定する。ただし、その基準日の間にリスク・プロファイルに重要な変化がない場合には、異なる基準日を使用することが可能である。

1.110. リスク・プロファイルが著しく変化した後に実施されるORSAは、臨時ORSAと呼ばれる。これに関しては、保険会社は、ストレス・テストやシナリオ分析による自社の経験を利用し、外的要因の変化が自社のリスク・プロファイルに重要な影響を及ぼす可能性があるかどうかを判断することが期待される。

1.111. このような変化は、社内の決定や外部要因によって起きる可能性がある。その例としては、新しい事業の立上げ、承認ずみのリスク許容限度や再保険契約に対する大幅な変更、内部モデルの変更、ポートフォリオの移転または資産構成の大幅な変更などがあげられる。

セクションⅥ：グループORSAの特徴

> **ガイドライン15－グループORSAの範囲（枠組指令第212条および第246条4項）**
>
> グループは、グループ体制の特質およびそのリスク・プロファイルを反映させた、グループORSAを整備する必要がある。グループの監督下にあるすべての事業体をその対象に含める必要がある。これには、EEA（欧州経済領域）内だけでなく、EEA外の、保険会社、再保険会社、ならびに規制対象と規制対象外の会社が含まれる。

1.112. グループORSAでは、グループの特有性をすべて適切に捕捉するが、少なくとも下記を含むものとする。

　　a) グループ特有のリスク（規制対象外の事業体から生ずるリスク、グループ内の相互依存関係、および相互依存関係がグループのリスク・プロファイルに及ぼす影響など）

　　b) 単体では考慮の対象とならない可能性があるものの、グルー

プ・レベルでは検討対象とすべきリスク（危機伝染リスクなど）

　　c) 事業戦略、事業計画期間、リスク・プロファイルなどに関するグループ内の保険会社間の差異

　　d) 各国の特有性、またそれがグループ・レベルに及ぼす影響

1.113. グループORSAの実施に責任がある保険会社グループ、再保険会社または保険持株会社は、グループORSAを実施するために必要な情報のすべてと、ORSAの結果が信頼できるものであるよう、確実を期すことが必要である。

（再）保険会社

1.114. （再）保険会社とは、キャプティブ（再）保険会社を含む、すべての保険または再保険業務を引き受ける事業体をいう。

第三国の事業体

1.115. 第三国の保険会社には、単独でORSAを作成することは求められていないものの、グループの監督対象範囲にある場合には、グループORSAに含めなければならない。

1.116. グループは、第三国の保険会社から生ずる可能性がある、グループ・レベルの評価に対する制約や課題についても検討する必要がある。たとえば、情報入手が阻害される可能性や、保険会社が提供すべき情報がタイムリーに入手できないことなどが考えられる。

規制対象の（再）保険会社以外の事業体

1.117. グループORSAでは、グループ内の（再）保険会社以外の、規制対象の事業体から生ずるすべての重要なリスクも評価の対象とする。これは、かかる事業体が、第221条に従って、保険会社グループが保有する持分に按分してグループのソルベンシーに影響するためである。

規制対象外の事業体

1.118. 規制対象外の事業体は監督下に置かれず、単体でORSAを実施することは期待されていないものの、グループの監督対象範囲にある場合には、グループORSAに含めなければならない。

1.119. 規制対象外の事業体に対してどのような評価を行うかは、当該事業体の特性、規模および複雑性に加え、その事業体がグループ内で果たす役割によって変わってくる。規制対象外の事業体の一部は、戦略設定にあたって重要な役割を果たす可能性があり、その結果としてグループを通じて実施されるグループ・レベルのリスク・プロファイルにも重要な影響を及ぼす場合がある。その一方で、保険持株会社のような規制対象外の事業体は、(第212条(1)(f)に規定される子会社の持分を取得するためなど) 単なる器にすぎない場合もある。グループORSAは、グループの対象範囲内にある規制対象外の事業体すべてから生ずる、特性が異なった重要なリスクを捕捉できるよう、機動的なものでなければならない。

ガイドライン16－監督当局への報告（枠組指令第153条および246条４項）

　グループORSAの結果とあわせ、グループの監督者へ提出した文書は、グループの規制監督当局向け報告と同じ言語で作成されなければならない。一体型のORSA文書の場合、子会社のいずれかが、公用語が一体型のORSA文書が報告される言語とは異なる加盟国にその本社を置いている場合には、監督当局は、グループの監督当局、監督当局の団体およびグループと協議したうえで、子会社に関するORSA情報の部分に関して当該加盟国の公用語に翻訳したものを含めるよう当該保険会社に求める場合がある。

1.120. 下表は、グループORSAに関連した報告要件の概要である。

		第254条(2)、第35条(2)(a)(i)および第294条SRS1案	第254条(2)および第35条(2)(a)(Ⅱ)
グループORSA（子会社の単体の評価は含まない）	保険会社グループ	グループの監督者に向けて報告されるグループORSA監督当局向け報告書に加え、グループSFCRおよびグループRSRのなかの情報	ORSAが実施されるたびに、グループの監督者に向けて報告されるグループORSA監督当局向け報告書
個別のORSA（子会社単体）	子会社	単体の監督当局向けORSA報告書は、グループORSAへの相互参照を含む（監督当局向け報告書）に加え、単体のSFCRおよびRSRのなかの情報	単体の監督当局向けORSA報告書は、グループORSAへの相互参照を含む（監督当局向け報告書）
すべての評価を網羅した一体型のORSA文書（第246条(4)3番目のサブパラグラフのオプション）	保険会社グループ	定期ORSAが実施されるたびに、対象となる監督当局すべてに向けて提出される一体型の監督当局向けORSA報告書に加え、グループSFCRおよびグループRSRのなかの情報	臨時ORSAが実施されるたびに、対象となる監督当局すべてに向けて提出される一体型の監督当局向けORSA報告書

1.121. 具体的には、下記の二つの状況が発生する可能性がある。

  a) 保険会社グループは一体型のORSA文書を適用しない。この場合には、保険会社グループ、再保険会社または保険持株会社は、グループ・レベルでのORSAを実施し、個々の保険会社は単体でORSAを実施する

  b) 保険会社グループ、再保険会社または保険持株会社が一体型のORSAを選択する。この場合、一体型の監督当局向けORSA報告書が提出されなければならない。ただし、対象となる子会

社は、第45条を遵守しなければならない。枠組指令では、文書は関係するすべての監督当局に提出されなければならないとされている。これは、定期的ORSA報告書だけではなく、所定の事象が起きた場合に提出する報告書にも適用される

ガイドライン17－全般的な資本必要額の評価（枠組指令第45条）
　グループORSAは、グループ固有のリスクすべて、グループ内での相互関連性、およびグループのリスク・プロファイルにその相互関連性が及ぼす影響について、
　適切に特定し、測定し、監視し、管理し、報告しなければならない。グループは、想定される分散効果を含め、全般的な資本必要額に関する主要要因を説明できるようにしなければならない。

1.122. グループORSAでは、グループが直面するすべての重要なリスクから生ずる、グループのソルベンシーと関連する保険会社に対する影響を特定する。SCR算定において検討されるリスクに加え、容易に定量化できないリスクグループ固有のリスクなどを含めたすべての重要なリスクを検討対象としなければならない。

1.123. グループORSAでは、保険会社グループ、再保険会社または保険持株会社のリスクと、個々の保険会社のリスクとの間の相互関係について記載しなければならない。

1.124. またグループORSAは、グループ・レベルで発生し、グループ特有であるために単体では特定できないリスクの重要性についても評価を行う。したがって、これらのグループ特有のリスクは、算定方法に何を用いるか、その選択次第では連結・集計プロセスのなかで考慮されない場合もある。

1.125. グループ固有のリスクには、少なくとも下記を含めるものとする。
　　a) 危機伝染リスク（グループの他の部分で顕在化したリスクが波及する影響）

  b）下記などに関連した、グループ保険会社間取引やリスクの集中から生ずるリスク
   (i) 参加
   (ii) グループ内再保険または内部再保険
   (iii) グループ内貸付
   (iv) グループ内外部委託
  c）グループ内の相互依存関係および、それがグループのリスク・プロファイルに及ぼす影響
  d）為替リスク
  e）グループ体制の複雑性から生ずるリスク

1.126. グループ・レベルにおいて1.23で求められる情報に加え、グループORSA文書には下記を含めるものとする。

  a）グループ・レベルでの、各関連事業体の重要性。特に、各関連事業体がグループのリスク・プロファイル全体に及ぼす影響
  b）グループの全般的な資本必要額と、単体ごとの全般的な資本必要額の合算とを比較した結果、グループ・レベルで見込まれる分散効果の評価

1.127. グループORSAにおけるグループ固有の要素は、単体のORSAと比較した場合の、グループ・レベルで想定される分散効果の分析である。これには、グループのリスク・プロファイルに加え、グループの全般的な資本必要額と比較した、グループ・レベルで想定される分散効果の妥当性に関する分析が含まれる。

1.128. グループ・レベルでの分散効果の分析には、原則として下記を含めるものとする。

  a）グループの全般的な資本必要額と、単体の全般的な資本必要額の合算との差異を明らかにすること
  b）グループ・レベルで存在する可能性があるリング・フェンスの取決めをふまえた、上記a)で明らかになった差異に関する、グループの各事業体への客観的かつ経済的な配賦

c) 適切な感応度分析、ストレス・テストおよびシナリオ分析（関連事業体の一部の売却など、グループ体制の重要な体制変更がグループ・レベルの分散効果とグループ全体のソルベンシーにどのように影響するか）

d) グループのなかの関連事業体の間で見込まれる分散効果の整合性。また、各関連事業体で、異なるリスク要因間に見込まれる分散効果の整合性

ガイドライン18－グループORSAに関する原則

グループORSAの記録は、ガイドライン5に従い、将来の見通しに関する視点に基づいて、下記の要因をどのように考慮しているかの説明を含めなければならない。
1. 追加で新たに自己資本が必要になった場合の、グループ内での自己資本の源泉
2. 自己資本の入手可能性、移転可能性、および代替可能性に関する評価
3. グループ内で計画されている自己資本の移転とその結果
4. 単体事業体の戦略と、グループ・レベルで設定された戦略との整合性
5. グループがさらされる可能性がある固有のリスク

1.129. 定量的な観点からみると、グループORSAポリシーでは、各種のストレス・テストとシナリオ分析を概括することが期待されている。グループのレベルでは、このテストには、グループ固有のリスクやグループ・レベルでのみ顕在化するリスクを追加で含めている。

ガイドライン19－保険会社グループ、再保険会社、保険持株会社およびグループ内の子会社を網羅した一体型のORSA文書に対する具体的な要件（枠組指令第246条4項、248条から252条）

一体型のORSA文書を提出しようとする際には、グループは、対象とする子会社をどのようにして決定するか、また子会社の管理部門、経営部門および監督部門が評価プロセスと結果の承認にどのようにかかわるかについて説明しな

ければならない。

1.130. 一体型のORSA文書には、グループの特性、規模および複雑さに加え、グループ内のリスクを反映させる必要がある。一体型のORSA文書は、グループの重要な部分を重点的に取り上げているが、第246条(4)に従い、単体でのORSAに関連する子会社の義務を免除するものではない。これは、一体型のORSA文書でも、第45条に従って、個々のレベルで保険子会社や再保険子会社が行った評価を文書化しなければならないことを意味している。

1.131. 仮にグループが一体型のORSA報告書を提出することを予定している場合、グループの管理部門、経営部門および監督部門は、グループが一体型のORSA文書の提出の適切性を評価する一方で、下記の基準について検討する必要がある。

  a) 対象となる各子会社の結果は、一体型のORSA報告書のなかで個別に識別可能となっており、対象となる子会社の監督当局が、個別に適切な監督レビュー・プロセスを実施できる体制になっていること

  b) 一体型のORSA報告書は、グループの監督当局だけでなく、対象となる各子会社の監督当局の要件も満たしていること

ガイドライン20－内部モデル利用者（枠組指令第45条３項）

 内部モデルを利用している場合には、枠組指令第230条に従ってグループのソルベンシー資本要件のみを算定している場合も、枠組指令第231条に従ってグループの内部モデルとして利用している場合も、グループの対象範囲に含まれる関連保険会社のうち、必要資本の算定に内部モデルを利用していない会社と利用しない理由を、グループORSA報告書のなかに記載しなければならない。

1.132. グループのリスク・プロファイルと、グループの内部モデルで算定

されたグループのSCRとの差異の内容やグループとしてこの事実を認識していたことの立証は、個々の保険会社と同様に、グループに対しても求められる。

1.133. グループORSAには、グループで用いられているモデルでSCRが算定されていない事業体のリスク・プロファイルも、グループSCRのなかに適切に反映されているかどうかの評価を含めなければならない。

1.134. グループ・ソルベンシーの算定に用いられる内部モデルと、グループORSAとの関係は、この内部モデルの対象範囲によって決まる。以下の特別な状況を検討する必要がある。

 a) 一部の関連保険会社がグループ・ソルベンシーの算定に使用される内部モデルの対象範囲から除外されている場合

 b) 関連保険会社の一部が、グループ・ソルベンシーの算定に使用される内部モデルの対象範囲に含まれているが、そのソルベンシー資本要件は、その内部モデルで算定されていない場合

1.135. 最初のケースでは、一部の保険会社は、グループの内部モデルの対象範囲から除外される場合がある。モデルの対象範囲は、そのモデルそのものに対する承認プロセスによってカバーされている。この場合、グループORSAには、グループのなかのモデル化されていない部分に関する特定の情報を含めるものとする。

 a) グループのなかのモデル化されていない部分に関する評価

 b) グループのソルベンシーに対する、モデル化されていない部分による影響

 c) モデル化された部分との関係

1.136. グループORSAは、モデルの対象範囲に含まれていないが、グループの財政状態に影響を及ぼす問題すべてに対処する。

1.137. 2番目のケースでは、グループORSAは下記に関する評価を含んでいる。

 a) グループの内部モデルとは異なる前提条件に基づいて、標準

　　　　フォーミュラまたは他のモデル（グループの内部モデルとは異なる）を用いた結果生じた乖離

　　b）　SCRがグループのモデルによって算定された事業体と、SCRが標準フォーミュラによって算定された事業体との相互作用の可能性（これらの相互作用は、グループの内部モデルを用いた事業体のSCR算定に考慮することが期待されている）

　　c）　SCRがグループモデルで算定されない事業体のリスク・プロファイルが適切にグループSCRのなかで検討されているかどうか

1.138. 標準フォーミュラまたは単体に関する他のモデルの適切性は、グループORSAで対応されている。それに加え、グループORSAでは、グループの一部をなす各保険会社で単体のSCRを算定する際にグループモデルを用いなかった理由を評価する。

1.139. 内部モデルが用いられる場合には、グループ・レベルでは些細な問題が、単体では重要なものとなる可能性がある。したがって、グループORSAはそのような状況に特に注意を払うべきである。グループ・レベルで、標準フォーミュラのなかで適切に対処されなかった重要なリスクは、原則として、グループの資本要件を算定するグループの内部モデルでカバーされる。

ガイドライン21－関連する第三国の保険会社および再保険会社の統合（枠組指令第227条1項）

　グループORSAのなかでは、EEA内での事業に関するリスクを評価する場合と同じ方法で、自己資本の移転可能性および代替可能性に留意しつつ、第三国における事業に関するリスクについて評価しなりればならない。

1.140. 第三国にある保険会社の業務に関しては、下記の事項を考慮したうえで評価される。

　　a）　第三国のソルベンシーの仕組みが、枠組指令で定められてい

るものと等しいとみなされる場合も、そうでない場合でも、グループは第45条(1)(a)に規定される全般的な資本必要額の評価を、EEA諸国の保険会社と同じ方法で実施しなければならない。第三国の保険会社のリスクと、グループ内のEEA諸国の保険会社のリスクを合算させる場合は、同種のリスクが経済的な観点から均一に評価されていることが担保されていなければならない

b) 第三国のソルベンシーの仕組みが、枠組指令で定められているものと等しいとみなされる場合も、そうでない場合でも、グループは、第三国の保険会社の自己資本の代替可能性と移転可能性を具体的に評価しなければならない。かかる評価では、第三国の子会社の自己資本の、グループの他の保険会社に対する移転可能性と代替可能性を阻害する可能性がある当該国の規制を明示的に特定する

c) 第三国にある保険会社が、現地の規則と控除・集計方法（同等性がある場合）を用いてグループのソルベンシー評価に含められている場合には、その国にある子会社のリスク・プロファイルが、ソルベンシー資本要件の根拠となる前提条件からどの程度乖離しているか、その重要度を、第45条(1)(c)に規定されているとおり、その第三国の規制に定められている資本要件に依拠して評価しなければならない。またこの評価は、グループが資本要件の算定に関する各重要な要素の乖離を個別に評価する場合には、全体レベルとさらに細分化したレベルの双方で実施しなければならない

1.141. グループORSAには、第三国にある保険会社に関する重要な情報について、個別かつ十分な開示を含めるものとする。

6.3 NAIC ORSAガイダンス・マニュアル

目　次
 Ⅰ．はじめに
　A．適用除外
　B．適用免除
　C．総　則
 Ⅱ．セクション１－保険会社の統合リスク管理フレームワークの記述
 Ⅲ．セクション２－保険会社によるリスク・エクスポージャーの評価
 Ⅳ．セクション３－グループのリスク資本と将来に向けたソルベンシーの評価
　A．グループのリスク資本の評価
　B．将来に向けたソルベンシー評価

Ⅰ．はじめに

　本マニュアルの目的は、保険会社および保険グループの一員となっている子会社（以下、あわせて「保険会社」という）に向けて、NAICの米国内向けのリスクとソルベンシーの自己評価のモデル法により各州向け報告で求められる、リスクとソルベンシーの自己評価（ORSA）に係る報告に関するガイダンスを提供することにある。ORSAとは、原則として保険会社が、自社の特性、規模および複雑さの点からみて、現在の事業計画に関連する重要かつ関連性のあるリスクと、そのリスクに対応する自己資本が十分かどうかを明らかにする内部評価である。以下に記述のとおり、ORSAによる報告義務が課される保険会社には下記が求められている。

（1）定期的に、年に１回以上の頻度でORSAを実施し、リスク管理の適切性、ならびに現在および将来予測ソルベンシーの適切性を評価すること
（2）評価のプロセスとその結果を内部で文書化すること

(3) 保険会社が保険グループの一員である場合には、主たる業務を行う州の保険監督長官へ、年次で概要報告書を提出すること

ORSAには二つの主な目標がある。
1. 保険会社が自社のリスクの特性、規模および複雑性に見合う手法を用いて、リスクと自己資本に対応する適切な方法で、重要かつ関連性のあるリスクを特定し、評価し、監視し、報告することによって、すべての保険会社が統合リスク管理の有効性レベルを引き上げること
2. 現在のリーガル・エンティティ・レベルでの視点を補足するものとして、リスクと自己資本に関しグループ・レベルでの視点を提供すること

ORSAの報告義務が課される保険会社は、ORSAを実施し、サマリー・レポートを作成するにあたって、本マニュアルに規定されるガイダンスを検討しなければならない。プロセスおよび結果には、将来の見通しに関する独自の情報が含まれる可能性が高いため、保険監督長官に提出される報告書は、すべて、州法に基づき機密とされる。

A. 適用除外

保険会社は、下記に該当する場合には、リスク管理フレームワークの維持、ORSAの実施、およびORSAサマリー・レポートの提出に関し、その適用から除外されるものとする。

a. 個々の保険会社の、連邦穀物保険会社または連邦洪水保険制度への出再保険料を除いた、海外を含む元受と独立した引受保険料を含む年間の保険料の金額が5億米ドル未満である場合

b. 保険グループ（グループ内のすべてのリーガル・エンティティを含む）の、連邦穀物保険会社または連邦洪水保険制度への出再保険料を除いた、海外を含む元受と独立した引受保険料を含む年間の保険料の金額が10億米ドル未満である場合

保険会社が適用除外に該当しない場合、保険監督長官の要求に基づいて、年に1回以下の頻度で、保険会社は長官に、ORSAサマリー・レポートまたは本マニュアルに記載されている情報を含む複数のレポートをまとめたもの

を提出しなければならない。

　保険監督長官からの要求があった場合でも、保険会社が保険グループの一員である場合には、保険会社は本マニュアルに従って、当該保険グループの主たる業務を行う州の保険監督長官にレポートを提出しなければならない。

　主たる業務を行う州は、NAICの財務分析ハンドブックのなかの手順によって決定される。たとえば、異なるERMフレームワーク下でグループが営業している場合には、グループ内の損害保険会社はORSAサマリー・レポートまたは複数のレポートをまとめたもののなかに含まれ、同じグループの生命保険会社は別のORSAサマリー・レポートまたは複数のレポートをまとめたもののなかに含まれる可能性がある。

　保険会社が上記a項に規定される適用除外の対象となっているものの、その保険会社が一員となっている保険グループが上記b項の適用除外の対象とならない場合には、保険会社は、当該保険グループのなかのすべての保険会社がORSAサマリー・レポートの対象となっている限り、いかなる組合せでORSAサマリー・レポートを提出してもさしつかえない。

　保険会社が上記a項に規定される適用除外の対象ではないが、その保険会社が一員となっている保険グループが上記b項の適用除外の対象となる場合には、必要とされるORSAサマリー・レポートは当該保険会社の報告書のみとなる。ただし、適用除外を受けた場合でも、セクションIIIに規定されるグループのリスク資本と将来に関するソルベンシー評価を行うために、本法の対象となる保険会社に要請を行うことは妨げられないものとする。

　上記の適用除外にもかかわらず、保険監督長官は、保険会社に対し、引受事業の種類、所有者構成、組織体制、連邦機関からの要求および国際的な監督機関からの要求など特有の状況に基づいて、リスク管理フレームワークの維持、ORSAの実施、あるいはORSAサマリー・レポートの提出を要請することがある。

　また保険監督長官は、保険会社に対し、リスク・ベース資本が会社改善計画水準を下回った場合や、1ないし複数の保険会社の財務状況が、危険な水準に陥るとみなされた場合、あるいは困難を抱えた保険会社の質の問題が明

らかになったなど、保険監督長官の決定により、リスク管理フレームワークの維持やORSAの実施、あるいはORSAサマリー・レポートの提出を要請することがある。

　適用除外の対象となる保険会社においては、保険会社の直近の年次財務諸表、または当該保険会社が一員となっている保険グループ内の保険会社の直近の年次財諸表に表示されている保険料の変化により、適用除外を受ける資格が将来的になくなった場合には、当該保険会社はその基準を超えた年度の翌年から、ORSAの要件を遵守しなければならないものとする。

B．適用免除

　適用除外の対象とならない保険会社は、保険監督長官に対し、固有の状況に基づいて、ORSAの要件からの免除申請を行ってもさしつかえないものとする。保険監督長官は、事業体の種類、引受事業の規模を含むさまざまな要因を検討する。保険会社が、適用除外とならない保険グループの一員であった場合には、保険監督長官は、当該保険会社が主たる事業を行う州の保険監督長官と他の管轄地域の保険監督長官と連携して、かかる適用免除の要求について検討する。

C．総　則

　ORSAを、保険会社の統合リスク管理（ERM）フレームワークの一要素としなければならない。ORSAおよびORSAサマリー・レポートは、保険会社によるリスクの特定、測定および優先順位付けのプロセスと、資本管理と戦略的事業計画とをリンクさせるものである。

　各保険会社のORSAおよびORSAサマリー・レポートは、当該保険会社の事業、戦略的事業計画およびERMの手法を反映した固有のものとなる。保険監督長官はORSAサマリー・レポートを利用して、当該保険会社のORSAの概要を把握する。レポートは、保険会社の内部のリスク管理情報によって裏付けられる。保険監督長官が保険会社のORSAを理解できるよう、レポートは、下記の三つの主要分野に分けて記載される。

・セクション 1 – 保険会社のリスク管理フレームワークの記述
・セクション 2 – 保険会社によるリスク・エクスポージャーの評価
・セクション 3 – グループのリスク資本と将来に向けたソルベンシーの評価

　本マニュアルは、ORSAサマリー・レポートの各セクションを作成するにあたってのガイダンスを明確にする目的で整備されている。情報の深度と詳細さは、当該保険会社の特性や複雑さに影響されるが、保険会社は少なくとも年に1回は情報を更新しなければならない。保険会社には、自社のERMプロセスをどのように報告することが最適か、独自に定めることが認められている。保険会社は、規制当局が要求する文書が、当局の検査や要求に応じて利用可能である場合に限り、当該文書を参照することにより、要求される情報や関連資料を重複して作成しなくてもよいものとする。保険監督長官が保険会社から直近の情報を確実に入手できるように、ORSAサマリー・レポートの提出時期は、保険会社が内部の戦略的事業計画を実施する時期によって、保険会社ごとに異なる場合がある。いずれの場合であっても、保険監督長官に提出予定時期を報告したうえで、毎年1回は当該レポートを提出しなければならないものとする。

　ORSAサマリー・レポートには、保険会社が当該レポートに記載されているERMプロセスをその知る限りにおいて適用しており、当該レポートのコピーが保険会社の取締役会または然るべき委員会に提出されていることを証明した、当該保険会社のチーフ・リスク・オフィサーまたは保険会社の統合リスク管理（ERM）プロセスの監視を担当する他の役員による署名を含めなければならない。

　保険会社は、保険会社または当該保険会社が一員となっている保険グループの他の保険会社が、他の州の保険監督長官もしくは海外の法域の監督者または規制当局者に対して提供した直近のレポートが本マニュアルに記載されている情報に等しい情報を提供している場合には、かかるレポートを提出することでORSAの要件を満たすことができる。米国がグループ全体の監督者となる場合には、米国の保険監督長官は、米国外での保険業務も含んだ

ORSAサマリー・レポートのすべてを入手しなければならない。米国がグループ全体の監督者でない場合は、保険監督長官（主たる業務を行う州および他の国内州）は、ORSAサマリー・レポートの海外業務に関する部分を、グループ全体の監督者から入手する場合に限り、米国での保険業務を含む部分的なORSAサマリー・レポートを入手することで容認できるかどうかを総合的に決定する。このレポートが英語以外の言語で作成されている場合には、英語への翻訳を添付しなければならない。そのレポートに関しては、国際保険監督者機構（IAIS）が策定した保険コア・プリンシプル（ICP）16の統合リスク管理（ERM）と本マニュアルが一致しているかどうかをレビューしたうえで、追加情報の要否を判断しなければならない。保険監督庁長官は、可能な限り、海外で業務を行う保険会社に対する重複した規制要件を課すことは避ける意向である。

　ORSAサマリー・レポートを分析するにあたって、保険監督長官は、当該レポートが保険会社単体あるいは複数の保険会社がさらされている重要なリスクをすべて含んだ、統合リスク管理プロセスに基づく成果物であることを期待している。

　ORSAサマリー・レポートは、保険監督長官が、リスク重視型の分析および検査手続を行うための、範囲、深度、時期を決定できるよう、その手がかりとするものである。たとえば、保険会社が整備するERMフレームワークには、事業計画から投資計画や引受方針の組合せ、より複雑度の高いリスク管理プロセスや高度なモデリングに至るまで、さまざまなものがある。自社のリスク・プロファイルに見合ったERMフレームワークを整備している保険会社には、検査や分析上、それほど包括的でないERMフレームワークしか整備していない保険会社ほどの広範囲や詳細なレビューは求められない場合もある。したがって保険会社は、ORSAサマリー・レポートを通じて、保険会社に関連するリスクに関し、自社フレームワークが、本マニュアルのなかのガイドラインをどのように満たしているかなど、そのフレームワークの強みを立証したものになっているかどうかを検討しなければならない。

　ORSAサマリー・レポートに加え、保険会社は社内でORSAの結果を文書

化し、保険監督長官が分析や検査を通じたより踏み込んだレビューを行えるようにしなければならない。当該保険会社に対するレビューは、経済環境などの外部要因のほか、当該保険会社の特性や複雑性、財政状態、優先度などの複数の要因によって決まる。これらの要因によっては、保険監督長官が、財務分析や検査を通じ、保険契約に関する情報を追加で要求する場合がある。

Ⅱ．セクション1－保険会社の統合リスク管理フレームワークの記述

　実効的な統合リスク管理（ERM）フレームワークには、少なくとも下記の主な原則が組み込まれなければならない。

- リスク・カルチャーとガバナンス体制―役割、責任および説明責任が明確に定義されたガバナンス態勢、およびリスク・ベースの意思決定の説明責任をサポートするリスク・カルチャー
- リスクの特定と優先順位付け―組織にとって重要なリスクを特定し優先順位付けするプロセス、行為に対する責任が明確になっていること、組織のすべての階層においてプロセスが妥当なものとして適切に機能するようリスク管理部門が責任をもって確実を期すこと
- リスク選好、リスク許容度と限度額―正式なリスク選好ステートメントとそれに関連したリスク許容度と限度額を保険会社のリスク管理に欠かせない要素として整備すること、取締役会がリスク選好ステートメントとリスク戦略との一致を理解すること
- リスク管理と統制―リスクを管理することは、組織内の多数の階層で行われる、継続的な統合リスク管理の活動であること
- リスク報告とコミュニケーション―主要関係者に対するリスク管理プロセスの透明性を高めると同時に、リスク・テイクとリスク管理に関して、非公式の判断と活動を促進すること

　ORSAサマリー・レポートのセクション1には、上述のERMフレームワークの原則があればその概要を記載しなければならない。レポートでは、保険会社がどのようにして目的適合性がある重要なリスクを特定し、分類したう

えで、事業戦略を実行するにあたってどのようにそのリスクを管理しているかを記載しなければならない。またレポートではリスク監視プロセスとその方法を記載し、リスク選好ステートメントを整備し、リスク許容度と、グループのリスク資本の量と質との関係を明らかにしなければならない。レポートは、経済の変化、オペレーション上の変更または事業戦略の変更によって生ずる、保険会社のリスク・プロファイルの変化をモニタリングし、対応するために用いている評価ツール（フィードバック・ループ）を特定しなければならない。最終レポートには、経済、オペレーション上および戦略の変更によって生ずるリスク・プロファイルの変化をモニタリングし、それに対応するために、どのようにして保険会社が新しいリスクに関する情報を取り込んでいるかを記載することが必要である。

保険監督長官がレポートで提供される情報を理解できるように、レポートにはいくつかの重要情報を含めなければならない。このレポートでは、レポートに関する会計処理の基礎（一般的な会計基準、法定会計基準または国際財務報告基準）、および数値情報を表す日時や期間を特定しなければならない。またレポートでは、当該レポートのなかで、どの保険会社が当該レポートに含まれているかを特定できるように、実施したORSAの対象範囲を明らかにしなければならない。このために、組織図を含めてもよい。当該レポートには、ORSAに対する過年度からの重要な変更の概要を含めることが必要である。

さらに、リスク重視型の分析や検査の一環として、保険監督長官はORSAサマリー・レポートに含まれる情報の理解を補うため、関連資料の提出を要求し、レビューを行う場合がある。これらの情報には、当該保険会社の引受け、運用、保険金、資産負債管理（ALM）、再保険先やオペレーショナル・リスクに関する方針といった、リスク管理方針やリスク管理プログラムが含まれる場合がある。

これらの原則に保険会社が対処する方法とその程度は、会社独自のリスク管理プロセス次第である。ORSAサマリー・レポートの当セクションの評価で保険監督長官が指摘した強みと弱点は、当該保険会社に対する保険監督長

官の継続的な監督と関連しており、保険監督長官はリスク管理プログラム全般や当該保険会社のリスクに照らし合わせて、その適切性を検討することになるだろう。

Ⅲ. セクション2－保険会社によるリスク・エクスポージャーの評価

　ORSAサマリー・レポートのセクション2では、セクション1で明確化したそれぞれの重要なリスク・カテゴリーに対する、平常時とストレス時双方の、リスク・エクスポージャーに関する定量的な評価と定性的な評価を文書化しなければならない。この評価プロセスでは、リスクの特性、規模および複雑性に見合ったリスク評価手法を用いて、評価結果の範囲を検討すべきである。関連する重要なリスク・カテゴリーの例としては、信用リスク、市場リスク、流動性リスク、引受リスクおよびオペレーショナル・リスクがあるが、それに限ったものではない。

　セクション2では、特定されたリスクに関する詳細な記述および説明、使用した評価手法、主な前提条件や妥当性のある不測シナリオに基づく結果などが含まれる。各リスクの評価は、そのリスクがもつ固有の特徴に基づいて行う。一部のリスクについては定量的な手法は確立されておらず、場合によっては定性的な評価が相応な場合もある。そのようなリスクの例としては、オペレーショナル・リスクと風評リスクがあげられる。また、リスク評価にあたって、各保険会社の定量的手法もさまざまである。ただし、保険会社は通常、重要かつ目的適合性のあるリスクが個々に、自社の貸借対照表や損益計算書や将来キャッシュ・フローに及ぼす可能性と影響を考慮に入れる。将来の財政状態に対する影響を明らかにする方法には、単純なストレス・テストからもっと複雑な確率論的分析も含まれる場合がある。リスクを定量化する際には、保険会社は平常時とストレス時双方の場合の結果を記載しなければならない。さらに、保険会社によるリスク評価では、資本に対するストレスの影響、つまり、必要となるリスク資本、利用可能資本に加え、資本要件に関する規制面、経済面、格付機関の視点による検討を考慮に入れなければならない。

分析は、グループ、リーガル・エンティティなど、事業管理の方針と整合する方法で実施すべきである。リスクによっては、ストレス・テストをグループ・レベルで実施する場合がある。事業管理に関連する場合には、グループ・レベルのストレスは、部分的にリーガル・エンティティにマッピングされることがある。保険監督長官は、保険事業に携わる個々のリーガル・エンティティに対する結果をマッピングするために、追加で情報を要求する場合がある。

　リスク許容度ステートメントには、重要なリスクに関する定量的な許容限度と定性的な許容限度に加え、そのステートメントと許容限度がどのようにして決定されたかを含めなければならない。これらのステートメントの作成にあたっては、関連性がある重要なリスクのカテゴリーとリスク間の関係性を特定するための手法を考慮に入れる必要がある。

　個々の保険会社のリスク・プロファイルは固有のものであるため、各社は自社のリスク・プロファイルにあったストレス・テストを利用すべきである。米国の保険関係の規制当局は、各保険会社が検証すべき標準的なストレス・テストの要件があるとは考えていない。保険監督長官は、各リスク・カテゴリーに対して保険会社の経営陣が検討すべき、ストレス・テストの水準に関するインプットを提供する場合がある。ORSAサマリー・レポートでは、検討対象となった要因やモデルの較正を含め、モデルの検証に対する保険会社のプロセスを立証しなければならない。特定の前提条件が確率論上モデル化されていない場合には、グループの経営陣は、現在見込まれる調査実績や来年度中の発生見込みに基づいて期待値に関する前提条件を設定しなければならない。保険監督長官は、確率論上モデル化されていない特定の前提条件に適用すべきストレス要因に関し、保険会社の経営陣に情報を提供する場合がある。確率論上モデル化されている前提条件に関しては、保険監督長官は、ストレスのかかった状況で用いる測定メトリクスの水準に関する情報を提供したり、経済シナリオ・ジェネレータで使用する特定のパラメータを指定したりする場合がある。保険監督長官からの情報は、財務分析や財務的な検査プロセスを通じて行われる可能性がある。

重要なリスク・カテゴリーを個々に特定し、平常時とストレス時双方に関する結果を報告することに加え、保険会社の経営陣と保険監督長官は、保険会社を破綻に追いやる可能性がある、特定のリスクが組み合わせられた結果についても評価できるようにしなくてはならない。保険会社の結果のモデル化で最もむずかしい問題の一つは、リスク・カテゴリー間の関係性を明らかにすることである。関係性に関し多少の経験値が過去の数値から得られる可能性があるが、過去のデータから見積もられる結果が将来に関する最善の見積りであるとは限らない。

Ⅳ. セクション３－グループのリスク資本と将来に向けたソルベンシーの評価

　ORSAサマリー・レポートのセクション３では、現在の事業に対応するだけでなく、長期の事業サイクル（今後１～３年）にわたって必要な財務リソースの水準を明らかにするにあたって、保険会社がどのようにして自社のリスク管理方針のなかの定性的な要素と、リスク・エクスポージャーの定量的な測定を連動させているかを文書化する必要がある。自己資本の評価はそのベース（グループ、リーガル・エンティティまたは他の基礎）にかかわらず、ORSAの一環として実施すべきであり、保険グループ全体の資本と一致したものでなければならない。セクション３に規定される情報は、保険監督長官が、保険会社のリスクと自己資本管理の質を評価する際の手がかりとなることを意図したものである。

A. グループのリスク資本の評価

　資本の充実度に関する評価は、利用可能資本の合計額と、当該企業にマイナスの影響を及ぼす可能性があるさまざまなリスクとの比較であると広範に定義されている。かかる評価の目標は、資本の所与の水準が、個別であれ集合的であれ、特定の明確化された安全性水準に関し、さまざまなリスクに耐えられるほど十分であるかどうかを明らかにすることである。この安全性基準を満たす資本の水準は「リスク資本」と定義され、「利用可能資本」とを

比較して資本が「過剰」であるか「不足」しているかを含め、資本の充実度の程度を確認することが可能である。

　保険会社は、自社のリスク・プロファイルに関連した資本の充実度を評価するための健全なプロセスを整備すべきであり、そのプロセスは、保険会社の経営と意思決定の文化に組み込まれなくてはならない。これらのプロセスは、さまざまなタイム・ホライズンと評価技法を通じ、さまざまな視点におけるリスク資本を評価する。単一の内部リスク資本評価が内部の資本充実度評価に重要な役割を果たす一方で、保険会社は、さまざまなタイム・ホライズンやリスク資本や会計上の枠組み（すなわち、経済、格付機関、および規制上の枠組み）を通じて、リスクと資本がどのように関連しているかを評価することも可能である。本セクションは、集約的なリスク・プロファイルと関連した保険会社の資本充実度を保険監督長官が把握できるようにすることを意図している。

　保険会社は、過年度のグループのリスク資本に関する評価をORSAサマリー・レポートのなかに記載しなければならない。この情報は、必要に応じ（マクロ経済環境やマクロ経済事象の重要な変化によって、当該情報が継続的な監督計画に必要であると考えられる場合など）、年間を通じて保険監督長官からも求められる場合がある。

　保険会社のグループのリスク資本要件の分析と関連する資本の充実度に関する説明には、その分析を実施するにあたって利用したアプローチに関する説明も加えなければならない。これには主な手法や前提条件に加え、利用可能資本とリスク資本の定量化に際して対象とした検討事項を含める必要があり、その主な例は以下のとおりである。

手法、前提条件および検討事項	手法、前提条件および検討事項の内容	例（これに限定されない）
ソルベンシーの定義	リスク資本と流動性要件を明らかにするために、保険会社がどのようにソルベンシーを定義しているかを説明する。	キャッシュ・フロー・ベース、バランス・シート・ベース

会計または評価基準	リスク資本要件と利用可能資本の両方、またはそのどちらか一方の測定に関する、会計上または評価上の基準を記載する。	GAAP、法定基準、経済価値ベース、IFRS、格付機関モデル
含まれる事業	自己資本の分析に含まれる事業の範囲を記載する。	所与の評価日のポジション、新規事業に関する前提条件
タイム・ホライズン	リスクをモデル化し、測定するためのタイム・ホライズンを記載する。	一年、複数年、全期間、ランオフ期間
モデル化したリスク	関連性があり重要なリスクをすべて検討しているかどうかも含め、リスク資本の計測に含めたリスクを記載する。	信用リスク、市場リスク、流動性リスク、保険リスク、オペレーショナル・リスク
定量化手法	リスク・エクスポージャーの定量化に用いた手法を記載する。	ストレス・テスト、確率論的モデリング、ファクター分析
リスク資本の評価基準	集計されたリスク資本の決定にあたって利用された、計測上の評価基準について記載する。	バリュー・アット・リスク（特定の確率で損失に耐えるために必要な資本の定量化）、テール・バリュー・アット・リスク（特定の確率を上回る平均的な損失に耐えるために必要な資本の定量化）、倒産確率（保有資本からみた倒産確率の定量化）
信頼水準	事業戦略や事業目標との関連性を含む、リスク資本要件の算定にあたって利用された、安全性の水準について明確化し記載する。	ソルベンシーAA、保有期間1年のVaRにおける99.X%、のTVaR（テールVaR）またはCTE（条件付きテール期待値）のY%、RBCのX%
集計と分散	グループのリスク資本の決定にあたって算定または考慮したリスクの集約と分散効果の手法について記載する。	相関マトリクス、依存構造、合計値、分散の有無（全面的／部分的／なし）

グループにおける資本の充実度に関するアプローチと評価では、以下についても検討しなければならない。
- グループ企業間取引の消去や複数の事業体のリスクに対するバッファーとして同じ自己資本が同時に利用されている場合のダブル・ギアリング
- 持株会社の負債から生ずる、レバレッジの水準
- 持株会社体制のレベルの分散効果から生ずる、余剰資本の利用可能性と移転可能性を含めた、持株会社体制内での自己資本の代替可能性に対する分散効果と制約
- グループのリスク資本の評価における、波及リスク、集中リスクおよび複雑性リスクの影響
- 流動性リスクの影響、または保険会社の資金繰りに及ぼす影響、ミクロ経済要因（内部オペレーショナル面）および、マクロ経済要因（経済シフト）

　当期のグループのリスク資本を評価する際には、グループのリスク資本に関する過年度との比較も含めなければならない。

　評価の目標は、グループ内でのリスクの特性、規模、複雑性およびリスク選好に基づいて、グループで必要となるリスク資本を明らかにすることに加え、そのリスク資本を利用可能資本と比較して資本の充実度を評価することにある。グループのリスク資本は、（保険会社向けのリスク・ベース資本（RBC）モデル法に抵触するなどにより）規制当局による措置が発動される前の自己資本の最低金額ではなく、持株会社体制を維持していくなかで、その事業目的を達成するために必要な資本であると考えなければならない。

B．将来に向けたソルベンシー評価

　保険会社の資本評価プロセスは、事業計画と緊密に結びついたものでなくてはならない。そのため保険会社は、明確化されたリスク選好に沿って、計画するタイム・ホライズン全体にわたるリスク管理ができるようなしっかりとした資本予測の実施能力が求められる。この予測プロセスでは、保険会社の内部業務と外的な事業環境に対して関連性があり予測可能な変化について

検討対象としなければならない。また、平常時とストレス時双方における業務の見通しについても検討する必要がある。

保険会社による将来に向けたソルベンシー評価では、自社が明確化されたリスク選好に従って、複数年にわたる事業計画を行うために必要な財務リソースを確保していることを立証しなくてはならない。保険会社が、必要となる利用可能な資本をもっていない場合には（量的、質的双方、またはそのどちらか一方の観点より）、保険会社は資本の充実度上の懸念に対処すべく、すでに講じたか、予定しているマネジメント・アクションについて記載すべきである。これらのマネジメント・アクションには、事業計画の修正や追加財務リソースの特定などが含まれ、記載される。

将来に向けたソルベンシー評価とは、実際のところ、フィードバック・ループである。保険会社は、経済資本と規制資本を含む自社の財政状態を予測し、規制資本要件を満たせるかどうかを評価しなければならない。検討すべき要因としては、複数年にわたる事業計画の遂行によって生ずる現在のリスク・プロファイルへの変化も含めた、当該保険会社の現在のリスク・プロファイル、リスク管理方針、自己資本の質とその水準などが考えられる。また将来に向けたソルベンシー評価では、平常時とストレス時双方の場合を検討しなければならない。

将来に向けたソルベンシー評価が個々の保険会社において実施される場合、その評価では、グループのメンバーに関連したあらゆるリスクを考慮しなければならない。その評価には、グループのソルベンシーの評価、および保険事業を営むリーガル・エンティティにまたがるグループ資本の配分に使われた手法に加え、グループ内のリスク資本に係る制約またはリーガル・エンティティへのグループのリスク資本の移動など、資本の代替可能性に関する検討も含まれることになる。

索　引

〈A～Z〉

APRA：オーストラリア健全性規制庁 ……………………… 112
BMA：バミューダ通貨庁 …………… 115
CEIOPS：欧州保険職域年金監督者委員会（現EIOPA）……………… 36
CISSA：保険会社向けリスクとソルベンシー自己評価（バミューダ）………………………………… 115
EIOPA：欧州保険年金監督機構 …… 37
ERM：エンタープライズ・リスク・マネジメント ……………………… 2
FSAP：金融セクター評価プログラム ……………………………… 106
IAIS：保険監督者国際機構 …………… 12
IASB：国際会計基準審議会 ………… 26
ICAAP：自己資本十分性評価プロセス ……………………………… 112
ICP：保険コア・プリンシプル ……… 20
IFC：国際金融公社 ………………… 175
IFRS：国際財務報告基準 …………… 26
IMF：国際通貨基金 ………………… 106
MAS：シンガポール金融管理局 … 114
NAIC：全米保険監督当局協会 ……… 36
ORSA：リスクとソルベンシーの自己評価 ………………………… 25
OSFI：金融機関監督庁（カナダ）… 84
SMI：ソルベンシー基準近代化委員会（NAIC）……………………… 63
UKFSA：英国金融サービス機構 … 175
WEF：世界経済フォーラム ……… 174

〈あ行〉

ERMヒアリング ……………… 19, 25
エマージング・リスク（新興リスク）…………………… 174
ORSAプロセス ……………………… 56
ORSA報告書 ………………… 58, 160
ORSAポリシー ……………………… 57
ORSAモデル法 ……………………… 36

〈か行〉

技術的準備金 ………………………… 52
経済価値ベース ……………… 12, 26
経済資本 ……………………………… 46
コンティンジェンシー・プラン ……………………………… 102, 148

〈さ行〉

残余マージン ………………… 27, 33
資本管理（ソルベンシー管理）…… 25
収益管理 ……………………………… 25
将来予測 …………………………… 148
人事考課 …………………………… 188
ストレス・テスト …………………… 8
3ライン・ディフェンス ………… 167
ソルベンシーⅡ ……………… 26, 50

〈た行〉

代替可能性／移転可能性（自己資本の）………………… 144
データ品質 …………………………… 60

〈な行〉

内部モデル 25

〈は行〉

バック・テスト 87
標準フォーミュラ 54
フィードバック・ループ 42
フィールドテスト 12
フォワード・ルッキング 53
分散効果 143

〈ま行〉

マネジメント・アクション 54

モデル・ガバナンス 140

〈ら行〉

リスク・アペタイト
　（リスク選好） 21, 74
リスク・カルチャー 186, 187
リスク許容度 43
リスク戦略 122
リスク・プロファイル 25
リスク・リターン 56
リスク・リミット 140
リバース・ストレス・テスト 48
利用可能資本 70

編著者紹介

Ernst & Young
アーンスト・アンド・ヤング

アーンスト・アンド・ヤングは、アシュアランス、税務、トランザクションおよびアドバイザリーサービスの分野における世界的なリーダーです。全世界の15万2000人の構成員は、共通のバリュー（価値観）に基づいて、品質において徹底した責任を果します。私どもは、クライアント、構成員、そして社会の可能性の実現に向けて、プラスの変化をもたらすよう支援します。

「アーンスト・アンド・ヤング」とは、アーンスト・アンド・ヤング・グローバル・リミテッドのメンバーファームで構成されるグローバル・ネットワークを指し、各メンバー・ファームは法的に独立した組織です。アーンスト・アンド・ヤング・グローバル・リミテッドは、英国の保証有限責任会社であり、顧客サービスは提供していません。

詳しくは、www.ey.comにて紹介しています。

アーンスト・アンド・ヤング・ジャパン

アーンスト・アンド・ヤング・ジャパンは、日本におけるアーンスト・アンド・ヤングのメンバーファームである新日本有限責任監査法人、新日本アーンストアンドヤング税理士法人、アーンストアンドヤング・トランザクション・アドバイザリー・サービス株式会社など、9つの法人で構成されます。各法人は法的に独立した組織です。

詳しくは、www.ey.com/jpにて紹介しています。

アーンスト・アンド・ヤングFSO（日本エリア）

アーンスト・アンド・ヤング　フィナンシャル・サービス・オフィス（FSO）は、競争激化と規制強化の流れのなかでさまざまな要望に応えることが求められている銀行業、証券業、保険業、アセットマネジメントなどの金融サービス業に特化するため、それぞれの業務に精通した約3万5000人の職業的専門家をグローバルに有しています。また、各業界の規制動向を予測し、潜在的な課題に対する見解を提示するため、業種別にグローバル・ナレッジ・センターを設け、規制動向の収集や業界分析を行っています。アーンスト・アンド・ヤングFSO（日本エリア）は、グローバル・ネットワークと連携して、約1300人の金融サービス業に精通した職業的専門家が一貫して高品質なサービスを提供しています。

新日本有限責任監査法人

新日本有限責任監査法人は、アーンスト・アンド・ヤングのメンバーファームです。全国に拠点をもち、日本最大級の人員を擁する監査法人業界のリーダーです。品質を最優先に、監査および保証業務をはじめ、各種財務関連アドバイザリーサービスなどを提供しています。アーンスト・アンド・ヤングのグローバル・ネットワークを通じて、日本を取り巻く世界経済、社会における資本市場への信任を確保し、その機能を向上するため、可能性の実現を追求します。

詳しくは、www.shinnihon.or.jpにて紹介しています。

ORSA：リスクとソルベンシーの自己評価
──保険会社におけるERM態勢整備

平成25年6月27日　第1刷発行

　　　　　　　　　　　編著者　新日本有限責任監査法人
　　　　　　　　　　　発行者　倉　田　　　勲
　　　　　　　　　　　印刷所　三松堂印刷株式会社

〒160-8520　東京都新宿区南元町19
発　行　所　一般社団法人　金融財政事情研究会
　　　編集部　TEL 03（3355）2251　FAX 03（3357）7416
販　　　売　株式会社きんざい
　　　販売受付　TEL 03（3358）2891　FAX 03（3358）0037
　　　　　URL http://www.kinzai.jp/

・本書の内容の一部あるいは全部を無断で複写・複製・転訳載すること、および磁気または光記録媒体、コンピュータネットワーク上等へ入力することは、法律で認められた場合を除き、著作者および出版社の権利の侵害となります。
・落丁・乱丁本はお取替えいたします。定価はカバーに表示してあります。

ISBN978-4-322-12347-0